本书是广西哲学社会科学"十一五"规划课题：广西区域文化产业圈构建研究项目批准号：08BJL007的研究成果

广西文化产业圈的构建

——基于CAFTA框架

李振艺◎著　▶　　▶　　▶

中国社会科学出版社

图书在版编目(CIP)数据

广西文化产业圈的构建:基于 CAFTA 框架/李振艺著. —北京:
中国社会科学出版社,2016.12
ISBN 978 - 7 - 5161 - 9425 - 6

Ⅰ.①广…　Ⅱ.①李…　Ⅲ.①文化产业—产业发展—研究—广西
Ⅳ.①G127.67

中国版本图书馆 CIP 数据核字(2016)第 281191 号

出 版 人	赵剑英
责任编辑	熊　瑞
责任校对	石春梅
责任印制	戴　宽

出　　版	中国社会科学出版社
社　　址	北京鼓楼西大街甲 158 号
邮　　编	100720
网　　址	http://www.csspw.cn
发 行 部	010 - 84083685
门 市 部	010 - 84029450
经　　销	新华书店及其他书店

印刷装订	北京君升印刷有限公司
版　　次	2016 年 12 月第 1 版
印　　次	2016 年 12 月第 1 次印刷

开　　本	710×1000　1/16
印　　张	16.75
插　　页	2
字　　数	239 千字
定　　价	79.00 元

目　录

第一章　导论

在以信息为基础的全球经济中，文化产业的发展已经成为国家财富和国际竞争优势的重要标志之一。尤其是进入 21 世纪后，文化产业的巨大经济潜力得到了各国的普遍认同，它作为一种新的经济形态发展的势头更加强劲有力，已成为国家软实力的重要组成部分。改革开放以来，我国的文化产业虽然有了一定的发展，但整体现状却并不乐观，广西文化产业作为西部的后起之秀，虽然在国家的政策支持下有了长足发展，但与整体文化产业的发展速度以及东部沿海地区相比仍存在较大差距。本书在经济全球化大背景下，从区域经济发展的角度出发，将广西文化产业的发展与中国—东盟自由贸易区建立所提供的契机相联系，开拓创新，力求寻找广西文化产业发展的新思路。

第一节　选题缘起

自 2003 年党的十六大以来，国家大力推动文化建设，积极进行文化体制改革试点，国家统计局公布的数据显示，文化产业年均增长率为 15% 左右，比 GDP 年增长率高出近 5 个百分点，经过近 10 年的"成长期"之后，党的十七大又把文化产业提升到"提高国家文化软实力"和"推动文化产业成为国民经济支柱性产业"的重要战略高度。根据国家的文化产业发展精神，广西"十二五"规划也提出"促进文化大发展大繁荣，提升文化软实力"，"力争 2015 年广西文化产业增加值占地区生产总值 5% 以上"的发展目标，如何实现已经明确的目标，是广西人民面临的重大课题。

中国—东盟自由贸易区（简称 CAFTA）如期建成，是广西发展文化产业的主要背景。CAFTA 的建立，不仅仅是经济圈，还应该是文化圈，区域经济与区域文化相得益彰。经济圈、文化圈同属都市圈，也叫城市群，它的出现，改变了城市单一发展模式，由单一城市中心向点轴城市化，继而发展成城市化的发展模式，形成以中心城市为主导，其他城市特色发展的区域经济联合体。2010 年如期建成的 CAFTA，不仅仅是中国与东盟国家经济上的合作，还应该包括政治、文化发展的合作，经济与文化是人类社会发展的两翼，经济与文化之间的共生和互动，带来区域经济与区域文化的互动，前者的发展促进后者的发展，而后者的发展反过来也影响前者的发展，所以区域经济与区域文化之间存在着相互渗透、相互促进、共生互动的关系。

中国和东盟国家的文化产业经过多年建设，虽然已经具备一定的规模，但合作的规模和范围仍有待加强，如中国和东盟国家中，文化产业发展较快的泰国、新加坡在 GDP 中的比重都不达 5%。在这方面与发达国家差距较大，尤其是与文化产业高度发达的美国、日本、英国和法国等发达国家相比相去甚远，这些国家的文化产业在 GDP 中的比重普遍高于 10%，其中，美国 2002 年文化产业在 GDP 中的比重高达 25%，英国 2002 年文化产业出口 175 亿美元，仅次于金融业。21世纪以来，文化贸易高度集中在这些国家，这些国家在世界文化市场中的地位可见一斑，它们成为广大发展中国家学习的榜样。中国和东盟国家想依赖单个国家是无法和这些国家竞争的，文化产品要进入欧美市场可谓困难重重，但中国与东盟国家在文化产业的要素禀赋和发展基础各有侧重和各具特色，因此，中国与东盟国家可以通过合作走集聚之路。

产业集聚已经获得证明，是区域经济实现跨越式发展的有效途径，产业圈是产业集聚的形式之一，通过构建文化圈来实现广西文化产业跨越式发展是本书研究的成果。集聚效应是一种常见的经济现象，如产业的集聚效应，最典型的例子当数美国硅谷，聚集了几十家全球 IT 巨头和众多的中小型高科技公司，国内的例子也不少见，在浙江，诸如小家电、制鞋、制衣、制扣，打火机等行业都各自聚集在特定的地区，形成一种地区集中化的制造业布局。类似的效应也出现在其他领域，像北京、上海这样的大城市就具有多种集聚效应，包括经济、文化、人才、交通乃至政治。知识管理中也存在着集聚效应，并且通过这种效应，我们可以在某种程度上对组织中知识的传播和共享起到一定的控制作用。以区域合作形式来带动产业发展，突破单个国家文化产业发展模式，从区域高度协调合作，整合区域内文化产业资源，打破国家行政区划的藩篱，减弱行政区划而带来的产业、市场分割，探索和尝试文化产业在区域全面合作和共同发展的模型框架内谋求突破，并带动整个区域产业的升级和布局，构筑区域文化核心竞争优势，通过区域文化产业集聚，形成产业规模，与发达国家竞争。

综上所述，构建文化产业圈（文化产业合作）是改变经济增长方式，实现"十二五"规划的要求，同时也是中国和东盟国家与文化产业发达国家竞争的需要，还是 CAFTA 建设的内在要求。中国—东盟自由贸易区如期建成，是广西发展文化产业的主要背景，产业集聚已经证明是区域经济实现跨越式发展的有效途径，产业圈是产业集聚的形式之一，通过构建文化圈来实现广西文化产业跨越式发展。本书围绕实现目标要求，积极探讨其实践路径。

第二节　研究现状及意义

一　文化产业研究现状综述

（一）国外研究

西方国家对于文化产业的研究始于对大众文化的争议，早期的代表性人物是法兰克福学派的阿多诺（Theodor Adono）和霍克海默（Max Horkheimer）。他们在《启蒙的辩证法》一书中首次提出了文化产业的概念，不过不是从肯定方面，而是从艺术和哲学价值评判的双重角度对文化产业进行了否定性的批判。阿多诺和霍克海默认为，文化产品在工厂中凭借现代科学技术手段，以标准化、规格化的方式被大量生产出来，并通过电影、电视、广播、报纸、杂志等大众传播媒介传递给消费者，最终使文化不再扮演激发否定意识的角色，反而成为统治者营造满足现状的社会的控制工具。西方文化产业理论，由法兰克福学派对大众文化的激烈批判，到伯明翰学派的宽容，再到后来对文化产业的理解和认同，态度日趋温和。

国外对文化产业的研究，主要包括对文化产业概念的内涵和外延的界定，对文化产业的政策和战略的探讨，也有对文化产业的区域研究、行业研究等。

1. 概念的界定和行业范畴的划分

贾斯廷·奥康纳定义为以经营符号性商品为主的那些活动，具体包括传统的文化产业和传统艺术两部分。英国著名媒体理论家尼古拉斯·加纳姆（Nicholas Garnham）在 1983 年把文化产业的概念囊括进了地方经济政策及计划，并将文化产业定义为那些使用同类生产和组织模式如工业化的大企业的社会机构，这些机构生产与传播文化产品和文化服务，如报纸、期刊和书籍的出版部门、影像公司、音乐出版部门、商业性体育机构等。同样，世界各国官方和国际组织对文化产业概念的界定和行业的分类也存在明显的差异。例如，在日本，文化产业统称为娱乐观光业。而致力于发展文化产业的英国布莱尔政府则把文化产业称作创意产业。联合国教科文组织定义为结合创造、生产与商品化等方式，运用本质是无形的文化内容，具体包括印刷、出版和多媒体等。

总的来说，各国官方和学者也都认同文化产业这一概念具有多重含义，并在不同的历史和文化背景下，以及不同的意义上，理解和使用着这一概念。因此，文化产业有时也被称作或引申为文化工业、大众文化、通俗文化、创意产业、媒体文化、内容产业、版权产业等。这些或宽泛或狭义的称谓充分反映了文化产业概念本身的丰富性和不确定性，也提醒我们必须从发展的意义上理解文化产业的概念和范畴。

2. 政策和发展战略的研究

值得注意的是，在文化政策研究方面走在最前列的并非文化产业最发达的美国，而是欧洲国家，特别是欧盟，文化产业和文化政策已经成为众多欧洲会议的主要议题。英国伦敦创意中心执行主任、著名艺术家 J. 威廉姆斯对欧洲和美国的文化政策艺术与文化产业进行了比较研究，发现美欧之间在文化产业的关注点、研究方法、资助体制和方式、政策选择等方面存在着许多差别，并认为欧洲国家走在文化政策研究前列。

我们可以看到，在众多研究西方文化产业和文化政策的文献中，就业问题是专家学者们最为关注的问题，几乎所有的研究文化产业和文化政策的文章及专著都无一例外地要谈到文化产业和文化政策对就业所产生的影响。卡西·布里克伍德就曾以欧盟为例对此进行了集中而详细的探讨。

另外，有关文化产业如何发挥创造力的问题、文化产业的集聚发展问题、文化资本与社会独占问题、文化参与与社会凝聚力问题、文化多样性与社会包容问题等，国外学者都有专门的研究和论述。

3. 区域研究和行业报告

国外学者还非常重视文化产业对地区发展和提高城市竞争力的重要作用，并把它作为制定经济政策和文化政策的一个重要原则和目标。澳大利亚塔斯马尼亚州的文化产业委员会为该州未来十年的文化产业发展制订了详细的计划，包括其文化产业发展所认同的原则、文化产业发展的最终目标以及文化产业发展的策略等。《建立可持续发展的文化产业——纽卡斯尔的文化政策》为将纽卡斯尔建设成21世纪典型的可持续发展城市制定了包括目标、价值准则、原则等在内的文化产业发展战略。

城市作为文化产业区域研究的重点，更是专家学者们关注的目标。查尔斯·兰德利在《作为一座创意城市的伦敦》一文中介绍了伦敦为保持其作为世界性文化大都市的地位、增强城市竞争力、促进城市进一步发展所实施的文化政策。前加拿大驻美大使阿兰·高特列波在

《一个国际化都市面临的挑战》中概括了城市或区域提高国际竞争力和影响力的几个必要条件。

总体来说，目前国外对文化产业还没有权威的界定，其内涵也因国家或研究者的不同而存在差异。其研究具有以下特点：第一，从研究对象看，尚未形成统一的文化产业概念。不同学者基于不同视角对文化产业进行了界定。概念界定上的众说纷纭，既反映了学者文化背景、宏观政策、经济发展等的差异，也反映了文化产业概念界定的开放性。第二，从研究领域看，随着现代科技向传统文化产业不断渗透，文化产业的外延也在不断拓展。不再局限于文学、电影、电视、美术、音乐、舞蹈、传媒等传统行业，进一步将教育、旅游、建筑、体育、互联网、文化遗产等纳入其范畴，且日益表现出高技术含量的特点。第三，从研究取向看，并非只有推向市场的文化活动才属于文化产业。文化产业较发达的国家始终把弘扬民族优秀文化、保护文化遗产、改善公民福祉作为文化产业的一部分。西方学者始终把政府和私人文化资助体制研究作为文化产业和文化政策研究的重要方面。第四，从理论研究层面看，西方文化产业理论研究正处于全面深入阶段。文化产业基础理论开始采用社会学、经济学研究方法。文化产业应用研究开始深入到产业链内部。文化产业政策研究开始深入到就业、资助政策等层面。第五，文化产业的经济学研究不足。西方文化产业理论研究仍以社会学、文学、艺术为主，经济学研究方法尚未得到广泛应用。第六，从研究的侧重点来看，文化产业的研究存在着对大城市的关注较多，对农村和地方发展的关注较少；对发达国家研究比较多，对发展中国家研究比较少的现象。

（二）国内研究

中国第一篇探讨大众文化运行机制及生产、流通和消费等问题的文章于1991年出现在《上海文论》"大众文艺"系列文章中。此后从文化产业角度探讨大众文化的文章便不断涌现。1997年《读书》杂志第2期发表一系列大众文化文章，掀起大众文化高潮，形成支持、赞扬与批判、否定截然对立的观点。简单的肯定与否定无助于改变大众文化日益分裂、侵占，甚至取代精英文化的格局，但学术论争表明了大众文化旺盛的生命力。20世纪90年代末，大众文化的地位得到普遍认可，文化产业获得了话语权。这种话语权随着市场经济的发展和中国加入WTO上升到国家层面。2000年国家"十五"规划首次提出要"推动文化产业的发展"，文化产业成为国家发展战略的重要组成部分，标志着文化产业的合法化。此后，中国文化产业理论进入应用研究阶段，包括宏观层面的文化产业研究、区域文化产业发展研究、具体文化产业行业发展研究及加入WTO与中国文化产业发展的关系研究等。

1. 内涵与行业范畴

一是对文化产业概念、性质与规律的探讨。对文化产业性质的理解有两种：一种将重心放在文化上，强调其文化属性；一种将重心放在产业上，强调其产业属性。冯子标认为提出文化产业论题本身即是对文化的产业属性的复归。章建刚指出产业是其主体，文化是对它的限定。学者们对其发展规律进行了初步探索：张晓明提出文化产业发展的不平衡规律。焦斌龙从资本、劳动、技术和市场视角探讨工业化时期文化产业发展规律。卢渝提出欠发达地区发展文化产业的思路。孟晓驷从需求角度提出文化产业发展机理。柯克全面分析其生产、经营和消费主体。谢名家从精神生产角度提出文化产业发展机制。乐后圣提出文化产业是21世纪的黄金产业，对其进行全方位解读。陈立旭论述市场逻辑下文化发展的内在规律。胡惠林认为文化产业是一个以精神产品的生产、交换和消费为主要特征的产业系统。还有的学者认为是从事文化产品生产和提供文化服务的以市场化方式经营的活动总称。

二是对文化产业进行宏观研究。20世纪90年代中后期，学者们开始从宏观层面对其理论缘起、发展现状、趋势等进行全面的介绍和分析。中国社会科学院和上海交通大学国家文化产业创新与发展研究基地，对中国文化产业进行长期跟踪，自2002年始每年发布"中国文化产业年度报告"，试图全面反映年度文化产业总体进展。北京大学国家文化产业创新与发展研究基地从 2003 年开始集中对其定义的文化产业进行年度跟踪。文化部、国家统计局在 2002 年成立课题组进行文化产业统计指标体系研究，建立国家文化产业统计制度，从 2004 年开始将文化产业统计纳入日常统计。

三是关注文化产业和行业发展。喻国明长期集中于传媒业发展研究，认为传媒业的经济学本质在于影响力，制约传媒业发展的障碍是传媒业宏观改革滞后于微观改革。尹鸿对中国传媒产业核心竞争力进行研究。孙安民将文化产业发展模式分为虚文化和实文化，前者指文化处于隐性状态，表现为企业文化、消费文化、商业文化；后者指文化处于显性状态，类型有科教产业、文娱产业、媒介产业、体育产业。

中国文化产业理论研究还有文化产业主体培育、文化企业改革、文化产业与知识经济、文化产业与高新技术、文化产业与经济增长、文化体制改革与文化产业发展、文化产业投资等，篇幅所限，在此不一一赘述。

2. 区域文化产业研究

（1）西部文化产业的研究。1999 年国家提出了西部大开发战略，引发对西部文化产业的研究关注。丹增提出，发展文化产业是西部地区实现经济社会跨越式发展，缩小与东部地区发展差距的必然选择。黎永泰指出，西部大开发中的文化资源开发，应着眼于文化产业化的实施。郑俊义提出，西部地区由于文化资源多集中于少数民族地区，发展文化产业有助于改善少数民族地区的经济和文化现状。

（2）东北文化产业的研究。发展文化产业是推动东北老工业基地振兴的一项重要举措。党的十七届六中全会提出加快发展文化产业，这给东北地区的文化产业发展带来良好的机遇和巨大的空间。

（3）广东沿海文化产业的研究。同全国一样，广东的文化产业发展业起始于 20 世纪 80 年代初，新闻出版、文化娱乐和广播影视行业突破传统事业体制框架的改革实践。如今它已成为广东的一个重要产业门类和国民经济新的增长点，并且形成了以出版印刷发行行业为支柱、以报业为龙头、以广播电视行业为新的增长点、以文化娱乐行业为重要补充的产业格局。目前，广东文化产业的发展无论从规模、资产总额，还是从效益及劳动生产率等方面讲，其都在国内居于前列，并且已进入资产重组、资源优化配置和产业结构调整的阶段，由产业发展的初级阶段走向规模集约化的产业成长阶段。

（4）广西本土的研究。主要有石有健对广西文化产业发展的态势、存在问题、对策措施进行的解读和研究，陈学璞对广西文化产业的定位和功能、发展态势与问题及文化产业的品牌优势与运作进行的研究，王杰、陈静对广西文化产业发展战略与对策的研究等。

3. 战略研究

丹增提出，发展文化产业要从实际出发，开拓创新，切实把握自身的特色优势。谢名家提出，中国特色的社会主义文化产业必须全面适应社会主义精神文明建设发展的要求，要借鉴外国先进经验，遵循一般发展规律，建设我国较为完整的文化产业体系。

综上所述，国内的研究主要针对文化产业的概念和范围划分、发展现状和发展机遇、总体思路和解决方案及发展对策等方面。这些理论成果的取得，将对今后的文化产业的发展起到一定的指导作用。但中国文化产业理论研究在以下几个方面还有待加强：一是研究以定性研究为主，缺乏必要的定量研究。随着文化产业的发展和完善，定量方法的引入将愈加迫切。受缺乏整体数据和研究者的学科背景所限，对中国文化产业发展态势的判断很难把握。当然随着政府对文化产业行业统计口径的调整以及企业（家）对文化产业的关注与支持，定量研究方法将日趋成熟。二是开始引入经济学和管理学理论与方法，但尚未成为主流。20 世纪 90 年代末，学者开始引入经济学和管理学理论。连连围绕消费与文化产业进行了研究、花建从投资战略角度对文化产业进行了研究、胡惠林从文化经济一体化发展角度探讨了文化产业的生成与发展。但立足于这些视角的研究还没有进入中国文化产业理论主流，可预见，从经济学层面研究文化产业是大势所趋。三是中、微观层面研究亟待强化。中国文化产业理论以宏观研究见长，中、微观层面研究明显不足。中观层面缺乏文化产业发展的制约、动力因素、法律政策研究；微观层面缺乏文化产业主体培育和文化企业运行机制的系统研究。

二 中国与东盟区域经济合作研究现状综述

2000 年 11 月，在第四次中国—东盟领导人会议上，中国政府首次提出建立中国—东盟自由贸易区的构想，到 2009 年 8 月 15 日第八次中国—东盟经贸部长会议上签署中国—东盟自贸区《投资协议》，中国与东盟之间的区域经济合作一直在有条不紊地进行。拥有 19 亿人口和 6 万亿美元国内生产总值的中国和东盟建立自贸区，为双方带来了经济、政治、外交等多方面的综合利益，为东亚、亚洲、亚太地区乃至全球经济的繁荣稳定做出了突出贡献。

纵观对中国与东盟区域经济合作的相关文献资料，目前，研究中国与东盟之间的区域经济合作的文献主要集中于以下几个方面：中国与东盟区域经济合作现状、中国与东盟区域经济合作中存在的问题、中国与东盟区域经济合作进一步完善的对策、中国—东盟自由贸易区发展前景展望等。

（一）中国与东盟区域经济合作现状研究

禤永明（2010）认为，随着中国东盟区域经济合作的不断发展，双方正在金融、通信、基础设施建设和能源等方面逐步展开合作。不论是在贸易投资方面，还是在合作机制方面，都取得了显著的进展，展现了强大的生命力。但是随着中国与东盟区域经济合作的不断深入，在双方经济合作的发展进程中也不可避免地出现了一些问题和不足。

赵银亮（2003）认为，区域经济和贸易集团化是当今世界经济发展的重要趋势之一。与世界其他地区相比，东亚在区域经济一体化的进程方面明显滞后。国际政治经济学的分析方法为推动东亚经济整合提供了新的范式。中国—东盟自由贸易区的启动正是基于这种分析框架之上的有益探索。全力塑造东亚经济圈的目标正有条不紊地进行，东亚经济一体化将在艰难中曲折前进。

陈德照（2005）认为，近几年，中国和东盟的经济合作从单一的双边合作发展到双边合作与不同范围的地区合作相结合；从单纯的贸易和投资合作发展到贸易、投资和货币、金融多领域相结合；从非机制性合作发展到非机制性同机制性合作相结合的多种性质合作并存的局面。中国和东盟建立自由贸易区的谈判已经取得重要结果，但也存在困难和问题。我们要始终坚持双赢的原则。建立自贸区本身不是目的。它对发展经济能起多大作用，最终取决于成员方经济的结构和企业与产品等的竞争能力。

（二）中国与东盟区域经济合作问题研究

保建云（2008）认为，随着中国与东盟各国经济增长，中国与东盟各国进出口贸易额不断增加，东盟北部地区四国和南部地区六国的对外贸易增长存在显著的差异，北部四国中的越南对外贸易增长较快，南部六国中新加坡对外贸易增长较快。中国与东盟自由贸易区的建立，为中国与东盟之间双边与多边贸易发展创造了广阔的发展前景，而中国与东盟双边贸易中面临着贸易不平衡性、农产品贸易摩擦、敏感产品与大宗产品贸易摩擦、区域外部势力不当干预等多方面的风险。

冯伟杰、魏磊（2010）认为，中国与东盟区域经济合作中存在的问题主要来自区域合作的动力来源问题、区域合作的主导权问题、中国与东盟合作中的大国博弈问题、中国与东盟合作中的区域整合问题以及敏感的农产品贸易问题。

彭晓野（2005）认为，东亚集体认同观念的淡薄、利他因素的缺乏，影响了各国对东亚经济合作的态度，是导致东亚经济合作滞后的主要因素。主要表现：中国和日本长期以来的身份定位偏离东亚，导致了东亚经济合作长期以来领导地位的缺失；东亚各国由于历史遗留下来的领土争端、民族宗教文化的差异，导致东亚的集体身份认同陷入困境；东北亚内部的认同困境，以及次区域间即"10＋3"融合的困难。

（三）中国与东盟区域经济合作对策研究

冯伟杰、魏磊（2010）认为，进一步完善中国与东盟区域经济合作，更好地发展区域经济需要各国淡化区域主导权，奉行"主动但不主导"的区域经济合作战略来稳住东盟,将更多的大国纳入到区域一体化进程中的策略,妥善处理农产品贸易和金融合作等敏感问题,并逐步推进人民币的区域化。

李光辉(2009)表示,从整个亚洲经济发展来讲,在未来的整个经济区域发展当中,北美、欧盟各自形成了经济发展的一极;在未来整个世界经济发展当中,亚洲肯定要形成一极,这一极有可能由于中国东盟自贸区的形成,推动整个亚洲经济的发展,最后形成亚洲的一极,影响整个世界的发展。

辜庆志(2008)认为,建立"中国—东盟自由贸易区",表明中国和东盟的经贸关系进入了一个新的发展阶段。它不仅符合双方的利益,而且对推动整个东亚区域经济合作,乃至世界经济的发展都将产生重要的影响。在双方的重视和努力下,经济合作的前景将无限光明。

李皖南(2007)认为,由于东亚各国的经济发展阶段不同,政治、文化差异巨大,而且都保持了与区域外大国的密切联系,这注定东亚区域合作模式是松散的、开放的、包容的,而不是像欧盟那样封闭性的、堡垒式的。所以,亚洲一体化与欧洲一体化的道路肯定不同。未来的东亚合作路程还很漫长。

尤安山(2004)认为,虽然由于不同的社会制度、不同的经济发展阶段等因素,中国—东盟自由贸易区的进程仍然面临不少问题,但只要双方坚持"相互尊重、平等互利、彼此开放、共同繁荣、协商一致"的区域合作原则,加强在经济、科技等多领域的合作,中国与东盟的经贸关系将会获得更大的发展。

三 研究意义

广西的"十一五"目标提出文化产业年平均发展速度将争取达到13%,到2010年文化产业增加值达到250亿元,为全区GDP贡献4个百分点。广西"十二五"规划也提出"促进文化大发展大繁荣,提升文化软实力","力争2015年广西文化产业增加值占地区生产总值5%以上"的发展目标。这一要求只是一个数量要求,而且随着中国—东盟自由贸易区的建立，如何在这种大背景下实现广西文化产业的发展，需要有明确的战略和技术路径来保障。本书的写作是应这一要求而提出的，课题研究具有重要的理论价值和实践价值。

（一）理论价值：研究视角从广西比较优势出发，研究文化产业发展战略，弥补理论研究不足。同时，对于技术创新理论、企业集群理论、区域经济理论等的发展具有重要意义。

（二）实践价值：

（1）本书的研究对于推动广西文化产业发展，使文化产业成为广西的支柱产业，实现广西经济结构的调整具有重要的现实意义。

（2）广西文化产业发展问题与解决对策分析，具有很强的针对性，可为广西各地方党委和政府决策与实践提供支持和咨询。

（3）本书的研究不仅致力于广西文化产业的发展，同时也是一个双赢战略，有利于东盟自贸区成员国文化产业的繁荣和发展。

第三节　研究内容及创新

一　主要内容

本书将通过对国内外文化产业发展战略目标、措施和路径进行比较，以区域合作和文化产业发展的国际、国内态势为背景，总结归纳出广西发展文化产业的比较优势，提出发展文化产业的战略目标，以及为实现这一战略目标、对比较优势再造和提升、使之成为发展文化产业经济优势的战略步骤、政策措施和技术路径。

1. 文化产业及范围的界定。借鉴国内外文化产业发展战略和技术路径的经验，总结归纳广西的比较优势和发展机遇及面临的挑战，寻找出发展文化产业的切入点。

2. 立足广西实际，同时借助中国—东盟自由贸易区的机遇，确定广西发展文化产业的战略目标及意义。在量上力争 2015 年实现文化产业占 GDP 总值 10%，2020 年占 20%。在质的方面应建设具有广西浓郁的地方民族特色、丰富多彩、和谐优美、健康向上的文化产业。

3. 分析广西文化产业发展的影响因素，包括国际和国内因素。

4. 分析广西发展文化产业的战略步骤和技术路径。以历史文化和民族文化的产业化为基本发展方向，吸收国内外先进文化，将重点放在对传统、落后文化产业的改造层面上，即建立文化支撑和技术支撑。

5. 广西发展文化产业的发展措施及政策体系。

二 研究重点难点

1. 重点：重构广西文化产业圈，大力发展文化产业，提升广西文化的竞争力、影响力，深入挖掘构建广西文化圈的优势所在，并最终确定发展措施。

2. 难点：中国文化、广西文化与东盟各国的文化如何形成良性互动；广西文化产业发展的基础数据的采集；广西的比较优势和发展机遇及面临挑战分析。

三 主要观点及创新

1. 本书主要观点

（1）重新规范了文化产业的内涵。文化产业是第三产业中从事精神产品生产、服务、经营的产业，其特征是消耗脑力劳动，其范围包括传统文化产业，如文学艺术方面，还包括现代文化产业，如互联网、创意产业等。

（2）广西发展文化产业的定位，应建设具有广西浓郁的民族地方特色、丰富多彩、和谐优美、健康向上的文化产业。

（3）广西发展文化产业的原则是改造与弘扬相结合、传统与现代相结合、浓郁地方民族风情与丰富多彩的国际环境相结合。

（4）广西发展文化产业的路径是构建文化支撑和技术支撑，通过输血与造血方式壮大文化产业。文化支撑指整理广西地方特色的文化项目，加以研究、改造、弘扬，技术支撑是把文化产业融入现代科学技术，使之提升文化质量和技术含量。改革文化产业发展体制，采取资金支持和自我循环发展的道路。

2. 本书创新之处

（1）立足东盟的大背景，研究广西与东盟各国的文化交流合作。

（2）以广西发展文化产业的比较优势为依托，研究其发展战略目标及路径。

第二章　文化产业圈理论

第一节　区域文化产业概述

文化产业作为 21 世纪的朝阳产业发展迅猛。经济一体化、全球化的发展趋势势不可当，而区域化是一体化和全球化的基础。文化产业作为经济产业部门之一，区域化发展趋势明显。区域文化产业差异较大，无论是国内的文化产业还是国际的文化产业，区域文化产业的发展速度、规模、特点都成为引人关注的内容。

一　区域文化产业的相关概念

要理解区域文化产业，首先要理解"区域"的概念和"文化产业"的概念，从国际上北美自由贸易协议的订立、欧洲联盟的整合、亚太经济合作会议的发展，到国内西部大开发、东北振兴、中部崛起等项目的推进，区域经济和区域发展成为引人注目的概念。厘清这些概念，对于加强广西与东盟之间的文化产业合作提供了重要的理论积淀。

（一）区域

1. 区域的概念和类别

对于区域的理解，从不同角度可以有不同的认识，一般而言，我们把区域看作一个地理概念。从大的角度可以指一个国家甚至比国家更大的范围，如中国是一个区域，东南亚也是一个区域；从小的角度可以指比国家小的范围，如一个省、市区、乡镇甚至更小的地域。区域地理位置是人类得以生存和发展的物质基础，人类社会的政治、经济与文化都是以区域为基础发展起来的。

区域文化产业中的区域，是具有自然意义和社会经济意义的空间系统集合，既包括自然地理因素，又包括社会经济因素；既有自然特征，又具有社会特征。区域按照不同的标准可以划分为不同的类型。按物质内容划分，区域可以分为自然区域和社会经济区域。自然区域又可以分为非生态系统自然区域和生态系统自然区域，前者如流域、大地貌单位（平原区、山区和高原区），后者如太平洋生态系统、黄淮海平原农田生态系统等。而社会经济区域则包括经济区域、社会文化区域等，前者如东北经济区、山东经济区等，后者如华人文化圈、东方文化圈等。

按照文化产业发展的现状而言，我国（主要指大陆地区）的区域文化产业可以分为以沈阳为中心的东北区域，以北京为中心的京津冀都市圈，以上海为中心的长江三角洲，以广东为中心的珠江三角洲，以湖南等省份为中心的中部地区，以陕西等省份为中心的西北地区，以云南为中心的西南地区，共七大板块。如果按照我国一般的区域划分方法的话，这七大板块又可以分为东部区域，包括东北区域、京津冀都市圈、长江三角洲和珠江三角洲；中部区域，包括河南、湖南、湖北、安徽、山西等省份；其余的为西部区域。这些区域文化产业发展的重点和定位各不相同，如珠江三角洲以加工制造业为主，西南地区以地方民族文化特色的旅游业为主，等等。

本书所涉及的广西地区指的是狭义上的区域，指的是一个国家内部的省级行政单位。广西文化产业圈的构建虽然立足于广西本土资源，强调广西文化产业的发展壮大，但并不意味着其研究局限于广西的环境背景下，而是突破这个狭隘的范围，立足国内国际的大环境背景来探讨研究。

2. 区域的特征

从上面关于区域类型的探讨我们可以看出，区域并不是一个简单的要素，而是一个系统。区域作为一个系统，由要素构成一定的结构，并由结构产生一定的功能，区域系统具有综合性、整体性、动态性、开放性、空间性、地域性、层次性等特征。

（1）层次性，即区域是有等级的。地表任何区域都可与同等级若干区域共同组成更高一级的区域（最高级区域为整个地球表层区域），同时区域内部又可进一步划分出低一级的区域。各级区域间呈镶嵌关系。区域分等级是有意义的，因为不同等级的区域，其结构、内外部联系及相应的研究手段均有不同。如自然区域的自然区→自然地区→自然小区→景观→地方→县区→乡，工业地理区域（工业地域综合体）的工业基地→工业枢纽→工业城镇→工业区→工业点等。

（2）差异性，指区域与同等级区域之间的差异。区域间的差异性其实是与区域内部的同一性并列提出来的。一般来说，区域等级越高，区域内部越复杂，同一性就越小，区域间差异性也就越大；反之，区域等级越低，区域本身越简单，区内同一性就越大，区域间差异也就越小。

（3）整体性，指地表区域内各组成成分间的内在联系，并经这种长期的相互联系，相互渗透、融合形成一个不可分割的统一整体。区域的这种整体性是形成区域同一性的原因。地球表层作为最大的区域，其内部各组分间是相互联系的。如由于气候的转暖，第四纪冰川退却，从而引起各大洋海面的升高和海洋的变化，在陆地上引起风化方式和成土作用的变化，以及植物和动物向极地移动等。按照系统论的观点，区域组分的相互联系还形成了区域的整体功能，这种功能不是组分功能的简单相加，而是高于其上的一种新功能。表现在区域间的联系上（物质、能量流动）。如一流域内的水土平衡，不仅仅取决于流域气候或植被、岩性，还取决于它们的共同作用。

（4）可变性。首先是指区域界线的模糊性。通常每一个区域的特征，在其中心区域典型地段表现得最清楚、最完善，但到分区的边缘，其特征就慢慢地与相邻区域的特征融合起来。因此，地理学上的区域界线往往是一个过渡带，具有模糊性，即使最显著的界线——海岸线，也因潮水的涨落而变动。严格划定的国界，从漫长的历史进程来看，也是变动的。可变性的另一面是指对同一地表空间，人们研究区域的目的不同，划分的角度、指标不同，可得到不同的区划方案。另外，任何自然区划的指标数值总是根据一定的时间长度统计而来的，若时间长度发生变化，统计所得数值就会随之不同，地理界线即会产生移动。产生这种现象是由于自然界也在不断地发展变化着。

正因为区域是一个复杂的系统，所以在探讨区域发展、可持续发展和协调发展时，必须用系统科学的理论和方法研究区域运动规律，这也是区域经济学的重要发展方向，当然区域文化产业也毫不例外，必须用系统科学的理论方法来分析相关问题。

（二）文化产业

1. 厘清文化产业概念

近年来，文化产业成为广受关注的一个概念。到底何谓文化产业？它的内涵和外延是什么？如何对其进行产业分类？从实践层面来看，几乎所有与"文化"沾边或冠之"文化"二字的产业或部门，都被称作文化产业，以至于文化产业一下子变得几乎无所不包，如此庞杂，令人眼花缭乱。从理论的层面看，也是众说纷纭，莫衷一是。那么究竟文化产业该如何定义呢？

文化产业的定义当然是和文化的定义密切相关的。众所周知，"文化"是一个非常复杂的、多层次的概论。从广义上讲，文化（Culture）是指人类创造的一切物质产品和精神产品的总和。《美国传统词典》对"文化"的阐述是："人类群体或民族世代相传的行为模式、艺术、宗教信仰、群体组织和其他一切人类生产活动、思维活动的本质特征的综合。"从狭义上讲，文化是指语言、文学、艺术及一切意识形态在内的精神产品。

文化产业也和文化一样是个宽泛而又模糊的概念。

联合国教科文组织关于文化产业的定义如下：文化产业就是按照工业标准，生产、再生产、储存以及分配文化产品和服务的一系列活动。这是从文化产品的生产、流通、分配、消费角度进行的界定。事实上，世界各国对文化产业并没有一个统一的说法，由于各国国情不同，历史不同，产业发展也不同，因此称谓也有所区别。在美国称为版权产业，在日本称为内容产业，在英国称为创意产业。虽然内涵方面有差异，但是外延方面却有极大的重合。

从内涵上来看，文化产业的范围随着国家管理体制改革和社会主义市场经济发展也是不断变化的。随着我国经济实力的增强，人民收入水平逐渐提高，文化产品的消费越来越多，国内各级政府一直倡导文化产业的发展，文化产业将成为朝阳产业。党的十六大在全面部署建设小康社会的宏伟蓝图时，从理论与实践的结合上系统地提出了文化产业的概念，它既是对马克思主义文化理论的丰富和发展，也是我们发展文化产业的科学指南。2003 年 9 月，中国文化部制定下发的《关于支持和促进文化产业发展的若干意见》，将文化产业界定为"从事文化产品生产和提供文化服务的经营性行业"；2004 年，国家统计局在与中宣部及国务院有关部门共同研究的基础上，制定了《文化及相关产业分类》，从国家有关政策方针和课题组的研究宗旨出发，结合我国实际情况，对"文化及相关产业"的界定是：为社会公众提供文化娱乐产品和服务的活动，以及与这些活动有关联的活动的集合。根据这一概念，文化产业的范围为：

（1）为社会公众提供实物形态文化产品的娱乐产品的活动，如书籍、报纸的出版、制作、发行等；

（2）为社会公众提供可参与和选择的文化服务和娱乐服务，如广播电视服务、电影服务、文艺表演服务等；

（3）提供文化管理和研究等服务，如文物和文化遗产保护、图书馆服务、文化社会团体活动等；

（4）提供文化、娱乐产品所必需的设备、材料的生产和销售活动，如印刷设备、文具等生产经营活动；

（5）提供文化、娱乐服务所必需的设备、用品的生产和销售活动，如广播电视设备、电影设备等生产经营活动；

（6）与文化、娱乐相关的其他活动，如工艺美术、设计等活动。

其中，提供文化产品（如图书、音像制品等）、文化传播服务

（如广播电视、文艺表演、博物馆等）和文化休闲娱乐（如游览景区服务、室内娱乐活动、休闲健身娱乐活动等）的活动，构成文化产业的主体。与文化产品、文化传播服务、文化休闲娱乐活动有直接关联的用品、设备的生产和销售活动以及相关文化产品（如工艺品等）的生产和销售活动，构成文化产业的补充。

国家统计局还将文化产业分为文化产业核心层（包括新闻服务，出版发行和版权服务，广播、电视、电影服务，文化艺术服务）、文化产业外围层（包括网络文化服务，文化休闲娱乐服务，其他文化服务）和相关文化产业层（包括用品的生产和销售，如文具、乐器、玩具、印刷纸张、书写纸张、空白磁带、空白光盘、电影胶片、照相器材、摄影胶卷、游艺器材等的生产和销售活动；设备的生产和销售，如新闻采编设备、广播设备、专业电视设备、电影设备、印刷专用设备、电视机、光碟机、收录机、音响设备等的生产和销售活动；相关文化产品的生产和销售，如工艺品、摄影作品、专业设计等的生产和销售活动）。

北京市统计局按照市委、市政府《关于加快北京市文化产业发展的若干意见》中提到的有关文化产业的内容和有关专家对文化产业的界定，认为文化产业主要应包括以下几个方面：

（1）书报刊出版、印刷和发行业；

（2）文化艺术业；

（3）文物保护业；

（4）广播电影、电视业；

（5）文化娱乐业；

（6）体育；

（7）摄影及扩印业；

（8）园林业（包括公园、动植物园和自然保护区）；

（9）广告业。

有些部门或省市将旅游业也作为文化产业的组成部分，但由于旅游业不仅涉及交通、通信、住宿、餐饮、购物等诸多服务行业，而且与上述文化产业中各行业交叉较多，很难准确进行行业核算，因此，文化产业中是否包括旅游业尚待有关部门和专家讨论。

2006年《国家"十一五"时期文化发展规划纲要》确定重点发展的文化产业门类共有九类。

（1）影视制作业。发展影视内容产业，提升电视剧、非新闻类电视节目和电影、动画片的生产能力，扩大影视制作、发行、播映和后产品开发，增加数量，提高质量，满足多种媒体、多种终端发展对影视数字内容的需求。

（2）出版业。推动产业结构调整和升级，加快从主要依赖传统纸介质出版物向多种介质形态出版物共存的现代出版产业转变，从主要依赖区域性市场向综合开拓国际国内市场转变。培育一批具有较强竞争力和实力的出版企业集团，打造一批社会效益和经济效益显著、具有较强影响力的出版品牌。

（3）发行业。支持出版物发行企业开展跨地区、跨行业、跨所有制经营，重点发展连锁经营、现代物流和网络书店等现代出版物流通系统，形成若干大型发行集团，建设全国统一、开放、竞争、有序的出版物市场。

（4）印刷复制业。发展高新技术印刷、特色印刷和光盘复制业，建成若干各具特色、技术先进的印刷复制基地，使我国成为重要的国际印刷复制中心。

（5）广告业。发挥各类媒体的作用，积极促进广告业的健康发展，努力扩大广告产业规模，提高媒体广告的公信力，广告营业总额有较快增长。

（6）演艺业。推进营业性演出单位资产重组，发展演艺经纪商，加强演出协作网络建设，形成一批大型演艺产业集团。

（7）娱乐业。发展电子娱乐业，开发具有民族特色、地方特色、健康向上和技术先进的新兴娱乐方式，创新娱乐业态。鼓励连锁娱乐企业的发展。运用高新技术改造传统娱乐设施，加强文化娱乐主题园区建设。

（8）文化会展业。发展各类综合及专业文化会展，重点支持覆盖全国并具有国际影响的文化会展，办好 2008 年北京奥运会、2010 年上海世博会的相关文化活动及会展，使文化会展业成为促进我国文化产业发展的重要平台。

（9）数字内容和动漫产业。积极发展以数字化生产、网络化传播为主要特征的数字内容产业。加快发展民族动漫产业，大幅度提高国产动漫产品的数量和质量。积极发展网络文化产业，鼓励扶持民族原创的、健康向上的网络文化产品的创作和研发，拓展民族网络文化发展空间。

从国外情况看，文化产业的范围涵盖了文化艺术业、广播电视业、新闻出版业、信息网络服务业、教育业、旅游业、体育业、广告业、会展业、咨询业等。综上所述，结合我国现实情况，笔者认为我国的文化产业主要应包括影视制作业、出版业、发行业、广告业、演艺业、文化娱乐业、文化会展业、动漫业、文化旅游业、艺术培训业和艺术品业等类。

在本书中，将"文化产业"定义为"从事文化产品生产和提供文化服务的经营性行业，是从事精神文化产品的生产、流通和以文化为内涵和各种服务活动或部门的总和"。其特征是以产业文化作为手段来发展文化事业，以文化为资源来进行生产，向社会提供文化产品和服务，目的是满足人民群众日益增长的精神文化生活需要。

2. 文化产业与文化事业的区别

文化产业是与文化事业相对应的概念，都是社会文化建设的重要组成部分，文化产业是社会生产力发展的必然要求，是随着社会主义市场经济体制的逐步完善和现代生产方式的不断进步而发展起来的新兴产业。

文化事业与文化产业的区别主要有以下几点。

第一，概念范围不同。文化产业是指从事文化生产和提供文化服务的经营性行业，分为影视业、音像业、文化娱乐业、文化旅游业、网络文化业、图书报刊业、文物和艺术品业、艺术培训业九大门类。

文化事业是指为满足人们娱乐、休闲、健身、求知、审美、交际等精神需要和求知需要而组织活动，并提供经费、场地、器材和各种服务的社会公益性而非营利性的行业等。

第二，生产目的不同。文化事业部门是生产公共产品，以国家需要为转移。文化产业部门是为市场生产商品，以市场需要为转移。但文化产业和文化事业两者的目的都是满足人民群众的精神文化需要。

第三，资本来源不同。文化事业的生产资本主要靠政府扶持、社会赞助，为公众提供公共文化服务；文化产业单位则主要面向市场，依法经营，自我积累，自我发展。在我国社会主义市场经济体制下，多种所有制并存，生产资本需从不同经济成分中获取。广泛吸收民营经济进入文化产业经营领域，是当前我国文化产业发展的重要战略手段。

第四，机构性质不同。文化事业机构是政府部门的附属单位，以行政方式管理，其工作人员一般为国家公职人员。文化产业机构是企业单位，以企业法人进行经营活动，其工作人员主要作为企业员工而存在。

第五，运营机制不同。文化事业是重要的社会公益事业之一，是向社会提供公共产品和公共文化服务，在此活动过程中会有一定的经济收益，如门票收入、稿酬收入，但远不能达到其从事文化活动和艺术生产所付出的成本，运作所需的资金主要依靠政府部门拨款，主体的主要行为是非营利性活动，以寻求最高社会效益为原则。文化产业是文化建设活动，主要采用产业方式进行运作，一般进行以营利为目的的经济活动。在此一定要注意，企业就是以营利为目的而从事生产经营性活动的经济组织，企业的本质是以少投入、多产出、追求最高经济效益为原则，当然在追求利润的同时企业也有义务把追求社会效益放在首位。

第六，国家宏观调控程度不同。对于事业单位，国家的宏观调控可以采取直接性的行政手段，可以采取行政命令的方式直接调控，要求它生产什么样的文化产品，以及如何为广大民众提供服务。对企业单位，一般地说，国家不会采取强制性的手段，而是以间接调控为主，主要采用经济手段和法律手段。经济手段方面，如利用税收政策进行引导，对企业经营国家和社会最需要的商品实行低税，而加以限制的文化商品则实行高税；或是通过价格杠杆，如工资、利率、商品与服务的价格等，都可以对企业按社会效益的原则进行引导。法律手段方面，国家通过立法程序把生产和经营文化服务商品的基本准则写进法律，要求企业依法经营，违法必究。

准确把握文化产业的概念，还要正确区分文化产业与信息产业。进入知识经济的今天，高新技术被广泛应用，使得信息产业与文化产业达到了全面互渗的境界，成为现代社会发展不可或缺的两大支柱产业。正是数字技术的崛起使得与信息有关的一切产业联系在一起，数字技术的发展为文化产业的发展提供了一个广阔的平台，大众传媒（新闻、出版、广播、电影、电视、音像等）、通信（电话与无线通信），以及信息业（计算机与网络）也因此相互融合、密不可分，它们相互配合，为共同的"用户"提供服务。但在我国，两者仍有明显的界限划分，不可等同视之，文化产业已经在上面反复论述过，此处不再赘述，而信息产业特指以电子计算机、电子通信及网络技术为载体的新兴产业。利用现代高技术进行信息传播的领域如证券业、银行业、计算机网络业、电子通信业等均不属于文化产业的范畴。

除了上面提到的文化产业和信息产业的区分，目前国内使用频度较高而且较易产生混淆的是就是文化产业和创意产业。把这两者联系起来这也属于正常现象，因为这两大概念之间本身就存在着定义方面的交叉性，二者均强调创新对产业发展的决定性影响，其中，这里的创新也是有多方面含义的，包括创新精神、创造才能以及技术和产品的创新。但要注意两者有着明显的不同，创意产业主要指创意要素起核心或主导作用的产业，文化产业主要指文化内容要素起核心或主导作用的产业。当然，文化产业也强调创意，创意产业也强调内容，并且在产业层面有许多的交叉之处。

（三）文化产业园

文化园区基本的前提是文化生产与消费活动的呈现，文化产业的核心内容是创意，而创意灵感的获得往往来自与其他同行相互接触的刺激。在众多的活动中，多样化文化聚会地点的出现通常能充分提供人们之间的相互交流以获取灵感。文化产业园区正是在这种条件下应运而生的。

从不同的角度，文化产业园区有不同的划分方法。Hans Mommaas 在分析荷兰 5 个文化产业园区时提出，文化产业园区类型的区分有 7 个核心尺度可以参考：园区内活动的横向组合及其协作和一体化水平；园区内文化功能的垂直组合——设计、生产、交换和消费活动具体的混合，以及与此相关的园区内融合水平；涉及园区管理的不同参与者的园区组织框架；金融制度和相关的公私部门的参与种类；空间和文化节目开放或封闭的程度；园区具体的发展途径；园区的位置。

Walter Santagata 根据功能将文化产业园区分为四种类型：产业型、机构型、博物馆型、都市型。

1. 产业型。这种类型的文化园区主要是以积极的外形、地方文化、艺术和工艺传统为基础而建立的。此类园区的独特之处在于其"工作室效应"和"创意产品的差异"。

2. 机构型。这种类型的文化园区主要是以产权转让和象征价值为基础而建立的。其基本特征是有正规机构，并将产权和商标分配给受限制的生产地区。

3. 博物馆型。这种类型的文化园区主要是以网络外形和最佳尺寸搜寻为基础而建立的。园区通常是围绕博物馆网络而建，位于具有悠久历史的城市市区。其本身的密度能造成系统性效应，吸引旅游观光者。

4. 都市型。这种类型的文化园区主要是以信息技术、表演艺术、休闲产业和电子商务为基础而建立的。通过使用艺术和文化服务，赋予社区新生命以吸引市民，抵抗工业经济的衰落，并为城市塑造新的形象。

在我国，文化产业园区的发展还处于胚胎期，因而对其的分类很少。结合我国实际情况，本书主要从区位依附、园区性质等方面对文化产业园区的类型进行划分。

1. 按区位依附划分为4种类型

（1）以旧厂房和仓库为区位依附。城市中被废弃的旧厂房和仓库，因其宽敞明亮的空间及廉价的租金，或面临闲置空间再改造的境遇，往往成为文化产业园区的又一诞生地。国外许多成功的文化园区就是以旧厂房和仓库为区位依附的。在我国也有许多成功典范。

成功典例

我国较早出现的大山子艺术区依托于北京朝阳区酒仙桥路798工厂的老厂房。上海近些年成长起来的创意产业园区绝大部分也是由旧厂房和仓库改造而成。泰康路210弄的"田子坊"创意产业园区，位于上海20世纪30年代最典型的弄堂工厂群；建国中路10号的"八号桥"创意产业园区，位于上海汽车制动器公司的老厂房。

这些创意产业集聚区，利用现有建筑创造了创意产业发展的平台，又保护了历史文化财产，是文化产业与工业历史建筑保护、文化旅游相结合，建筑价值、历史价值、艺术价值和经济价值相结合的良好典范。

（2）以大学为区位依托。大学是各类人才的聚集地，它作为技术的发生器，可以不断开发新的科技；大学也是一个开放的社区，是一个提供多元文化的场所。因此，依托大学发展文化产业园区也就成为一种重要的途径。

成功典例

上海的杨浦区赤峰路建筑设计一条街依托的就是中国著名高等学府——同济大学，上海长宁区天山路时尚产业园依托的是东华大学和上海市服装研究所，正在建设中的中国人民大学文化产业园及TCL（广州）文化产业基地都是以大学为区位依托的。

（3）以开发区为区位依附。这类文化产业园区主要是以高新技术产业园区为区位依附。因为高新技术产业园区内高新技术产业发达，高校、科研机构、高科技企业聚集，科技与文化相结合的智力型人才众多，最适宜发展文化与科技结合的文化产业。高新技术产业区都有大量的信息产业，这些产业跟文化产业能够实现很好的融合。

成功典例

中关村高科技园区内的中关村创意产业先导基地；位于大连市高新技术产业园区的国家动画产业基地；位于上海浦东张江高科技园区内的张江文化科技创意产业基地。

（4）以传统特色文化社区、艺术家村为区位依附。属于这种类型的主要有两种情况：第一种是依托一些传统的文化区域，在这些区域文化底蕴深厚，文化氛围浓郁，利于开发特色文化产业园区。如四川德阳三星堆文化产业园、北京高碑店传统民俗文化产业园区等。第二种是依托位于城乡结合部的一些艺术家村，有些是属于创作型的园区，如北京的几个画家村，有的则已形成产业化运作，如位于深圳特区郊边龙岗区布吉镇的大芬油画村等。

2. 按园区性质划分为 5 种类型

（1）产业型。一是独立型的，园区内产业集群发展相对比较成熟，有很强的原创能力，产业链相对完整，形成了规模效应。如深圳大芬村，以绘画艺术为主，已经形成一定的产业链条及规模效应，但原创能力不强，而且这是我国此类文化产业园区普遍存在的问题。二是依托型的，依托高校发展，形成了一定的产业链条。如上海虹漕南路创意产业园、同济大学周边的现代设计产业园区等。

（2）混合型。这种类型的文化产业园区往往依托科技园区，并结合园区内的优势产业同步发展文化产业，但园区内并未形成文化产业链条。如张江文化科技创意产业基地、香港数码港等。

（3）艺术型。这种类型的园区也是创作型园区，原创能力强，但艺术产业化程度还较弱。目前国内最有名的艺术园区有北京大山子艺术园区、青岛达尼画家村等。

（4）休闲娱乐型。这类文化园区主要满足当地居民及外来游客的文化消费需求。最有代表性的是上海的新天地、北京长安街文化演艺集聚区等。

（5）地方特色。如北京高碑店传统民俗文化产业园区、潘家园古玩艺术品交易区等。

此外，按照影响范围来分又有国际型、国内型和地区型；还可按园区最初的形成分为自发形成和政府运作形成的文化产业园区。由于文化产业园区在我国还是一新生事物，发展变化快，园区类型之间的界限并不是很明晰，在此进行的类型划分仅是根据当前的一些情况进行的划分，今后随着城市文化产业园区发展逐渐成熟，园区类型的划分将会进一步完善。

（四）文化圈

文化圈（cultural circle）是社会学与文化人类学描述文化分布的概念之一。文化圈概念最早是由文化人类学家莱奥·弗罗贝纽斯提出的。之后，弗里兹·格雷布内尔在 1911 年出版的《民族学方法论》一书中使用文化圈概念作为研究民族学的方法论。在弗里兹·格雷布内尔看来，文化圈是一个空间范围，在这个空间内分布着一些彼此相关的文化丛或文化群。从地理空间角度看，文化丛就是文化圈。

奥地利学者 W. 施密特主张，文化圈不仅仅局限于一个地理空间范围，它在地理上不一定是连成一片的。世界各地可以同属一个文化圈，一个文化圈可以包括许多部族和民族，是一个民族群。在一个文化丛相关的不同地带，只要有一部分文化元素是相符的，它们就同属一个文化圈，如东亚文化圈、北美文化圈等。文化圈是独立持久的，也可以向外迁移。一个文化圈之内的整个文化，包括人类生活所需要的各个部分，如器物、经济、社会、宗教等。向外迁移的不仅是整体文化的个别部分，也可能是整个文化模式。

文化圈理论被后来的文化人类学家接受。美国学者 A. L. 克罗伯和 K. 科拉克洪都认为，这个理论对于研究民族学和文化传播是很有价值的，人们可以从具有相同文化特质的那些民族中间，发现它们形成和发展的历史渊源。北美学者在研究民族学时多使用文化区域概念，而文化区域在时间和空间上过于狭小，文化圈包括较大的空间和经历持久的时间，使用这个概念便于做更深入的研究。

此外，"文化圈"还有多种划分法，如按时代划分的原始、古代、近代等文化圈；按地区划分的塔斯马尼亚、美拉尼西亚等文化圈；按人种划分的尼格利陀、巴布亚等文化圈；按物质文化划分的澳大利亚飞去来器、东南亚吹箭筒等文化圈；按经济类型划分的热带丛林猎人、东非草原牧人等文化圈；按社会特征划分的图腾崇拜，母权制异族通婚文化圈，等等。

综上所述看，文化产业、文化产业园与文化圈之间既有联系又有区别。这三者都是依托文化进行的，离不开一定的文化活动，文化产业园和文化圈的建设都有利于文化产业的发展。但这三者又有一定的区别。首先，所涉及的概念不同。这已在前面有了详细的论述，此处不再赘述。其次，性质不同。文化产业园一般是后天形成的，是一种主观见之于客观的实践活动；文化圈则通常是一种客观存在，这个圈本来就存在。再次，范围不同。这主要是指文化圈和文化产业园之间，文化产业园一般位于某座城市，范围较小；而文化圈则涉及范围较大，涉及地区与地区之间。最后，目的也不同。发展文化产业、建设文化产业园更多的是以发展经济，以营利为目的，而文化圈则不一定。

二 区域文化产业的分类

上面已经分别讲述了"区域"和"文化产业"这两个概念。这里再将二者结合起来，谈一下到底什么是区域文化产业。厘清这一概念关系到本书的整理思路，因为广西文化产业圈的构建，本身就是一个区域文化产业的发展问题。

随着经济一体化进程步伐的不断加快，无论从世界经济发展，还是从我国的经济发展来看，经济一体化进程都成为一种必然的发展趋势。当然，经济一体化的发展并不排斥区域化，一体化是区域化的发展趋势，区域化是一体化的基础，二者相互促进，共同发展。经济一体化发展中日益呈现出区域性特征，各地区以区域为基础参与全球一体化进程。经济一体化进程并未完全消解区域的界限，在某种程度上使区域界限更加明显，使区域经济优势更加明显。文化产业作为国民经济的产业部门，也呈现出区域化特征，不同区域间的文化差异较大，既有竞争又有合作，在竞争与合作中推动文化产业整体发展，振兴民族文化。大力发展文化产业，推进"文化走出去"战略，塑造国际形象，提升软实力，都需要我们关注区域文化产业的发展问题，区域文化产业集合了区域和文化产业的概念。

所谓区域文化产业，是指以区域为单位形成的文化产业，不同区域之间的文化产业存在明显的差异。根据不同的具体的标准可以划分为不同的区域文化产业。国际区域文化产业根据所处洲域的不同，文化产业可以划分为北美区域文化产业、欧洲区域文化产业、南美区域文化产业、东亚区域文化产业等。欧洲的文化产业又可以划分为不同国家的文化产业，如英国的文化产业、德国的文化产业、法国的文化产业等，对于各个国家的文化产业，也可以进一步细分。国内区域文化产业可以根据不同的流域划分为长江流域文化产业、黄河流域文化产业、珠江流域文化产业等，也可以划分为不同地区的文化产业如东北区域文化产业、西北区域文化产业、华南区域文化产业、西南区域文化产业等，也可以根据行政区划的不同划分为北京区域文化产业、广西区域文化产业、云南区域文化产业、河南区域文化产业、江苏区域文化产业等不同省（自治区）市的区域文化产业。这些都是区域文化产业的表现形式，其中，城市是文化产业发展的主体，城市是各个区域文化发展的核心，是推动区域文化产业发展的重要力量。

三　区域文化产业的特征

区域文化产业也是作为一个系统，同样具有区域所具有的特征，但其可以更具体地概括为以下几个方面。

（一）区域性

区域文化产业的第一个特征就是区域性特征或地域化特征，区域文化产业是在区域基础上形成的，它必须存在于一定的地理范围，脱离地理位置的文化产业是不存在的，不同区域的经济、文化特点以及其他的社会要素存在差异性，这些差异性使区域文化产业具有特色，并区别于其他区域的文化产业。大到一个国家，小到一个城市的文化产业，都体现了区域性的特征，总是以区域为基点形成差异鲜明的不同文化产业。不同的区域之间，其文化产业的发展模式、内在架构、结构要素、历史文化特性、产业特色等都有明显的区域性特征。

（二）独特性

独特性是指不同的区域文化产业都有一批具有自身特色的内容，这些特色成为不同区域文化产业相互区别的重要特征。不同国家之间的文化产业各有特色，存在明显差异，如中国、美国、英国、日本、韩国、新加坡、越南。虽然这些国家有些是发达国家，另一些是发展中国家，有些属于西方文化领域，另一些属于东方儒家文化领域，在这一点上他们具有共通性，但每一个国家的文化产业都有区别于其他国家的独特内容，这些内容既能体现民族特色，又能彰显自己国家独特的历史文化。

即使一个国家内部的文化产业，区域之间也存在极大的差异性。以美国为例，美国是移民国家，公众来自世界各个民族，这些移民带来了各自民族的语言、文字和文化，他们集聚于不同的区域，在区域内从事生产发展贸易，频繁交流，在此基础上形成一定的经济政治和历史，形成独特的区域文化产业。

我国是多民族国家，不同区域具有不同的民族文化传统或地域特色，同时就会有不同的经济政策，有不同的区域观念以及不同的区域资源，这些差异促成了区域文化产业独特性的形成。如古都北京、西安与现代化的上海、深圳……这些城市的文化产业各有特色，形成独特的区域文化产业。

（三）不平衡性

正如区域间的经济发展存在不平衡性一样，区域文化产业也表现出很大的不平衡性，这种不平衡性表现在速度、水平、规模、质量、竞争力等方面。从全国范围来看，我国区域文化产业的发展状况呈现从东部到中部再到西部的梯形递减规律，呈现出不均衡状态。以2006年为例，"该年东中西部的地区生产总值分别占全国 GDP 的 64.16%、18.72% 和 17.12%，而区域文化产业方面，从文化产业单位数量、从业人员数和拥有资产的地区分布看，东部地区分别占全国的66%、69%和78%，远高于中西部地区；从收入情况看，东部地区的营业收入占全国的82%，而中西部仅占18%；从实现的增加值看，东部占74%、中西部占26%；从对GDP的贡献看，东部地区实现的增加值占2.56%，中西部地区分别为1.28%和1.35%"。

区域文化产业发展不平衡是正常现象，导致区域文化产业不平衡性的因素很多，其中，经济发展状况、历史文化资源、区域文化产业政策等是主要因素。但区域文化产业的不均衡制约了我国文化产业的总体发展，更不利于我国文化产业的国际化竞争。区域经济协调发展要求区域文化产业之间保持适度平衡，需要区域文化产业的主体采取措施，使区域文化产业的发展速度、水平、规模、质量与竞争力方面的差距保持在合理范围内。

（四）客观性

区域文化产业如同区域一样，具有客观性。客观性是指文化产业的区域化是客观存在的现象，文化产业具有区域特色，有自身的发展规律，不以人的意志为转移，但这并不意味着在区域文化产业方面我们就是无能为力的。我们可以在不改变其发展规律的情况下，积极寻找有利因素，以此推动区域文化产业向前发展。

（五）主观性

主观性是指不同区域之间的界线具有主观性。虽然在划分区域界线时参考了很多的标准，但是区域界线内外间的差异性在逐渐缩少，甚至没有明显的区别，因此在确定区域间的界线时就有极强的主观性。另外，这里的主观性也可以称为主观能动性，只要有人的参与，就具备一定的主观性，因此，区域文化产业的发展也是在客观性的基础上，发挥主观能动性的过程。

（六）层次性

这一点与区域的特征具有明显的一致性。区域的文化产业大可指一个洲的文化产业，如欧洲文化产业；小可指一个国家、一个流域、一个省市地，甚至一个城市的文化产业。区域文化产业也是一个系统，是具有层次性的。一个区域文化产业可以是高层次区域文化产业的子系统，也可以是低层次区域文化产业的母系统。

四 区域文化产业的成因

（一）自然因素

自然因素是区域文化产业形成的重要原因。区域的划分本身就是自然因素的结果。自然因素包括地理位置、气候、空间距离等，这些是客观存在的因素。

自然因素影响区域文化产业形成有直接和间接两个方面。直接方面是指自然因素影响区域文化产业的地理范围和地理位置，一般来说，空间距离近、气候差异小、地形相似的地区更能形成一个文化产业区域。间接方面是指自然地理因素不仅影响地理范围和位置，而且通过影响区域文化和区域经济来影响区域文化产业。

有些区域充分利用自己独特的地理要素，把特殊的地形地貌当成特色资源开发利用，促进了区域文化产业的发展。如广西、云南，这两地区域文化产业的发展都体现了这一特点，是充分利用该区域独特的地理资源的结果。

（二）政治因素

政治因素在区域的形成过程中，尤其是行政区划的划分上有着重要的影响，因此区域文化产业的形成与政治因素密不可分。一般而言，同一个行政区域内部其经济往来相比其他区域更加密切，交流更加频繁，认同感更强，合作也更多，这样更易促进区域文化产业形成。另外，区域文化产业的形成和发展与政府政策也密不可分，政府政策也属于政治因素的一种。

（三）经济因素

经济因素是区域文化产业发展形成的主要原因。区域文化产业的发展需要巨大的资金支撑，需要广阔的消费市场，不同的经济区域，塑造了不同的区域文化产业。文化产业的发展与经济的发达程度有着紧密联系。美国、英国、日本、德国、法国等发达国家，经济市场繁荣，文化产业也很发达，这些国家的文化产业诸如影视、动漫、雕塑、出版、演出等表现突出，甚至对其他国家的文化意识形态可以产生一定的影响。全球排名比较靠前的文化产业诸如影视、动漫、雕塑等跨国公司大都属于西方发达国家，国际文化贸易的绝大部分也被这些国家的跨国公司所垄断。这说明经济程度对区域文化产业的发展有巨大影响作用。从市场消费的角度来看，马斯洛需求层次理论告诉我们，人的需求是分层次的，低层次的需求就是解决生存、生理的需求，高层次的需求是精神文化的需求。一般情况下，只有在满足基本生存需求后才可能消费更高级的文化产品，满足高层次的需求。经济发达意味着人们生活水平高，意味着基本生存和生理需求已得到满足，意味着对高层次需求的追求和满足，这也是发达国家文化产业较不发达的国家人口规模小但是文化市场却较大的原因。

我国不同区域的经济发展程度和人们收入水平状况有很大的差异。一般来说，东部的经济更发达一些，人均收入水平较高，中西部相对落后一些，人均收入水平较低。东南沿海经济发达，相对应的文化产业发展得也比较快，如上海、浙江、江苏、北京、广东等地，这些区域文化产业各具特色，文化产业产值占区域经济总产值比重较高，文化市场广阔，文化产品消费市场大。相反，中西部的经济相对落后，文化产业所需要的资金、市场等也受到限制，该区域的文化产业落后于东部地区。

当然，西部的个别城市由于大力发展文化产业，该区域文化产业表现也很优异。但是，西部个别地区发达的文化产业却依赖于东部的文化市场，其文化产品大都为东部或者是国外区域的人口所消费。这从侧面也反衬出文化消费市场的重要性。

（四）文化因素

经济是主要因素，并不意味着经济的决定性作用。除了经济因素、自然因素影响区域文化产业的形成和发展以外，还有文化因素。文化产业的核心是文化资源，每一个区域文化产业都是在区域基础上发展起来的。没有文化资源就没有文化产业，更没有区域文化产业的繁荣。区域文化产业的至关重要影响因素之一就是文化资源的丰富程度。区域可供利用的文化资源越多，利用得越充分，就越能促进区域文化产业的发展。

文化资源的拥有程度与利用程度相比较，如何利用文化资源更重要。一些区域文化资源丰富，却不知如何开发利用；另一些区域文化资源贫乏，却能博采其他区域文化资源为己所用，从而推动区域文化产业发展。美国文化产业的发展就是一个整合利用全球文化资源的过程。除此之外，区域文化还影响着区域消费者的消费行为，影响区域居民的性格、观念、品质心理等，进而影响他们的行为选择，影响区域文化产业的发展思路，影响区域居民的消费。例如，我国地大物博，不同区域的人的性格、习惯等差异较大，我们在分析湖南卫视的独特现象时，认为部分原因是与湖南人敢为天下先的区域文化特性紧密相关。

（五）市场机制

美国经济发达，但是作为一个移民国家，其文化发展历史短，传统文化资源较为匮乏，大部分文化是移民带来。但由于美国的市场机制成熟，资本充足，能够充分整合其他民族的文化资源为其所用，所以能够克服其内在的文化不足，促进文化产业的发展。例如，利用中国文化元素拍摄出来的《功夫熊猫》、《花木兰》等影片就是整合资源的例子，这完全得益于美国成熟的市场机制。

小结：本节重点对文化产业的概念和范围进行了界定，区分了文化产业与文化事业，文化产业园区与文化产业圈，并分析了区域文化产业发展的影响因素，有自然因素、文化因素、政治因素、市场机制等各个方面。广西应该结合影响因素，寻找自身在区域经济发展中的优势资源并发现发展中存在的不足，利用优势，趋利避害，在 CAFTA 框架下寻找更好的发展空间。

第二节　国内外主要国家和地区的文化产业概况

在全球化的今天，广西要在中国—东盟背景下构建文化产业圈，发展广西的文化产业，就必须对世界文化产业的发展历史、现状和特点有一个比较充分的认识和了解，就必须研究世界各国文化产业发展的基本途径，从而在宏观上为广西文化产业发展部署提供战略性参考。除此之外，国内一些地区文化产业的发展也走在广西前列，如一些创意城市——北京、上海、深圳等，广西必须学会取他人之长补自己之短；同时与广西毗邻的广东省和云南省，在地理位置、资源禀赋、区位优势等方面与广西有着相似之处，广西更应汲取经验，发展自身。

一　国外文化产业发展实践

据统计，在全球最大的 300 家传媒企业中，144 家是美国企业、80 家是欧洲企业、49 家是日本企业，美国及其他西方发达国家控制了全球媒体的 90%。在美国，文化产业规模庞大，地位重要，是其第二大产业。文化产业出口方面，美国占世界第一位。美国通过好莱坞电影不仅出售文化产品，而且还大力宣传其价值观念和生活方式，从市场规模上看，现在美国、日本是世界文化产业强国，仅这两个国家就占了世界文化产业市场 2/3 的份额。日本特别重视文化产业的发展，成立了文化产业振兴委员会，2005 年夏又通过了《文化产业振兴法》，目标是 10 年内文化产业规模要增长两倍。

（一）美国等发达国家

1. 美国

美国是文化产业最发达的国家，拥有全球一半以上的"文化巨无霸"企业，最富有的 400 家公司中 72 家是文化企业。美国注重科技创新加版权保护，文化产业规模在其国内产业结构中仅次于军事工业而位居第二，2009 年文化产业产值约 3 万亿美元，差不多接近于中国的全部经济总量，占美国 GDP 总量的 25%。

美国文化是移民文化。这种特性就赋予了美国文化与众不同的特点。文化开放、文化包容、文化进取是美国文化的三大特征，也是美国文化的优势，而由此引申出来的特征也值得注意。美国文化强调独立、个性而又不排斥他人，富有冒险、探索与创新的精神，最重要的是其强调自由与平等的精神。由于注重自我审视并且文化发展更新的理念，美国不断汲取他国文化的精髓，丰富并发展着自身文化的多元性，这使得美国文化产业蓬勃发展。20世纪80年代后期，美国开始全力向外倾销文化产品。仅十余年时间，美国文化产业异军突起，稳居全球霸主地位。美国把输出美国文化列为第一大出口创汇产业，占据了世界文化市场43%的份额。电影、图书、音乐、动画、游戏、体育、主题公园及其衍生产品的开发与销售，成为美国力量的象征，不仅带来了巨大的经济效益，更展示了渗透力极强的软实力。美国文化不仅对国内民众的传统价值观及生活方式产生了重大的影响，而且影响到了全世界的文化发展，在许多国家的电视节目中，美国节目占到60%—70%，有的占到80%以上，而在美国，外国节目仅占1%—2%。美国电影的总产量仅占世界电影产量的6%，而在世界电影市场的总体占有率达到80%。美国文化已占据了全球文化输出的高地。

美国文化产业能够取得这样的发展成就，与其文化产业发展运作模式密不可分。概括而言，美国文化产业的运作模式呈现以下几个特点。

第一，完全市场化。美国的产业发展是按照市场规律和市场竞争来对文化产业进行调控的，美国政府将文化产业与钢铁、汽车等其他关系国计民生的产业部门一样对待，所以在美国文化企业的经济活动以及个人的文化创造是在一个公平的、充分竞争的环境开展并有更多的选择。

第二，健全的文化产业发展法律体系。美国政府虽然没有专管文化的国家级机构，但通过法律法规和各项优惠政策鼓励文化产业的发展，使美国传统经典文化艺术的保护和新兴创意文化项目的扶植普遍推广。美国比较注重建立对文化产业的法律保障体系。通常，制定法律法规的机构是美国国会，政府则负责在法律框架内依法执政。具体来说，美国政府负责编列预算，对文化产业进行立项，议会则负责审批预算，两者之间彼此制衡和协调。在两者发生意见不合甚至冲突时，则由法院予以仲裁。

此外，在资金方面，美国联邦政府主要通过国家艺术基金会、国家人文基金会和博物馆学会等组织机构对文化艺术产业给予资助，文化艺术团体只要有一个好的项目建议书，加上自筹的一半经费，政府机构就有可能给予另一半的资助。

2. 英国

在英国，文化产业确切地应该叫"文化创意产业"，英国具有悠久的城市文化历史、文化的多样性以及长期积累的科学技术基础，为创意阶层的形成提供了湿润的"土壤"。早在工业革命时期就有"世界工厂"称号的英国，在完成工业化转型后，走上了一条由创意产业带动文化产业发展的新途径。英国是最早提出"创意产业"定义的国家，是仅次于美国的世界第二大创意产品生产国。

英国自 20 世纪 90 年代开始发展文化创意产业起，就强调用政策来打造"创意"，推动文化创意产业发展。1997 年，英国政府提出创意产业理念，其内容涵盖了广告、建筑、艺术、古玩、工艺品、设计、影视、广播、软件、电脑服务、音乐、表演艺术、出版 13 个文化创意产业，成为全球第一个推出文化创意产业的国家。经过多年的发展，文化创意产业已成长为英国仅次于金融服务的第二大产业，2008 年产值达到 591 亿英镑，占 GDP 比重约为 5.6%。2010 年，英国文化创意产业占其 GDP 比重已超过 8%，增长速度已超过 7%，是整个国民经济增速的两倍，与创意产业相关的企业超过 18.2 万家，占企业总数的 8.7%，吸纳就业人数 200 万以上，占就业总人口总数的 7.8%。其中以伦敦为例，目前伦敦文化创意产业每年产值达 210 亿英镑，成为伦敦第二大支柱产业。

作为全世界文化创意产业发展的摇篮，英国最早提出把文化创意产业从服务业中独立出来。英国政府在发展文化创意产业方面有很多值得借鉴之处，尤其在产业发展方面采取的一系列有效融资和运营模式，使得英国的文化创意产业成为全世界发展文化创意产业的典范。

第一，挖掘传统文化资源，打造文化之都。以格拉斯哥为例，为了应对传统工业城市衰退，文化引导城市更新的思想随西方新自由主义潮流开始而兴起，并成为一项在英国颇有影响的城市规划更新策略。格拉斯哥是苏格兰最大的城市之一，位于苏格兰西部，以其辉煌的文化和传统闻名于世。政府投入了相当多的资金、人力、物力用于历史文化设施的修复和建设。例如，将一个有着悠久历史但已废弃的毛毯厂厂房改造成商业住宅，包装苏格兰会议展览中心，承办格拉斯哥的花园节，改善城市环境景观等。很多跟文化相关的草根阶层的艺术活动，如短期展览、社区艺术项目、竞赛活动等，也极大地提升了文化在市民心目中的地位。如今，格拉斯哥成功地重建了城市的形象，并成功地推向全世界。

第二，营造浓郁的艺术氛围，为创意阶层提供"土壤"。英国的演出业非常繁荣，演出的剧目很多都是历史名剧，伦敦市中心的街区集中了数十家剧院，《西贡小姐》、《猫》、《悲惨世界》、《李尔王》、《哈姆雷特》等名家名剧，不断获得巨大经济效益和社会效益。此外，英国拥有超过 2400 家以上鉴定合格的博物馆，每年有超过 8000 万人次的访客。浓郁的艺术氛围使得几个世纪以来伦敦一直是一个创意中心。借助创意产业，英国在经济上成功地实现了产业结构的优化和升级。如今，英国创意产业产值占国内生产总值的 8% 左右。

第三，注重创新人才资源的培养。从根本上讲，发展创意产业离不开人才。英国历史悠久的大学不仅散发着他们古老的神韵，而且潜移默化地熏陶和培养着他们的学生，是影响创意阶层产生的重要因素。英国拥有超过 4000 家商业设计咨询公司以及众多自由的设计师。其行业规模庞大，风格多样，所跨学科从品牌打造、图文制作、包装和商业室内设计，到产品设计、多媒体和工艺设计，应有尽有。英国的设计人才多样，专业知识丰富，对新生事物持欢迎态度，在预测和反映消费趋势等方面发挥了领军作用。

3. 法国

在欧洲，法国是一个拥有悠久文化传统的国家，艺术和文化的财富超越于政治制度，法国人对其文化有种强烈的自豪感和保护欲，对文化的重视是深入骨髓的。因此，任何外来的文化侵入都会引起法国人的强烈反应，或许这也是法国政府能有效掌控文化政策的原因。法国政府非常重视文化产业资源的开发、保护和利用，民族文化产业相当发达，特别是图书出版业和电影业，在欧洲文化市场上具有重要地位。

第一，法国政府非常重视文化产业，制定了一系列优惠政策，使文化产业得以顺利发展。法国的特点是国家扶持和庇护，实行文化信贷、文化合同制等文化产业政策，对文化产业链予以连续支持，甚至直接资助。法国主要有三种形式的财政支持或赞助：一是中央政府直接提供赞助、补助和资金等，每一个从事文化活动的企业或民间协会，均可向文化部直接申请财政支持；二是来自地方财政支持，法国的大区、省、市、镇政府都有支持文化事业发展的财政预算；三是政府通过制定减税等政策鼓励企业为文化发展提供各类帮助，有关企业可享受 3% 左右的税收优惠。

第二，文化活动带动文化繁荣。作为法国文化和创意产业中心的"法兰西岛"，以巴黎为中心，拥有 8 个省份 1160 万人口，仅占法国总面积的 2%，却创造 30% 的 GDP。著名的巴黎"白色之夜"，通过公共艺术展示、夜间游乐场等丰富的文化活动，让人们徜徉在巴黎的夜色与文艺飨宴中。2004 年，法国北部的里尔市被选为欧洲文化之都。里尔市借助火车站的改造，把公共空间重新利用并结合艺术转化，进行一连串的文化转型。在 2004 年创造了 17000 位艺术家参与、200 万人次访客的惊人数字，同时超过 1 万名居民参与执行文化活动。

第三，传统文化场所的新活动和文化设施的翻新。近年来，凡尔赛宫引入法国艺术家 Xavier Veilhan 和美国当代艺术家 Jeff Koons 的展览。当代艺术介入传统的凡尔赛宫，充满视觉的震撼以及争议不断的舆论，反而吸引更多的参观者前往，大大提升了观众的重游意愿。安排不同的当代艺术家展览，成为凡尔赛宫的新焦点。卢浮宫选定朗斯作为分馆的地点，分馆的设置将给予其崭新的文艺面貌，卢浮宫也得以扩展典藏展示的空间，分享文化资源。

第四，法国地方政府在国家文化政策的推动上，扮演着举足轻重的角色。地方政府善用当代艺术文化的软实力，无论是成立新的文化中心，或者助推城市文化复兴，都成功地彰显了文化艺术与创意经济的完美结合，使文化产业成为重要的经济支柱。

（二）日韩等亚洲国家

1. 日本

日本于 1996 年正式提出《21 世纪文化立国方案》，政府设立公共支援制度，通过政策银行融资担保，倾力支持发展文化产业，文化产业的规模超过了电子业和汽车业，成为日本第二大支柱产业。400 家最富有的公司中，81 家是文化企业。日本在 20 世纪 90 年代的 10 年持续经济低迷时，唯独文化产业取得了巨大增长，特别是动画和游戏领域，取得了全球市场的领先地位，其动画产业占世界市场的 62%，游戏产业占世界市场的 1/3。日本动漫曾经一度占领了整个中国市场。日本文化产业占据了世界文化市场 10% 的份额。日本文化产业的发展呈现以下几个特点。

第一，全民参与。日本发展文化产业采取的是全社会共同参与的模式，2004 年提出日本经济"新产业创造战略"，选定了 7 个产业，其中就包括文化产业，文化产业成为日本经济的新增长点。

第二，动漫起主导作用。日本是世界上最大的动漫制作和输出国，在日本的文化产业中，漫画和动画的制作可以说是最成功、最具代表性的产业。目前，作为世界第一漫画大国，日本漫画产业的规模已经超乎人们的想象。在整个日本的出版物中，漫画作品占了 40%，漫画杂志达 350 种，平均每天有 25 本漫画单行本问世。全球播放的动漫作品有六成以上出自日本，在欧洲这个比例更高，达到八成以上。根据日本贸易振兴会公布的数据，2003 年销往美国的日本动漫片以及相关产品的总收入为 43.59 亿美元，是日本出口到美国的钢铁总收入的 4 倍。广义的动漫产业年营业额达 230 万亿日元，占日本 GDP 十多个百分点，超过汽车工业，成为日本第二大支柱产业。

第三，法律、政策提供保证。1996 年，日本确定了"文化立国 21 世纪方案"，这是政府引导、扶持文化产业的开端。1998 年日本政府又提出"文化振兴基本设想"，把文化的振兴提高到国家最重要的位置，强调对文化进行重点投资，认为对文化的投资是对未来的先行性投资。2003 年政府重新调整了文化产业的定位，制定了"观光立国战略"。另外，对振兴地区和地方文化，日本政府明确规定：政府应支持地区文化活动，包括重新挖掘、振兴具有地方特色的文化遗产、民间艺术、传统工艺和祭祀活动等；制定长期规划，对具有地方特色的文化艺术提供全面支持；中央政府与地方政府联手举办全国规模的文化节。这些措施都使日本文化产业得到了迅速发展。

2. 韩国

韩国在 1998 年亚洲金融风暴中受到经济重创以后，提出了"文化立国"的救国方针，把文化产业作为 21 世纪发展国家经济的战略性产业予以大力推进，颁布了《文化产业 5 年发展计划》、《文化产业促进法》，并实行政府准备金和减免税政策。从 2001 年开始，用 5年的时间使韩国文化产业在世界文化市场的份额由 1% 增加到 5%，到 2007 年实现海外出口额 5 亿美元，成为继美国、日本、英国、德国之后的世界第五大文化强国。韩国的网络游戏和电视剧引发了他国的"韩流"现象。

韩国文化产业包括电影、出版、印刷、期刊、广告、动画、因特网、手机等。文化产业的重要性已在韩国成为大家的共识，2010 年韩国文化产业规模为 72.58 万亿韩元（约合 650 亿美元），约占当年 GDP的 6.2%。资料显示，2006—2010 年，韩国文化产业规模年均增长率为 3.7%。韩国还善于将传统文化与现代工业手段相结合，创造新价值。韩国文化产业激活了整体经济，促进了文化产品的出口。韩国文化产业的发展也有效解决了就业问题，为韩国经济的恢复起到了重要作用。

韩国发展文化产业，主要是法律制度建设、国家及社会的认识、创造性的内容开发、专门人才的培养、搞活投资与流通体系、地区文化产业发展以及进入外国市场。

第一，政府提出"文化立国"战略方针。为实施这一国策，韩国先后颁布了"国民政府新文化政策"、"文化产业发展五年计划"等十几部法律法规，并于 2001 年成立了"韩国文化产业振兴院"。其中影视业被视为重中之重，韩国政府采取了一系列行之有效的措施，如大力支持影视业按市场经济规律办事；设立文艺振兴基金等专项基金；财政支持在国家预算中也提高到了1%以上等。

第二，将竞争机制引入文化产业的运行中。随着政策的放开，韩国影视业积极导入"优胜劣汰"的市场竞争机制，把作品的市场性、收视率、艺术性和伦理道德影响作为衡量标准，极大地调动了广大影视从业人员的创造性和竞争意识。

第三，打造韩流产业链。从1998年金大中政府推行新文化战略算起，仅用12年时间，韩国的文化与商品便席卷全球。而这一切都要归功于以韩剧为出发点的完整产业链条。韩国人给予"韩流"以重大的意义和使命，把韩国传统文化、饮食、服饰、韩国产品和旅游等捆绑在一起，"一源多用"非常普遍。

第四，积极开拓国外市场。韩国国内市场小，韩国文化企业要生存就必须发展开拓海外市场。在中国，"韩流"就很受广大青少年的喜爱。

综合来看，韩国政府的政策支持保护、先进的文化产业运营理念和韩剧经济产业链的成功施行，是让"韩流"长期称雄亚洲市场的重要原因。

二　国内文化产业发展实践

改革开放30多年来，中国正在从文化资源大国和文化产业大国向文化强国转型，文化生产作为一种精神生产活动，对整个社会经济的导向作用不断提升。党的十七届六中全会首次提出"建设社会主义文化强国"的科学命题，不仅强调深化文化体制改革、推动文化大发展大繁荣，还提出加快发展文化产业、推动文化产业成为国民经济支柱性产业。从现实来看，近年来，我国文化产业的发展也相当迅速，但是在世界上的影响力还需加强，培育出我国的主打产品是当务之急。我国的文化产业也应当成为知识经济背景下最富现代意义的"产业集群"和经济增长。

在国家发展战略和文化产业政策引导下，我国各省份地区掀起了文化产业发展热潮。长三角、珠三角、环渤海及京津地区文化产业领跑全国，北京、上海、广东、江苏、山东、湖南、浙江等省市以及深圳、长沙、杭州、南京、北京海淀区、西安曲江新区、天津滨海新区等地区文化产业都有了长足发展。各地根据资源禀赋特点，确立了各具特色的目标定位。

（一）主要省份地区文化产业的发展实践

1. 广东文化产业发展实践

鉴于广东广西位置毗邻，在地理环境等方面有较多相似之处，所以着重研究一下广东文化产业发展的实践。同全国一样，广东的文化产业发展也起始于 20 世纪 80 年代初，新闻出版、文化娱乐和广播影视行业突破传统事业体制框架的改革实践。如今它已成为广东的一个重要产业门类和国民经济新的增长点，并且形成了以出版印刷发行行业为支柱，以报业为龙头，以广播电视行业为新的增长点，以文化娱乐行业为重要补充的产业格局。总体而言，广东文化产业发展呈现以下特点。

（1）市场化程度比较高。广东的文化娱乐业市场启动早，民营经济占有相当高的比例。新闻出版印刷发行行业产业发育得比较充分，多层次的产业结构已经初步形成。印刷技术水平全国领先，国内精品图书相当一部分在广东印刷。音像产品制作水平高、能力强，全国正版音像制品批发量的 70% 出自广东。

（2）集团化建设所形成的规模经济竞争激烈，实力较强。在广东就分别诞生了新中国第一家报业集团（广州日报报业集团 1996 年成立）与第一家期刊集团（《家庭》期刊集团 2002 年成立）。除此之外，广东出版集团、广东新华发行集团等都是经国家新闻出版总署批准成立的第一批试点集团。其中广州日报报业集团的资产总额、净资产、广告收入等多项经济指标均排名国内同行第一，而仅在广州一地就有南方日报报业、羊城晚报报业、广州日报报业三大各具有一定经济实力与优势的报业集团同时展开角逐。

（3）文化产业发展受港澳文化经济影响比较深。广东与港澳陆路相连，是境外文化产品进入内地的主要集散地，人们接受境外媒体传播宣传早，市场经济意识也发展较为充分。相对而言，其运用行政推动整合文化资源的作用难以得到较好发挥。这也是广东在文化产业发展的某些领域（如在内地没有上市股份公司等）较之北京、上海、湖南等地反而稍逊一筹的主要原因，因为依靠政府"第一推动力"来发展文化经济是我国处在经济转型期的一个特定现象。

（4）发展文化产业空间广阔，潜力大。广东省国内生产总值2002年已达到11674.4亿元，占全国的1/10，人均GDP深圳早就突破了5200美元，广州也突破了5000美元，整个珠三角地区都接近这一水平。借鉴西方国家研究所显示的人均GDP超过3000美元其消费指数将发生较大变化的论断，广东人的文化消费能力必将有大幅度的提高。再则，广东广播电视行业改革虽然起步较晚，且受境外电视台冲击较大，但其净资产、总收入等经济指标却排在全国第一位。特别是与其密切相关的信息产业发展的基础雄厚，广东已有的有线电视、互联网与移动电话用户数均名列全国第一，这对未来"网络经济"的形成与发展是一个很大的经济变量。

2. 云南文化产业发展实践

云南文化产业发展认识早、起步早。从20世纪90年代后期开始，经过了思考起步—探索推进—快速发展的过程，目前进入转型升级的新阶段。十年来，云南文化产业以年递增20%的速度持续发展，2012年文化产业增加值达到635亿元，比重达6.1%，成为云南省第六大新兴支柱产业。地处西部经济欠发达省份的云南文化产业，不仅为全省经济社会发展做出贡献，而且走在了全国前列，以创新引领文化产业改革发展，是云南文化产业发展的重要策略。云南文化产业发展成效主要体现在三个方面。

一是文化产业实力不断迈上新台阶。多年来，全省文化产业以年均近20%的速度持续快速发展。2009年，云南文化及相关产业增加值达364亿元，占全省GDP比重达5.9%，与北京、上海、广东、湖南、湖北一起，成为全国6个文化产业增加值占GDP比重超过5%的省市。2010年，全省文化产业继续保持强劲发展势头，增加值突破440亿元，占全省 GDP 比重达到 6.1%。云南文化产业与其他产业相融合，打造了新的产业门类，形成了新的经济增长点，特别是文化与旅游的互动发展，提升了云南旅游的影响力，成为云南旅游"二次创业"的重要推动力。云南文化产业持续快速发展，极大地优化了经济结构和产业结构，在云南经济社会发展中的作用日益显现。

二是骨干文化企业不断做大做强。近年来，先后组建了云南文化产业投资控股集团、云南出版集团、云南报业传媒集团、云南演艺集团等大批国有文化企业，文化产业发展活力得到极大释放。云南出版集团跻身全国出版集团经济规模综合评价前 10 名和全国服务企业 500强，5 年内可实现资产和销售收入"双百亿"目标。与此同时，民营文化企业迅速发展壮大，云南映像文化产业发展有限公司、丽江丽水金沙演艺有限公司、云南中天文化产业股份有限公司等民营骨干文化企业，成为全省文化产业发展的重要力量。目前，云南文化产业市场主体不断增多，形成了以公有制为主体、多种所有制共同发展的良好格局。

三是特色文化产业品牌不断涌现。云南形成了一批特色文化产业集群、文化产业板块和文化产品市场。演艺产业方面，先后推出了《云南映象》、《丽水金沙》、《蝴蝶之梦》，以及《印象·丽江》、《梦幻腾冲》、《吴哥的微笑》等优秀产品，产品数量、质量排名全国前 10 位，初步形成较为完整的民族演艺产业链。《印象·丽江》进入市场以来，演出数量不断增长，据不完全统计，三年约 3000 场，观众约达 350 万人次，实现收入约 4 亿元。云南文投集团融合云南民族文化元素打造新型杂技节目《雨林童话》打进欧美市场，还在柬埔寨吴哥窟精心推出了大型演艺节目《吴哥的微笑》。另外，在影视产业方面，"云南题材"、"云南摄制"在国内影视界形成冲击波，迅速成长为云南最具资源优势和产业特色的文化业态。电视剧方面更为火暴，继前些年大批军事题材、历史题材、民族题材、爱情题材和时尚生活的电视剧在云南创作拍摄外，近年来有《金凤花开》、《我的团长我的团》、《香格里拉》等电视剧在央视和多家省级卫视播出。民族工艺品产业方面，出现遍地开花的景象，涌现出紫陶、银器、石砚、锡器、刺绣等知名品牌，建成鹤庆新华银器村、腾冲荷花玉雕村、剑川狮河木雕村、大理周城扎染村等大批专业市场，形成昆明、瑞丽、腾冲等全国著名珠宝玉石市场。文化旅游业方面，大力开发营销茶马古道和南方丝绸之路沿线大批文化名镇名村，出现了迪庆独克宗、丽江束河、昭通豆沙关、昆明官渡古镇、楚雄禄丰黑井、大理喜洲、腾冲和顺、西双版纳橄榄坝等文化旅游热点。节庆会展产业方面，连续举办一系列富有特色的文化旅游节，举办了三届中国昆明泛亚国际石博览会、昆明泛亚国际民族民间工艺品博览会及云南·昆明动漫节、云南民族服装服饰文化节，从中也催生出大量的特色文化产品和新兴文化业态。2010年中国昆明泛亚石博览会参观人数突破20万人次，现场成交额达3.2亿元，成为目前亚洲规模最大和国内专业化程度最高的国际石文化博览会。茶文化产业方面，以西双版纳、普洱、临沧为主要基地，打造了昆明雄达、康乐两大茶文化城，推动了茶文化产业的发展。在休闲娱乐、出版印刷、体育建设等领域，也不断形成特色鲜明的文化产品和市场体系。

云南通过自身的实践不断为全国提供新鲜的做法和值得借鉴的经验。总的来看，云南文化产业在各个领域都亮点频现，形成云南独特的竞争优势，提高了云南文化对外影响力，也为云南文化创新发展奠定了坚实基础，找到了重要突破口。尤为重要的是，云南文化产业发展开辟了一条有别于东部经济发达地区的区域特色文化产业发展新途径，为西部地区特别是边疆民族地区发展文化产业提供了重要借鉴。可以说，云南文化产业发展道路，是立足省情的科学发展之路，是一条依托资源优势的特色之路，是一条多类产业互动融合的发展之路，是一条着眼于扶贫攻坚的致富之路，是一条党委高度重视、政府强力推动的创新之路，是一条尊重文化发展规律的可持续之路。

成功典例

云南文化产业发展经验

第一，着力解决思想认识问题。云南文化产业发端和发展来自思想的觉醒和深化。早在2000年前后，云南就提出"文化产业兴则民族文化大省立"的要求，举办了相应的理论研讨会，举办了文化产业展览洽谈活动。2004—2006 年，先后举办了三期高规格、高层次的文化产业高级研修班，与北京大学、浙江大学、上海交通大学联合举办了四期文化产业高级研修班，邀请省内外大批知名文化产业研究专家授课，对各级党政领导干部、文化及相关领域负责人进行轮训。近年来又组织宣传文化部门负责人到湖南、上海、江苏、浙江、陕西等文化产业发达的省市进行考察学习。同时，以省委、省政府的名义，举办了多起全国性的文化产业论坛。2008 年开始，在全省组织开展解放思想大讨论活动，积极破除思想观念上的障碍。通过这些努力，各级党委、政府及有关部门、文化产业从业人员、广大普通干部群众，普遍形成了发展文化产业的基本认识，树立了变文化资源优势为经济优势的新理念。特别是自 2009 年以来，在中央进一步重视文化产业发展、全国范围文化产业迅猛发展的形势感召下，云南广大干部群众对发展文化产业重要地位、重要作用和基本规律的认识进一步提高，紧迫性和责任感进一步增强，新的文化自觉进一步形成，有力地推动了全省文化产业加快发展。

第二，重视规划引领发展。云南文化产业发展十分重视决策指导和规划引路。云南在 1996 年提出建设民族文化大省的思路，并于 1999 年把建设"民族文化大省"与建设"绿色经济强省"、"中国连接东南亚南亚国际大通道"一起，确定为全省经济社会发展的三大战略目标。在民族文化大省建设进程中，一直致力于发展文化产业，尤其是以规划实施县域特色文化建设和推进文化体制改革试点为主，大力培育扶持特色文化产业。经过多年努力，民族文化大省建设取得显著成绩，全省文化整体实力得到显著增强。党的十七大后，结合民族文化大省建设任务基本完成的实际，省委、省政府抓住机遇，于 2008 年提出由民族文化大省迈向民族文化强省的奋斗目标，并于 2009 年提出建设"绿色经济强省、民族文化强省和中国面向西南开放的桥头堡"的新战略。由"民族文化大省"向"民族文化强省"转变，体现了发展方式、发展目标上的质变，突出了发展文化产业的重要位置。与此同时，集中力量调研形成《云南省近中期文化产业发展规划（2009—2015)》，并由省政府颁发了《〈文化产业振兴规划〉云南行动纲要》，对当前和今后一个时期全省文化产业发展的指导思想、方针原则、发展目标、重点任务、保障条件作出明确的部署，对全省文化产业发展主导产业、区域布局等进行了科学规划。同时，提出了全省经济社会发展"十二五"规划纲要文化建设相关内容，一大批文化建设重点项目进入全省经济社会发展总盘子。

第三，充分发挥资源优势。云南是我国文化资源最富集的省份之一，最具比较优势的资源就是文化资源，拥有"民族文化活化石"、"民族文化博物馆"、"人类文明发祥地"等众多桂冠。云南澄江出现的古生物化石群，印证了生命诞生的奇迹。距今170万年前的云南元谋猿人化石，说明了历史演变的久远。近现代史上出现的许多重大历史事件，如护国运动、滇西抗战、"一二·一"运动以及西南联大等，积淀了丰厚的精神遗产。特别是多民族和睦相处共生共存，孕育了丰富多彩的民族文化，其中以五类民族文化资源最为鲜明、最具优势。一是民间文学和民族歌舞资源。全省整理出民间故事、谚语歌谣1.3亿字，收集各民族民歌2万多首，民族舞蹈6718套，民族戏曲2000多个，民族乐器200多种，民间叙事长诗50多部。二是民族节庆资源。云南民族节庆之多堪称中国之最，一年中有大小传统民族节日110多个，平均每3天就有一个地方在过节。三是民族服饰资源。云南各民族服饰造型异彩纷呈、色彩缤纷艳丽、工艺多种多样。四是民族工艺品资源。各地各民族都有自己独特的民间工艺品。五是民族餐饮文化资源。各民族美食各有特色，并且具有浓郁的绿色餐饮色彩。悠久灿烂的历史文化和多姿多彩的民族文化，使云南大地充满了无限的魅力与生机，也决定了云南文化创新发展的特殊道路和必然选择。依托文化资源优势，规避发展现代都市型文化产业之短而彰显发展民族文化产业之长，是云南文化产业快速发展的便捷路径。因此，云南文化产业从起步到推进，一直强调依托文化资源优势打造特色文化产品。

第四，不断创新发展思路。云南文化产业发展得益于市场机制的把握和对具体运作思路的创新。在多年发展积累的基础上，云南提出了"三步走"、"三结合"、"三创新"的文化产业发展思路。"三步走"，就是文化产业增加值占全省 GDP 比重，力争 2010 年达 6%、2015 年达 8%、2020 年达 10%。"三结合"：一是文化与旅游结合，就是以丰富的旅游为载体，以多彩的文化为灵魂，大力推进文化与旅游互融共进。二是文化与企业结合，就是让文化进入市场，实现文化与企业联姻共赢，实现文化的应有价值，提高企业的文化含量。三是文化与科技结合，就是充分借助现代科技手段创造新的文化样式，增强文化产品的艺术感染力和冲击力。"三创新"，一是体制机制创新，就是以转企改制为关键，大力培育市场主体。为此，从 2008 年开始，云南集中精力推进文化体制改革，把培育合格市场主体作为发展文化产业的关键环节来抓，推动经营性文化事业单位转制为企业，推动文化企业进行公司制或股份制改造，形成了一批有实力、有竞争力和影响力的国有或国有控股文化企业，极大地解放和发展了文化生产力，形成了文化体制改革促进文化产业发展的良好局面。二是艺术创新，就是根据社会与市场需求，创造不同类型的文化样式，建立不同主体踊跃参与的文化创作机制。三是运作方式创新，就是改变政府单一的投入方式，发挥市场机制调节文化资源的作用，借助社会和民间力量，做大做强文化产业。

第五，实施项目品牌带动。2003 年起，云南就开始建立文化产业发展项目库，连续利用中国西部文化产业博览会、中国深圳国际文化产业博览会、泛珠三角地区经济贸易洽谈会以及各种文化产业展会等平台进行宣传展示和招商引资。初步统计，目前全省文化产业项目推介约 500 个、签约近 300 个，协议金额 600 多亿元，实际到位资金超过 100 亿元。2010 年以来，省委、省政府研究确定了"十二五"期间规划建设的 10 个省级标志性重大文化设施建设项目和 30 个全省重点文化产业建设项目。十大标志性文化设施建设，包括省博物馆新馆、省科技馆新馆、云南文苑、云南亚广影视传媒中心、云南文化艺术（新云南大剧院）、云报传媒广场、东盟国际图书城、云南省少数民族和东南亚广播影视译制中心、西南国际民族文化艺术交流中心、滇西抗战纪念馆。30个省级文化产业发展重点项目，包括云南艺术家园区、云南广播电视集中集成播控中心、昆明国家级民族文化产业示范园区、上海文化产权交易所昆明交易中心、云南影视产业实验区、昆明国际包装印刷城、楚雄彝族文化大观园、德宏民族文化产业园区、昆明福保乡村文化产业发展基地、昆明"文化空间"大型国际文化市场、昆明金鼎1919文化创意产业特色基地、玉溪华夏和谐文化园、丽江民族文化产业示范项目、中国永胜·云南边屯文化博览园、红河个旧锡文化创意产业园、红河文化产业国际贸易园区、红河州建水紫陶工业园区、保山市龙陵黄龙玉文化园区、普洱茶文化科技中心、云南省工艺美术博览园区、云南高原体育康体基地、大理喜洲旅游文化产业示范区等。针对云南文化资源实际，还提出了精心打造四大文化品牌，即体现人与自然和谐相处的"香格里拉品牌"、蕴藏深厚历史文化的"茶马古道品牌"、体现多姿多彩的民族文化的"七彩云南品牌"、具有爱国主义教育意义和先进文化内涵的"聂耳音乐品牌"。这样做的目的，就是充分发挥重大项目和重大品牌的辐射带动作用，提高云南文化产业发展规模化集约化水平，提升云南文化发展整体实力和竞争力。

第六，提供坚实保障体系。10多年来，云南文化产业发展逐步形成了一套完整的保障支撑体系。首先，先后制定出台了省委、省政府《关于深化文化体制改革，加快文化产业发展的若干意见》、《关于加快文化产业发展的若干政策》、《关于开展文化产业统计工作的意见》等一系列政策性文件，从财政、人事、税收、工商、土地、金融等方面进行大力扶持。特别是自2008年以来，在认真调研的基础上制定出台了省委、省政府《关于进一步深化文化体制改革推进经营性文化事业单位转企改制的若干意见》，为深入推进文化体制改革，加快发展文化产业作出了符合云南实际的政策规定，形成了具有鲜明云南特点的文化产业发展保障体系。2010年，省委、省政府决定"十二五"期间，省级文化事业建设费由此前每年4500万元增加到8000万元，省级文化产业发展专项资金由此前每年 2500 万元增加到 1 亿元，同时建立 10 亿元规模的文化产业发展引导基金，为全省文化产业发展提供了良好的投入保障。其次是加强组织领导。云南经济社会发展相对滞后等实际，决定了云南文化产业发展在以市场为主导的同时必须加入必要的政府主导因素。云南省委、省政府十分重视加强对文化产业的领导，把发展文化产业纳入重要议事内容，全力推进、狠抓落实。省级相关职能部门积极配合，从机构设立、经费落实、项目建设、税收优惠等方面提供服务和支持。2010 年以来，成立了以政府主要领导为组长的文化产业发展领导小组，充实了文化产业专门工作机构。省委、省政府还把包括文化产业在内的民族文化强省建设作为一项重要内容，对各州市党政领导干部年度工作实绩进行认真考核，有力推进了各地文化产业发展。

第七，发挥典型示范作用。多年来，云南各地结合实际创造了富有实效的文化产业发展经验。认真总结推广这些先进典型，产生了较好的示范带动效应。先后推出了实施"公司＋基地＋农户"模式发展文化旅游产业的西双版纳傣族园的典型经验，通过发展农村文化产业促进新农村建设的师宗县农村文化户建设的典型经验，实施文化名村名镇整体开发战略发展乡村文化旅游产业的腾冲县和顺村的典型经验，体现"文化育民、文化乐民、文化富民"宗旨建设村级文化示范工程的腾冲县中和乡大村的典型经验，实施"文化农业"战略推进乡村文化建设的昆明官渡区福宝乡的典型经验，以大项目带动大发展的楚雄文化旅游产业发展的典型经验，以打造民族节庆品牌促进文化创新发展的大理州文化旅游发展的典型经验，通过发展传统工艺产品促进农村致富发展的民族民间工艺品产业等系列典型经验。这些典型在全省以及全国都产生了积极影响。2010 年 3 月，按照中央有关领导同志批示，光明日报社与省委宣传部在北京联合举办了首都专家解读中国文化产业"云南现象"座谈会，进一步解读和传扬了云南文化产业的特色道路和发展成效。

（二）主要城市文化产业的发展实践

进入 21 世纪，我国各地区文化创意产业得到快速发展。北京、上海、深圳、天津、广州、重庆、杭州、长沙、大连、哈尔滨、西安、成都、昆明等地发展尤为迅猛。

1. 北京：成为全国的"七大中心"

北京的目标定位是发展成为全国的"七大中心"，即文化演出中心、出版发行中心、版权贸易中心、影视节目制作和教育中心、动漫和互联网游戏研发中心、文化会展中心和古玩艺术品交易中心。

当时，为了迎接 2008 年奥运会，北京市大力推进文化创意产业。从 2006 年起每年拨出 5 亿元专用资金，支持文化创意产业的发展。2006年底，北京市首批认定了 10 个文化创意产业集聚区，包括中关村创意产业先导基地、北京数字娱乐产业示范基地、国家新媒体产业基地、中关村科技园区雍和园、中国（怀柔）影视基地、北京 798 艺术区、北京DRC 工业设计创意产业基地、北京潘家园古玩艺术品交易园区、北京宋庄原创艺术与卡通产业集聚区和中关村软件园。这些集聚区对全市文化创意产业的发展起到了积极的引导、促进和示范作用。

第二批 11 个北京市文化创意产业集聚区于 2008 年 4 月授牌，分别是北京 CBD 国际传媒产业集聚区、顺义国展产业园、琉璃厂历史文化创意产业园区、清华科技园、惠通时代广场、北京时尚设计广场、前门传统文化产业集聚区、北京出版发行物流中心、北京欢乐谷生态文化园、北京大红门服装服饰创意产业集聚区、北京（房山）历史文化旅游集聚区。11 个集聚区规划定位科学，产业特色鲜明，具有一定产业规模，管理和运营比较完善。从空间布局看，从首批的 8 个区县增加到 13 个，并向南城（崇文、宣武、丰台、房山）和新城（顺义）顺斜。从行业分布看，主导产业特色突出，既有新兴的文化传媒、出版物流、时尚休闲等现代业态，也有弘扬千年古都文化底蕴的老字号、传统街区等传统产业升级业态，填补了北京文化创意产业集聚区在广告会展、出版发行、文艺演出、文化旅游等领域的空白。

2. 上海：建设全球"设计之都"

上海市的目标定位是建设国际文化大都市，围绕全球"设计之都"建设，推动以"大设计"产业为核心的创意产业，形成新的支柱型产业。黄浦区打造中国的百老汇，静安区打造现代戏剧谷，徐汇区共建东方慧谷。

上海创意产业中心于2005年初正式挂牌运作，上海市政府为此还出台了"十一五"期间创意产业发展重点指南。上海改造利用了100余处老厂房、老仓库，形成了一批独具特色的创意产业园区，如泰康路视觉创意设计基地、昌平路新型广告动漫影视图片生产基地、杨浦区滨江创意产业园、莫干山路春明都市创意工业园区、福佑路旅游纪念品设计中心、新路上海工业设计园、"八号桥"时尚设计产业谷和天山路上海时尚产业园等。通过一系列革新，上海闯出了创意产业与城市改造的新路。2005年，文化创意产业已超过上海平均经济增长率的速度发展，总产出达到2081.01亿元，实现增加值509.23亿元，比上年增长了14.2%，占上海生产总值的5.6%，对上海经济的贡献率达到6.5%。当年文化创意产业从业人数为44.48万，占全市从业人员总数的5.2%。

2005年4月28日，在上海市经委等部门的组织下，"首批上海创意产业集聚区授牌仪式暨项目推介会"召开，标志着上海市文化创意产业园区开始成型。首批推介的文化创意产业园区共18个。这18个文化创意产业园区共入驻了来自30多个国家和地区的826家文化创意企业，从业人数达1万多人。2005年底，第二批16个文化创意产业园区挂牌成立。2006年5月20日，"2006年上海创意产业中心工作会议"召开，创意产业中心又为第三批14个新的文化创意产业园区授牌。至此，上海文化创意产业园区的数量已达到48个。2010年上海世博会的举办，为该市创意产业的发展提供了良好契机。

3. 深圳：建设"两城一都一中心"

深圳的目标定位是在未来30年内，建设成为具有较大国际影响的"两城一都一中心"，即智慧之城、关爱之城、设计之都和国际文化创意中心，使深圳城市文化软实力达到国际先进城市水平。

进入21世纪，深圳市政府着力打造文化产业，先后举办了四届国家级的"中国国际文化产业博览会"，要把文化产业打造成继高新技术、物流和金融之后的第四个支柱产业，并建设了大芬油画村、华侨城创意产业园、宝安西乡国际摄影产业基地、大望文化高地、雅昌艺术馆等文化创意产业基地，发展势头良好。深圳市要紧紧抓住国家鼓励发展动漫游戏产业的大好时机，将动漫产业作为深圳市文化产业发展的重点，促进深圳成为全国的动漫产业基地。深圳是全国最早的动画制作基地之一，第一个港资动漫公司也落户在深圳。深圳的动漫企业和国际接轨较早，先后参与制作美国迪士尼《花木兰》、《狮子王》、《人猿泰山》等大型动画电影。日中天与中央电视台合作的动画片《小糊涂神》，在全国产生很大影响。目前，深圳从事动画创造和生产的企业有1000多家，其中最大的企业拥有500多名员工。作为新的经济增长点的深圳文化产业，偏重于科技型的现代文化制造业，比如电子音像、光盘生产，深圳已占据全国54%以上的半壁江山；现代印刷业，深圳在国内与北京、上海三足鼎立。A8音乐集团、腾讯、华强文化科技集团均是近年来迅速崛起的深圳文化企业，不仅是各自行业的领军企业，而且都集中在南山高科技园区。借助北京奥运契机，腾讯缔造奥运第一网络主场，奥运期间的浏览量达到161亿人次，网友留言达到1000万条。腾讯在即时通信、文化娱乐、媒体资讯和电子商务等方面均位居前列，预计2008年营收超过60亿元。腾讯不仅是深圳而且是中国文化产业的一个骄傲，腾讯体现了深圳的经济和文化辐射能力。

到2010年，深圳文化产业增加值达到700亿元左右，占本地GDP的比重达到8%左右，年均增长速度达到15%以上，初步确立起其支柱产业的重要地位，使深圳成为在国内居于领先地位，在国际具有一定知名度的文化产业中心城市。到2020年深圳的发展目标是文化产业总体实力和核心竞争力大大增强，文化产业增加值占本地GDP的11%左右，成为举足轻重的支柱产业。

4. 长沙：打造自主品牌

长沙作为湖南的省会及全省的文化中心，已初步形成较为完整的文化创意产业体系，其中包括文化艺术业及广播电影电视业在内的文化服务业在全省的比重已经超过50%，成为引领长沙文化创意产业快速发展的主导产业。长沙现有全国最大的书市，最大的出版物交易中心，唯一的版权交易中心，第一个民族卡通品牌，最大的动漫原创基地，最早组建的广电集团，场地最大、观众最多的歌舞厅、酒吧等。湖南卫视的"超女"、"快男"的真人秀节目及其优胜者在全国产生广泛的影响。2005年长沙文化创意产业总产出为302.19亿元，比2004年增长26.7%，实现增加值147.25亿元，比2004年增长25.0%（按现行价格计算）。长沙文化创意产业增加值占GDP的比重达9.7%，比2004年提升0.6个百分点，比全省平均水平高出5.5个百分点。长沙文化创意产业增加值占全省的比重达54.3%。全市文化创意产业吸纳的从业人员达25.22万人，占第二、三产业从业人员的比重达10.8%。数据表明，长沙文化创意产业已初具规模，并在全市乃至全省经济社会发展中具有举足轻重的地位。

小结：国外文化产业发展的经验表明，文化不仅是经济的重要组成部分，是推动经济发展的重要杠杆，同时也代表着一个国家和民族的文明程度、发展水平。从国际来看，许多国家发展文化产业的途径一般都具有如下特点：通过立法、国家干预、政府计划等国家行为对文化产业加以推进；通过放开经营和自由竞争，让文化市场迅速发育；通过政策措施，扶持文化产业主体成长壮大；悉心打造本国特色的文化品牌，如美国的电影业和传媒业、德国的出版业、英国的音乐业、日本的动漫业、韩国的网游和电视剧、印度的歌舞都已发展成为国际文化产业的标志性品牌。

从国内来看，主要省份文化产业的发展都是抓住文化产业发展的机遇，利用国家的相关政策同时结合自身的优势，寻找发展的机会，把文化产业打造成本地经济发展的支柱型产业。一些重点城市的文化产业之所以发展迅速，基本上都是走产业集聚之路，把自身的资源优势打造成品牌优势。这些对于广西实现文化自主创新，走广西特色的文化产业发展道路有重要的借鉴意义。

第三节　构建广西文化产业圈的理论基础

任何论题的阐述必须要寻找其理论支撑点，本书的理论论证包括三个方面：一个是区域经济合作的理论基础，另一个是文化产业发展（产业集聚）的理论基础，再有就是把文化与经济密切联系起来的文化经济理论。区域经济合作是建立在国际贸易和区域分工的基本理论基础之上的，为了寻找本书论证的理论支撑点，必须对经典的国际贸易和区域分工理论做简要的概括和梳理。文化产业空间集聚理论是构建广西文化产业圈的又一重要理论基础。而文化之所以能够形成一种产业甚至成为地区新的经济增长点，这就必须深入分析马克思主义的文化生产力理论和文化资本理论。

一　区域经济合作理论

（一）国际贸易理论

国际贸易原本是用来解释国际分工和贸易的，后来区域经济学家将其拓展，用来解释区域分工。文化产业的合作在某种程度上也可以理解为文化产品的贸易行为，所以，国际贸易理论是区域文化产业合作的一个重要基础。国际贸易理论发展至今，先后经历了重商主义、古典贸易理论和新贸易理论三个阶段。

第一阶段是重商主义。重商主义是封建主义解体之后的 16—17 世纪西欧资本原始积累时期的一种经济理论或经济体系，反映资本原始积累时期商业资产阶级利益的经济理论和政策体系。重商主义是 18 世纪在欧洲受欢迎的政治经济体制。它建立在这样的信念上，即一国的国力基于通过贸易的顺差——出口额大于进口额，所能获得的财富。该理论认为金银的获得是一切经济活动的目的，对外贸易是金银获得的途径之一，贸易的基本原则就是要实现贸易顺差。就当今世界国家之间的经济合作的趋势来说，国家之间的合作是一个复杂的过程，利益的最大化并不是唯一目的，还涉及政治方面。所以，重商主义理论并不能说是构建东盟—广西文化产业圈的理论基础。

第二阶段是古典贸易理论。古典贸易理论又包括绝对优势理论和相对优势理论。

1876 年，亚当·斯密在其经典著作《国富论》中提出了绝对优势理论。其主要内容可以表述为：一国之所以要进口别国商品，是因为该国在该产品的生产技术上处于劣势，自己生产的成本太高，不如从别国购买来得便宜；而一国之所以能向别国出口商品，则是因为该国在这种产品的生产技术上比别国先进，从而拥有绝对优势，可以使本国利用同样的资源生产出比别国更多的产品。因此，各国应该集中生产并出口其具有"绝对优势"的产品，然后进口其处于"绝对劣势"产品，其结果将比各种产品都自己生产更有利。同时，专业化的分工所形成的合理的国际分工体系可以提高世界总产出水平，增进整个世界的福利。该理论也可以用来解释区域分工，任何区域都可以利用自己绝对有利的生产条件进行专业化生产，然后和其他区域的产品进行交换，这样可以使各个区域有限的资源得到最充分的利用，从而提高区域内的劳动生产率，增进区域内的福利。但是，绝对优势理论存在着缺陷：这个理论不能解释当两个国家或区域没有一种产品有绝对优势，如何参与国际贸易分工这种情况。

针对绝对优势理论的局限性，1817 年，大卫·李嘉图在其著作《政治经济学及赋税原理》一文中提出了比较优势理论。该理论认为国家间也应按"两优择优，两劣取轻"的比较优势原则进行分工。即若两国均能生产两种商品，如果一国在两种商品的生产成本上均处于绝对有利的地位，但有利的程度不同，而另一国在两种商品的生产成本上均处于绝对不利的地位，但不利的程度也不同。在此情况下，处于绝对劣势的国家应专业化生产并出口其绝对劣势较小的商品（也就是具有比较优势的产品），同时进口其绝对劣势较大的商品（也就是具有比较劣势的商品）。

按照该理论，以广西和东盟国家为例，由于这些地区的地理纬度接近，自然资源禀赋相似，大部分国家自然景观相似，相比其他的区域或者国家而言，旅游业都具有绝对比较优势，根据上述原理，广西参与区域内分工的原则是专业化生产并且出口其具有比较优势的文化产品，而进口其具有比较劣势的文化产品。由此可见，广西应该生产其劳动生产率较高的文化产品，通过在不同文化产品之间的贸易来实现各自的比较利益的同时，满足整个自由贸易区对文化产品的不同需求，从而实现提高整个自由贸易区的福利。

总体来说，古典贸易理论只是针对每个国家的资源禀赋的不同，提出各国应该按其具有绝对优势或是相对比较优势的资源禀赋或者产品进行专业化分工，然后通过国际贸易的方式来改善各国的福利。但是古典贸易理论并没有分析绝对优势和比较优势存在的原因。虽然缺陷很明显，但是古典贸易理论还是为国家或者区域之间的分工提供了一定的理论依据。

第三阶段是新贸易理论。传统的国际贸易理论的假设前提是规模报酬不变和市场是完全竞争的，用两个国家之间的要素禀赋差异来解释国际贸易和区域分工发生的原因。但是，在现实的国际贸易和区域分工中，不但大量要素密集度相同的货物发生着国际贸易，而且同一产业内进行的贸易增长比不同产业间发生的贸易增长的增幅要大得多，产业内贸易发生得更加的频繁。产业内贸易反映了国际分工逐渐深入产业内部。第二次世界大战后，"里昂惕夫之谜"，产业内贸易，发达国家之间的贸易增加这些现象无法用传统的国家贸易来解释。在这样的时代背景下，新贸易理论的产生成为必然。于是20世纪80年代后期，赫尔普曼、格鲁斯曼等著名的经济学家提出了"新贸易理论"，以不完全竞争、规模报酬递增等假设为前提，运用产业组织理论以及市场结构理论来解释国际贸易产生的原因。比较具有代表性的思想有产业内贸易理论、需求偏好相似性理论、产品生命周期理论以及技术差距论。

（1）产业内贸易理论认为当贸易的国家处于不完全竞争的市场结构中，如果国家间的差异很大，那么产业间的贸易量就会很大，但是如果两个国家差异不大，那么产业内的贸易量就会很大，既定的贸易格局被递增报酬不断强化。

（2）需求偏好相似性理论认为产品的出口是以国内需求为基础，产品流向、贸易量取决于两国需求偏好相似的程度，一国的平均收入水平是决定一国的需求偏好的最主要的因素。

（3）产品生命周期理论认为在不同产品生命周期阶段，处于不同经济发展水平的国家的相对优势不同，这种相对优势的差异是国际贸易发生的原因之一。

（4）技术差距论认为一个国家要维护和创造其竞争优势，不但要积极接受技术发达国家的"技术外溢"，而且要不断地促进本国技术的革新。新贸易理论的假设前提更加符合现实经济的发展情况，它为区域经济合作，尤其是为区域内具有某种相似资源优势的产业的分工和促进其贸易合作提供了理论依据。

（二）区域经济一体化理论

1. 关税同盟理论。瓦伊纳在其著作《关税同盟问题》一书中阐释了关税同盟的理论。这一理论基于比较优势理论和要素禀赋理论。该理论的中心思想是关税同盟建立后，区域经济一体化将会给区域内的国家带来静态效应和动态效应。

区域经济一体化给成员国贸易带来的总效应，取决于贸易创造效应与贸易转移效应的比较。当其贸易创造效应大于贸易转移效应时，区域经济一体化的贸易总效应为正；反之为负。根据这一理论，发展中国家的经济发展水平普遍不高，地域毗邻的发展中国家或者经济发展水平落后的地区可以选择成立一体化组织，可以扩大区域内的贸易总水平，尤其是发展本国或者本地区具有资源禀赋比较优势的产业，使贸易创造效应大于贸易转移效益，从而提高区域的整体福利。这一理论是对中国—东盟自由贸易区建立的必要性的一个强有力的支撑，同时也可以解释广西要积极利用自由贸易区建立所带来的贸易效应促进其文化产品贸易发展的必然性。

2. 区域生命周期理论。汤普森于1966年提出了著名的区域生命周期理论。该理论的主要思想是工业区的建立像一个生命体一样遵循一定的次序发展，分为年轻、成熟、老年三个阶段，阶段不同，工业区所处的竞争地位也是不同的。在年轻时期，市场扩张加剧，区域的比较区位优势得到了承认，吸引大量的资本涌入，因此年轻时期的工业区的竞争优势非常明显：生产成本很低，市场十分广阔；在发展期，相对其他区域而言，工业区获得了主宰的地位，将其具有专业知识的管理人才输出到其他工业区，区际之间的竞争逐渐加剧；处于成熟的工业区，还能保持其成本优势；在老年期，原有的成本优势消失，市场会发生明显的转移，其他的区域能获得新的成本更低的原材料、技术和劳动力。

根据这一理论，就中国—东盟自由贸易区而言，广西的经济发展水平比较低，还处在区域发展的年轻阶段，针对本国或者本地区的自然资源和廉价的劳动力，为了改变文化产品生产效率不高的现状，广西应当充分利用其优越的区位优势，通过提高文化产品的劳动生产率，引进外国先进经验，把文化产品做大做强，通过文化产品的国际贸易改善本地区的福利状况，改善本地区落后的现状，增加居民的收入，推动本地区的经济向成熟阶段发展。

二 产业空间集聚理论

构建广西文化产业圈，必须对产业集聚概念和理论基础做一个系统的梳理。产业集聚是指集聚产业在空间上的集中过程，是从区位角度反映产业空间分布势态，其容纳了产业从分散到集中的空间转变的全过程。产业空间集聚是产业经济活动中最突出的地理特征，同样也是世界性的经济现象，比如硅谷是美国高科技公司集聚地，纽约的麦迪森大道是美国广告业集聚地，美国的华尔街是金融业集聚地，加利福尼亚是娱乐业的集聚地等，这些由产业空间集聚带来的经济活力受到许多学者的关注。广西构建广西文化产业圈也必须通过这种空间集聚形式实现内部资源的整合，形成文化活力和竞争力。

国外对产业集聚现象的研究，最早可以追溯到英国经济学家马歇尔，他提出的"产业区"本质上就是现在所说的"产业集聚"，其后还有经济学者和经济地理学者对产业集聚理论进行了不同程度的探索。

（一）外部规模经济理论

外部规模经济理论首先由著名的经济学家马歇尔在 1890 年提出，马歇尔在其著作《经济学原理》一书中，描述了某些地方的工业形态与特征。他将一些中小企业集聚且相互之间具有密切联系，生产活动有明显的专业化特征的区域叫做"产业区"。外部规模经济理论后经克鲁格曼等学者的完善而得到发展。外部规模经济理论认为，在其他条件相同的情况下，行业规模较大的地区比行业规模较小的地区生产更有效率，行业规模的扩大可以引起该地区厂商的规模收益递增，这会导致某种行业及其辅助部门在同一个或几个地点大规模高度集中，形成外部规模经济。直观地看，无论国家间是否存在相对价格差别，规模经济的存在都会引导各国厂商专门生产部分产品，这样便可获得来自规模经济的好处，因此，规模经济可以说是有别于比较优势的另一种独立的国际贸易起因。

附：外部规模经济理论

模型假设：

1. X 和 Y 两个部门中至少有一个部门存在外部规模经济，例如，X 部门存在外部规模经济，而 Y 部门仍为规模收益不变部门；

2. 市场结构仍是完全竞争的；

3. 两国的相同部门的生产函数、要素禀赋、消费者偏好以及市场规模均相同，所以在封闭条件下当达到均衡时，两国的相对价格完全一致，即不存在比较优势。

模型分析：

在规模经济（无论是外部的，还是内在的）存在的情况下，生产可能性边界的形状可能会不同于前面几节所提到的两种形式，而是一条凹向原点的曲线。这里影响生产可能性边界形状的因素有两个：要素密集度和规模经济。一般来说，前者的差异会产生一种将生产可能性边界向外凸的"张力"，而后者则产生一种将生产可能性边界向原点凹（机会成本递减）的"吸力"，最终整条生产可能性边界的形状则取决于两股相反"力量"的对比。

1. 在封闭条件下，在一般均衡点上，相对价格线（P_x/P_y）与生产可能性边界相交，而不是相切（因为 X 部门存在外部规模经济，所以 X 部门厂商所面对的相对价格要低于社会机会成本）。且社会福利由通过均衡点与相对价格线相切的社会无差曲线表示由于两国所有条件均完全相同，两国的相对价格完全相同，两国两种产品都生产，社会福利也相同。

2. 在开放条件下均衡点 E 对两国来说都不再是稳定的，两国都会立即发现通过国际分工与贸易可以改善各自的福利。此时，如果进行国际分工和国际贸易，例如，A 国专门生产 X，B 国专门生产 Y，各自将所生产出的产品一半与对方进行交换，那么两国都会获益。

模型结论：

1. 外部规模经济可成为国际贸易的一个独立起因。

2. 在两国情况完全相同的条件下，国际分工及国际贸易格局并不确定，其主要决定于各个国家所面临的偶然或历史因素。

3. 在一定条件下，两国无论生产或出口哪种产品都能从国际贸易中获益。

4. 开放条件下，两国的一般均衡点并不是唯一，但对应于不同的国际分工和国际贸易格局，一国从国际贸易中获得利益则可能会有所不同，甚至相去甚远。

5. 鉴于上述分析，一个政策上的推论为，一些小国也可能会通过进口保护或出口促进等政策措施，改变其在国际分工与国际贸易格局中的地位。

此外，国与国之间市场的差别也会对国际分工与国际贸易格局产生实质影响。在以上模型里，如果允许两国市场规模存在差异的话，那么国际分工与国际贸易格局的不确定性就会大大降低。一般来说，如果两国的国内市场规模存在差异，而其他条件完全相同，那么国内市场规模相对较大的国家将完全专业化生产具有外部规模经济的产品（X），而国内市场规模较小的国家将只能完全专业化生产规模收益不变的产品（Y）。

（二）竞争优势理论

传统的H—O理论[1]基本上是一个静态的理论体系，缺乏动态的眼光分析各国资源禀赋和比较优势。为了克服传统国际贸易理论的缺陷，一些经济学家开始在H—O理论的框架之外寻求新的贸易理论和贸易政策选择，目前在这方面最有影响的理论是竞争优势理论。

竞争优势（Competitive Advantage）理论由哈佛大学商学研究院迈克尔·波特提出，波特的国际竞争优势模型（又称钻石模型）包括四种本国的决定因素和两种外部力量。四种本国的决定因素包括要素条件，需求条件，相关支撑产业，公司的战略、结构和竞争。两种外部力量是随机事件和政府。

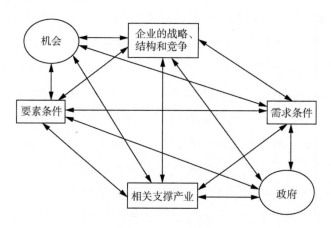

波特的"钻石模型"

波特认为，一国的贸易优势并不像传统的国际贸易理论宣称的那样简单地决定于一国的自然资源、劳动力、利率、汇率，而是在很大程度上取决于一国的产业创新和升级的能力。由于当代的国际竞争更多地依赖于知识的创造和吸收，竞争优势的形成和发展已经日益超出单个企业或行业的范围，成为一个经济体内部各种因素综

———————

① H—O理论，即赫克歇尔—俄林理论，以要素分布为客观基础，强调各个国家和地区不同要素禀赋和不同商品的不同生产函数对贸易产生的决定性作用。

合作用的结果，一国的价值观、文化、经济结构和历史都成为竞争优势产生的来源。

附：钻石体系

1. 生产要素。一个国家将基本条件，如天然资源、教育、基础建设转换成特殊优势的能力。现今国家都已具备完善的交通系统与电信网络，也有最优良的人力，因此基本的生产要素已经不能永保竞争优势，而是建立特殊的优势，比如说高度的专业技巧与应用科技，像荷兰，它并不是因为位居热带而有了首屈一指的花卉业，而是因为在花卉的培育、包装及运送上都有高度专精的研究机构。

2. 需求状况。本国市场对该项产业所提供或服务的需求数量和成熟度。例如，日本家庭因为地狭人稠，所以家电朝向小型、可携带的电视、音响、录像带去发展，就因为本国市场拥有一群最懂得挑剔的消费者，使得日本拥有全球最精致、最高价值的家电产业。

3. 相关产业和支持产业表现。一个产业想要登峰造极，就必须有世界一流的供货商，并且从相关产业的企业竞争中获益，这些制造商及供应商形成了一个能促进创新的产业群聚。例如，意大利领导世界的金银首饰业，就是因为意大利的机械业已经创造全球珠宝生产机械60%的市场，而且意大利回收有价金属的机械也领先全球。

4. 企业的策略、结构和竞争对手。这是最后一个影响竞争优势的因素。企业的组织方式、管理方式、竞争方式都取决于所在地的环境与历史。若是一个企业的家乡鼓励创新，有政策与规则刺激企业训练技术、提升能力与固定资产投资，企业自然有竞争力。另外，当地若是有很强的竞争对手，也会刺激企业不断地提升与改进。

这四个因素对每一个产业的影响并不相同，应该分别加以评估，更重要的是，钻石体系是一个动态的体系，它内部的每个因素都会相互拉推影响其他因素的表现。

波特认为地理集中是充分发挥要素作用、实现竞争优势的必要条件，地理集中而形成的产业集群将使四个基本要素紧密结合成一个整体。在这个整体中，所有企业在竞争与合作中提高自身的生产率，从而形成产业区域、国家竞争优势，而产业集群是指在某一特定领域内互相联系的、在地理位置上集中的公司和机构的集合，他将跨界产业和机构的各种联系和系统定义为集群边界。虽然集群通常以政治为边界，但是它们也有可能超越边界，既促进竞争，又促进合作。产业集群在空间布局上被赋予一种新的组织形式，这种形式一方面处于保持距离型的市场之间，另一方面又处于等级或垂直一体化之中。一个由相互独立而又非正式联盟的公司和机构形成的产业集聚，体现一种具有效率、有效性和灵活性方面优势的组织形式。

波特对产业集群的形成进行了研究，认为在发展中国家大部分经济活动都是以首都为中心展开的，这主要是因为外围地区通常缺乏必要的基础设施机构和供应商，而且中央政府在控制竞争方面的干预功能也集中反映在中心地区。波特的"钻石模型"对产业集聚理论发展有重要的推动作用，但是他的竞争优势理论过分强调国家和区域政府在产业国际竞争中的作用，忽略了跨国贸易活动对"钻石模型"的影响。

三 文化经济理论

（一）马克思主义的文化生产力理论

马克思主义理论体系提到了一个重要的概念，即文化生产力，它是指人们为了满足自身的精神需求，把人类自身的思想、意志和情感作为文化资源，生产文化产品、提供文化服务和创造社会财富的能力。马克思在写《哲学的贫困》时，把"人类文明的果实"称为"已经获得的生产力"。① 在《巴枯宁〈国家制度和无政府状态〉》一书摘要中明确地提出了"两种生产力的概念，即物质方面的生产力和精神方面的生产力"，并把语言、文学、科学技术包括在"精神方面的生产力中"。② 马克思运用经济基础决定上层建筑的原理论述了文化与经济两

---

① 《马克思恩格斯选集》（第一卷），人民出版社 1995 年版，第 152 页。
② 《马克思恩格斯全集》（第三卷），人民出版社 1972 年版，第 285—292 页。

者相互影响、相互促进的关系。一方面，物质生活的生产方式制约着整个社会生活、政治生活和精神生活过程，不是人们的意识决定人们的存在，而是人们的社会存在决定人们的意识。另一方面，精神和上层建筑相对于物质和经济基础不是消极被动的，精神对物质、上层建筑对经济基础有巨大的反作用，当两者相吻合时，精神和文化对经济的发展起着积极的推动作用，反之则减缓和阻碍经济的发展。

马克思还在《1844 年经济学手稿》中明确指出："宗教、家庭、国家、法、道德等，都不过是生产的一些特殊的方式，并且受生产的普遍的支配。"马克思认为随着人类社会的发展，社会生产日益明显地区分为物质生产和精神生产，相应地，人类生产劳动的社会分工也区分为体力劳动和脑力劳动，这种分工造就了物质生产领域和精神生产领域的分离，于是社会生产分化为物质生产和精神生产。物质生产者与精神生产者在相对独立的发展过程中形成了各具特色的生产力形态，在物质生产中创造物质产品的能力形成了主要针对自然的物质生产力；在精神生产中创造精神产品的能力形成了人类社会意识、社会心理等方面的精神生产力，即文化生产力，文化生产力具有突出的意识形态特征，是人类精神方面的文明成果，文化资源在文化生产的作用下形成文化生产力，进而"物化"到具体的对象中，将文化的精神性特征转化为物质性特征，进而对生产力产生重大的促进和变革作用。按照马克思的观点，文化生产力的构成要素包括人的智力、科学、生产、管理、劳动组织等，文化产品生产中的智力投入和物质投入，天然地具有社会生产的基本特征，具有生产流通交换消费等基本环节，具有市场济条件下经济运行的全部过程，具备社会生产力诸要素的基本特征。

马克思的文化生产力理论强调了生产力包括物质和文化两种生产力，阐明了文化与生产力之间的关系，为文化产业发展的研究提供了重要的理论依据。

（二）文化资本理论

社会现代化是文化资本概念产生的社会背景。文化最早被视为资本是由社会学之父孔德提出的，他在《社会政体体制》中提出，当人类的产出高于消费时，一部分代代积累的资本会随时空转换为耐用性资本。在这里，他用积累将政治经济学和社会学联系了起来，虽然我们在此没有看到文化资本的明确概念，但他是文化资本概念的最初萌芽。

文化资本理论是由布迪厄在《资本的形式》一书中首次提出的。布迪厄继承了马克思关于劳动形成资本的观点，指出文化资本泛指任何与文化及文化活动有关的有形或无形资产。在日常生活中，它和金钱及物质财富等经济资本具有相同的功能。布迪厄的文化资本包含三个层面：第一种是一种具体化的状态，以精神和身体的持久"性情"的形式而存在，例如一个人受家庭环境的影响所形成的内化于个人身上的学识和修养，我们可以将其称为文化能力；第二种是以一种客观化的状态存在，当文化资本转变为像"图片、书籍、词典、工具、机器之类的东西的时候，文化资本就是以这种客观化的方式而存在"，我们称之为文化产品；第三种是以体制化的形式存在，我们称之为文化制度。本书立足于研究广西文化产业的发展，所以更多地涉及文化资本的第二层含义，即文化产品。

布迪厄认为随着社会的发展，文化已渗透到社会发展的很多领域，并取代政治和经济等成为影响社会生活的重要要素。布迪厄认为具体化的文化资本是其他两种形式文化资本的基础。文化，尤其是文化产品是有价值的，其本身也是经济价值的一种体现。从文化到文化产品，再到文化资本，正是文化价值的挖掘、形成和增值的过程，是文化产品资本化循环过程的根本体现。从这个意义上讲，布迪厄的文化资本理论是文化产业发展强有力的理论支撑。而文化资本的积累通常以再生产的方式进行，"文化再生产"体现了代与代之间文化资本的传递方式。文化资本积累并不是一种从无到有的创造性生产，文化再生产……也不是纯粹意义上的复制或粘贴，它受到许多外来因素诸如时间、转换和实践行为的制约，是一种有限自由的重复性生产。

在布迪厄之后许多学者都对文化资本的研究进一步深入化。戴维·思罗斯比认为文化资本是继物质资本、人力资本、自然资本之后的第四种资本。他根据文化价值与经济价值的关系，重新给出了经济意义上文化资本的定义："文化资本是以财富的形式具体表现出来的文化价值的积累。"① 他还指出，"这种积累紧接着可能会引起物品和服务的不断流动，与此同时，形成了本身具有文化价值和经济价值的商品"。

文化资本理论的实践价值之一就是在于对文化产业发展的驱动。这主要表现在以下几个方面。

1. 文化资本是文化产业兴起的内在动力。一方面，科学技术的进步为生产力的发展注入了活力，先进科学技术的应用大大缩短了文化商品生产的社会必要劳动时间，提高了社会生产率，人们用于生产方面的时间减少，这就增加了学习、休闲、享受文化生活、积累文化资本的时间，进而扩充了人们对文化资本的拥有量，提高了人们的精神生活和技术技能。另一方面，社会生产力的发展必然带来劳动者经济收入的相对提高和物质需求的相对满足，文化精神方面的需要相对会自然上升。这就变动了社会的需求结构，并通过市场机制的调节作用直接改变社会的生产结构，从而必然拉动文化产品的生产，并进一步形成文化产业。

2. 文化资本为文化产业的发展提供了技术保障。文化资本品一般是个性化创新劳动的产物，最初不能像物质产品一样被成批量生产，从 19 世纪后期开始，现代高新科技的应用孕育出另一种新的文化现象，文化作品不再是一次性的存在，也不再具有单一的象征意义，而是变得可批量生产，可参与交换，这种文化生产现象就是文化产业。文化产业效用和需求的提高使得文化资本品消费激增，就连文化资本品生产本身也成为科技创新的目标。文化产业成为新技术的应用场所，而高科技的采用又为文化产业的广阔发展提供了技术上的保障。

3. 文化资本自身价值实现的需要促进了文化产业的发展。文化资本的价值实现，一方面通过客观化带来经济利益，另一方面通过客观化将具体化的文化资本赋予他者。社会现代化是现代性文化资本的社会化，社会现代化进程，一方面对文化资本价值实现提出了快速、普

① 戴维·思罗斯比：《什么是资本》，《新华文摘》2004 年第 10 期。

遍的要求，另一方面促进了文化资本传承方式的变革，文化工业在高科技的支持下应运而生。

4. 文化资本的投资有利于促进文化产业的发展，实现文化资本向经济资本的转化。文化资本投资就是投资者将自身拥有的文化资本作为投资要素投入文化生产的过程中，它不是一种直接注入式的投资（如经济资本投资），而是将文化资本融入投资者的劳动中，进而发挥其功效，生产出新的文化产品。这种文化产品的生产活动通过市场化运作转化为文化产业。

小结：由于文化因素的渗透引起的文化产品的革新和提升产品的附加值，这是人们对文化价值认同的体现，这为文化产业的发展提供了坚持的基础。产业空间集聚是经济活动最突出的地理特征，也是一个世界性的经济现象，研究理论涉及经济学、区域经济学、经济地理学、社会学等，产业集聚理论和区域经济合作理论对广西文化产业的发展和产业政策的制定具有重要的指导作用。而文化经济理论也为广西文化产业发展的路径指明了前进的方向，即提高广西文化生产力，强化文化资本投入，增强文化创造力。

第三章 构建广西文化产业圈的因素分析

第一节 广西文化产业圈的基本要素

一 范围: 单纯行政区域——广西

广西壮族自治区,是中国沿海的省级行政区,位于中国南部边疆,简称桂。南濒北部湾,北、东、西三面分别与贵州省、湖南省、广东省、云南省等省相邻。西南与越南毗邻,陆界国境线 637 公里。目前全自治区辖:14 个地级市,34 个市辖区、7 个县级市、56 个县、12 个自治县 (共有 109 个县级行政单位)。详见下表。

广西壮族自治区行政区划统计表

总计	14 地级市 34 市辖区 7 县级市 56 县 12 自治县
南宁市	青秀区 兴宁区 西乡塘区 江南区 良庆区 (良庆镇) 邕宁区 (蒲庙镇) 武鸣县 (城厢镇) 隆安县 (城厢镇) 马山县 (白山镇) 上林县 (大丰镇) 宾阳县 (芦圩镇) 横县 (横州镇)
柳州市	城中区 鱼峰区 柳北区 柳南区 柳江县 (拉堡镇) 柳城县 (大埔镇) 鹿寨县 (鹿寨镇) 融安县 (长安镇) 融水苗族自治县 (融水镇) 三江侗族自治县 (古宜镇)
桂林市	象山区 秀峰区 叠彩区 七星区 雁山区 阳朔县 (阳朔镇) 临桂县 (临桂镇) 灵川县 (灵川镇) 全州县 (全州镇) 平乐县 (平乐镇) 兴安县 (兴安镇) 灌阳县 (灌阳镇) 荔浦县 (荔城镇) 资源县 (资源镇) 永福县 (永福镇) 龙胜各族自治县 (龙胜镇) 恭城瑶族自治县 (恭城镇)
梧州市	万秀区 蝶山区 长洲区 岑溪市 (岑城镇) 苍梧县 (龙圩镇) 藤 县 (藤州镇) 蒙山县 (蒙山镇)

续表

总计	14 地级市　34 市辖区　7 县级市　56 县　12 自治县
北海市	海城区　银海区　铁山港区（南康镇）合浦县（廉州镇）
防城港市	海城区　银海区　铁山港区（南康镇）合浦县（廉州镇）
钦州市	钦南区　钦北区 灵山县（灵城镇）浦北县（小江镇）
贵港市	港北区（贵城街道）　港南区（桥圩镇）　覃塘区（覃塘镇） 桂平市 平南县（平南镇）
玉林市	玉州区（玉城街道） 北流市 容县（容州镇）陆川县（温泉镇）博白县（博白镇）兴业县（石南镇）
百色市	右江区（百色镇） 凌云县（泗城镇）平果县（马头镇）西林县（八达镇）乐业县（同乐镇）德保县（城关镇）田林县（乐里镇）田阳县（田州镇）靖西县（新靖镇）田东县（平马镇）那坡县（城厢镇）隆林各族自治县（新州镇）
贺州市	八步区（八步街道） 钟山县（钟山镇）昭平县（昭平镇）富川瑶族自治县（富阳镇）
河池市	金城江区（金城江街道） 宜州市（庆远镇） 天峨县（六排镇）凤山县（凤城镇）南丹县（城关镇）东兰县（东兰镇）都安瑶族自治县（安阳镇）罗城仫佬族自治县（东门镇）巴马瑶族自治县（巴马镇）环江毛南族自治县（思恩镇）大化瑶族自治县（大化镇）
来宾市	兴宾区 合山市（岭南镇） 象州县（象州镇）武宣县（武宣镇）忻城县（城关镇）金秀瑶族自治县（金秀镇）
崇左市	江州区（太平镇） 凭祥市（凭祥镇） 宁明县（城中镇）扶绥县（新宁镇）龙州县（龙州镇）大新县（桃城镇）天等县（天等镇）

注：数据截至 2010 年。

　　广西是中国与东盟之间唯一的既有陆地接壤又有海上通道的省区，是中国西南最便捷的出海通道，是华南通向西南的枢纽，是全国唯一的具有沿海、沿江、沿边优势的少数民族自治区。美丽的八桂之地，十万大山的壮美，蕴藏了丰富的矿产资源；千百条河流的秀美，形成了无尽的海洋资源；亚热带雨林气候，孕育了大量珍贵的动植物资源；尤其盛产水果，被誉为"水果之乡"。更具特色的是，奇特的喀斯特地貌，灿烂的文物古迹，浓郁的民族风情，使广西的旅游资源独具魅力。广西现有人口四千九百多万，壮族人口占 1/3，是一个多民族的地方，也是全国重要侨乡。

（一）广西历史概况

广西历史悠久，据考古发现，距今 70 万年以前就有原始人类在此劳作生息。距今 10 万至 2 万年前，在桂西、桂南、桂北山区活动着的"柳江人"已进入母系氏族社会初期。距今 2 万至 1 万年前，"麒麟山人"已学会制造和使用钻孔与磨尖的石器。桂林甑皮岩人遗址则说明距今 1 万至 6000 年前，广西古人类已开始从事原始的农业、畜牧业和制陶业。距今 3000 年左右，广西开始进入文明社会。广西历史上最早的人类在史书中称百越或百粤。壮族就是古代百越部族西瓯和雒越支系的后裔，是广西最早居住的民族。广西是中国近现代一些重大历史事件如金田起义、黑旗军抗法、镇南关战役等的策源地和发生地，涌现了洪秀全、刘永福、冯子材等一批杰出人物。一代伟人邓小平在广西领导了百色起义，创建了红七军和右江革命根据地。

悠久的历史形成了广西绚丽多彩、独具特色的民族文化。春秋战国时期广西先民在左江沿岸创作的崖壁画；汉代前创造的大铜鼓以及古朴曲雅、可避湿热、防蛇兽侵害的干栏建筑等，成为广西当时的文化代表；明代的真武阁及三江侗族程阳风雨桥均具有很高的科学、艺术价值。

广西素有"歌海"之称，农历三月初三是壮族的传统歌节，最为隆重。1985 年，自治区人民政府把"三月三"歌节定为文化艺术节，后演化为广西国际民歌节，1999 年改为南宁国际民歌艺术节，每年 11 月在南宁市举行，吸引了众多中外民歌艺术爱好者参加。

这些历史文化资源都为广西文化产业的发展提供了充分的历史积淀。

（二）广西文化概况

广西古属百越大地，有 12 个民族聚居，有着深厚的民族文化底蕴和悠久的历史文化传统，文化艺术绚丽多彩，源远流长。绣球文化、刘三姐文化、长寿文化、铜鼓文化、少数民族特色文化等，汇成了广西的文化长河。新中国成立以来，广西抓住机遇，积极发展本地文化产业，促进本地文化的传播与推广，广西文化正以坚定的步伐，独特的魅力，走向全国，走向世界。以地域进行划分，广西文化大致分为以下几大文化圈。

1. 桂柳文化圈

桂柳地区的地理位置是产生桂柳文化的基础。桂柳文化，是指以桂柳地区为中心，向四周辐射，形成以西南官话之桂柳话为主要语言，中原文化、湘楚文化与少数民族文化、岭南文化碰撞交流而产生的文化现象。

桂柳文化的历史源远流长，公元前217—公元前215年，秦始皇统一岭南，置南海、桂林和象郡，在今兴安境内修灵渠，把长江水系同珠江水系联系起来，促进了广西同中原的经济、文化交流。自秦开始，中原人民陆续由湘迁入桂柳地区，中原文化随之而来。

桂柳方言是桂柳地区官话的起源。桂柳官话在语言分类上属于北方方言，像南方的湖北话和四川话其实都是北方方言。它们是在清朝统治者入关之后，由北方方言和东北地区语言相结合的产物。南方方言一般是指江苏话、浙江话、闽南话和粤语，保留了比较多的古汉语特征，白话实际上是客家话的一个分支，属于南方方言。

2. 百色河池文化圈

（1）百色文化

百色市，位于广西壮族自治区西部，右江上游。百色市是西南地区出海出境的大通道，已基本形成高速公路、铁路、航空、航运、口岸"五位一体"的立体交通格局，成为中国与东盟双向开放的前沿。百色是人类的重要发源地，是以壮民族为主体的多民族文化共生地，是骆越文化和云贵高原文化的结合部，是世界壮泰语系民族的文化轴心地带，也是中国的革命圣地之一，文化底蕴相当深厚。

田阳敢壮山布洛陀文化、黑衣壮文化、民族民俗文化等民族文化都是百色的重要文化资源。除此之外，百色还具有深厚的历史文化和红色文化。在这里曾发生过历史上深有影响的事件——侬智高抗交趾反宋农民起事、刘永福率黑旗军援越抗法、震惊中外并成为第二次鸦片战争导火索的西林教案、游维翰反洋教的游勇起义。这些事件，不仅演绎了百色历史前进的踪迹，还为后人留下了进行爱国主义和革命传统教育的重要场所。20 世纪 20 年代，马列主义开始在右江地区传播。1929 年 12 月 11 日，共产党人邓小平、张云逸、韦拔群等成功发动著名的百色起义，创建了中国红军第七军和右江革命根据地。2000 年 3 月开始，百色市在全国率先提出了开展红色旅游的思路，开展了以"邓小平足迹之旅"为主题的爱国主义教育旅游活动。自开展以来，到百色各红色旅游景区景点的游客络绎不绝，大大促进了当地经济的发展。

（2）河池文化

河池市背靠大西南，面向东南亚，资源丰富，素有"世界长寿之乡"、"世界铜鼓之乡"、"壮族歌仙刘三姐故乡"、"中国有色金属之乡"、"中国水电之乡"等美称，聚集着壮、瑶、苗、侗等七个少数民族，民俗风情浓郁。多姿多彩的少数民族民俗风情、纷繁厚重的历史遗迹和数量众多的非物质文化资源，使这座城市成为一块极具发展潜力的文化富集地。在这里有声名远播的刘三姐文化（河池宜州是一座具有两千多年历史的古城，是壮族歌仙刘三姐的故乡，是刘三姐文化的发祥地）、神秘特别的长寿文化、渊源悠久的铜鼓文化、光辉灿烂的红色文化、魅力非凡的奇石文化以及多姿多彩的民族文化。

3. 南宁文化圈

南宁市，中华人民共和国广西壮族自治区的首府，简称"邕"，是广西壮族自治区的政治、经济、文化、科技中心。南宁历史悠久，历来是祖国南疆的重镇，是壮、汉、瑶、苗、侗、回等多民族杂居之地。长期以来，各族人民相互依存，和睦相处，相互学习，开拓进取，共同发展，为推动南宁社会经济和文化的发展做出了卓越的贡献。

壮族是世代居住在南宁的主体民族，历史渊源可以追溯到遥远的原始社会时期。在与大自然进行长期艰苦的斗争中，壮族先民很早就会利用和开发当地的自然资源，掌握稻谷的栽培技术，开辟邕江两岸的荒原沃土，不断发展水稻生产和其他农作物的种植。三国两晋时期开始种植甘蔗，开创了制糖业。壮族先民还吸收中原的冶铸技术，创造具有鲜明地方或民族特色的青铜文化。武鸣县马头乡元龙坡、安等秧山坡发现的战国古墓群，墓葬出土的镂空扁柄匕首、铜钟、圆形器、双斜刃铜钺、桃形钺、月形刀、短剑等器物，造型美观别致。南宁壮族先民还根据炎热多雨、气温潮湿和蛇兽横行的自然环境，发明了具有干燥通风和安全功能的"干栏"木结构建筑；创造了形式多样、内容丰富的民间文学；壮族人民还借助汉文字，创造了古壮字；图案精美、工艺精致的壮锦织绣工艺，更是闻名遐迩，享誉中原。在生活习俗上，南宁壮族曾流行"剪发文身"、喜嚼槟榔、吃"不乃羹"和五色糯饭等习俗。在宗教信仰方面流行自然崇拜、图腾崇拜、祖先崇拜和生殖崇拜，同时还流行师公戏、舞春牛、歌圩等丰富多彩的文娱活动。婚姻上少数地方曾有招婿上门的习俗。

汉族是最早移居南宁的一个外来民族。秦汉时期特别是晋代以后，中原汉族人就开始移居南宁。宋代，由狄青率领的军队在平定侬智高之后，部分将士留戍邕州后定居，使移居南宁的中原人逐步增多。明清时期是各地汉族人居南宁的高峰期，特别是城区内的汉族商贩及文人学士的人数逐步超过当地的壮族人。汉族人居南宁，带来了中原先进的生产技术和汉文化，发展商品生产和水利灌溉，促进南宁一带的开发及经济文化的发展。他们一方面继续保持着本民族传统的文化习俗；另一方面，由于汉族长期与当地壮族杂居，相互通婚，共同生产，团结互助，因而在生产、生活及文化习俗上也受到壮族文化习俗的影响，形成了相互学习、相互吸收、相互依存和共同发展的亲密关系。

从 1999 年起，南宁市举办每年一次的南宁国际民歌艺术节。从 2003 年起，成为中国—东盟博览会举办地，每年 11 月举行，同年 11 月成为中国—东盟商务与投资峰会举办地。

4. 广西东南部地区的粤客文化

粤客文化，即南粤文化和客家文化融合体（还有部分闽文化）。清朝末期，大量客家人从福建、江西和广东迁入玉林、贺州等地区，同时由于新中国成立后钦北防三地划归广西，使广西东南部地区的粤人和客家人再次大量聚合，粤客文化得到了很大发展，形成了广西区域的粤客文化。粤客文化形成于明朝，与楚湘文化不同，粤客文化是一种以经商文化为主的文化，客家商业文化理念与日、美、欧、犹太并称为世界五大经商文化，粤客文化不但在广东、闽南、台湾等地区有重要地位，在东南亚地区也有非常大的影响。

5. 广西特色少数民族文化

广西少数民族有着悠久的历史，有着自己灿烂的文化艺术，并形成了自己独特的文化特点。如壮族的铜鼓、花山崖壁画早已闻名中外。各民族的民歌在全国也享有盛名。此外，包括织锦、刺绣、陶瓷、竹编和芒编在内的各色工艺品，具有民族特点的壮族干栏式建筑、侗族风雨桥、鼓楼等民族建筑，瑶、苗等民族的医药，以及丰富多彩的民族民间文学、音乐、舞蹈等，都是广西各少数民族文化艺术的瑰宝。至于壮族的"三月三"歌节、瑶族的达努节和盘王节、苗族的踩花山、仫佬族的走坡节、侗族的花炮节，以及别有风味的打油茶等充满着浓郁的民族风情的节日活动，更是深深地吸引着众多的游人。

广西的少数民族都保持着他们淳朴的民族习俗，在饮食、服饰、居住、节日、礼俗等方面有鲜明的民族特色，其中壮族的歌、瑶族的舞、苗族的节、侗族的楼和桥是广西民族风情旅游不可不看的四绝。

壮族的歌——壮族人民善于以歌来表现自己的生活和劳动，抒发思想感情，所以广西又被称为"歌的海洋"。青年男女恋爱唱情歌，婚嫁唱哭嫁歌，丧葬唱哭丧歌，还有互相盘考比赛智力的歌，宴请宾客唱劝酒歌和节令歌，祈神求雨唱祈祷歌，教养儿童唱儿歌和童谣。每到春秋两季，男女青年盛装打扮会集到特定的场所对歌，这种歌会形式称为"歌圩"，亦称"歌节"。

瑶族的舞——广西的金秀瑶族自治县居住着一支保持了瑶族古老文化及习俗的瑶族同胞。他们的歌舞民族色彩极为浓厚，其旋律、歌词、服装、舞姿、形象与道具均独立构成。18种舞蹈尤以长鼓舞、捉龟舞、黄泥鼓舞、盘古兵舞、八仙舞、胡碟舞等最为盛行。每年在中国农历十月十六日、七月初七、六月初六等瑶族节日都可以看到各种瑶舞的表演。

苗族的节——苗族以节日多、场面大而出名。广西融水苗族自治县每年有苗年节、芦笙节、拉鼓节、芒歌节、新禾节、斗马节等众多节日，纪念丰收、祭祀等。节日中可以听到动听的芦笙曲和看到优美的芦笙舞表演，到苗寨旅游或做客可以享受到拦路歌、拦路酒、拦路鼓、挂彩带、挂彩蛋、打酒印等众多苗族好客习俗的款待。

侗族的楼和桥——三江侗族自治县的风雨桥是我国闻名的木建筑，是侗族的象征。桥身建筑不用一枚铁钉，全是榫头结合，高超的建筑技艺令人惊叹不止。侗族的楼，包括吊脚楼、鼓楼、凉亭、寨门、水井亭等几种木结构建筑，都是独具特色的侗族建筑。近年来，侗族的建筑艺术展，更是轰动了全国，人们一致称赞侗族的建筑艺术是"凝固的诗，立体的画"。

（三）广西经济概况

广西具有沿海、沿边、沿江的区位优势，陆地边境线 1020 公里，海岸线 1595 公里，有 8 个县（市、区）与越南接壤，拥有国家一类口岸 17 个、二类口岸 8 个。西江"黄金水道"横贯广西境内，直通广东、香港、澳门，地处中国大陆东、中、西三个地带的交汇点，是华南经济圈、西南经济圈与东盟经济圈的结合部，是中国唯一与东盟既有陆地接壤又有海上通道的省区，是中国通往东盟最便捷的国际大通道，是西南地区乃至西北地区最便捷的出海口和对外开放的窗口，是连接中国与东盟市场的重要枢纽。随着中国—东盟自由贸易区于 2010 年全面建成、泛北部湾经济合作的兴起和广西北部湾经济区开放开发上升为国家战略，广西的区位优势和战略作用更为突出。

广西同时享有少数民族区域自治政策、西部大开发政策、沿海地区开放政策和边境贸易政策。2008 年 1 月 16 日，国家批准实施《广西北部湾经济区发展规划》，标志着广西北部湾经济区开放开发正式纳入国家发展战略。中国—东盟自由贸易区于 2010 年 1 月 1 日全面建成并运行，目前国家已陆续在广西批准广西钦州保税港区、广西凭祥保税区、南宁保税物流中心、北海出口加工区保税物流园四个保税区。

2010 年据初步测算，全年全区生产总值（GDP）9502.39 亿元，按可比价格计算，比上年增长 14.2%，增速比上年提高 0.3 个百分点，比全国快 3.9 个百分点。分产业看，第一产业增加值 1670.37 亿元，增长 4.6%；第二产业增加值 4510.83 亿元，增长 20.5%，其中工业增加值 3860.46 亿元，增长 20.4%；第三产业增加值 3321.19 亿元，增长 11.1%。三种产业对经济增长的贡献率分别为 5.5%、64.8% 和 29.7%，其中工业的贡献率为 54.5%。

新中国成立后，广西与全国人民一道努力奋斗，经济建设取得了巨大成就。广西初步形成以制糖、有色、冶金、电力、汽车、机械、建材、食品、医药等为主的一批优势产业，具备与国内外企业开展产业合作的良好基础。改革开放 30 多年来，广西不断加强经济结构调整和转变经济增长方式，围绕工业化、城镇化、农业产业化，加大投资力度，加快城镇化进程，大力发展县域经济和非公有制经济，有效地促进经济结构调整，促进粗放型增长向集约型增长转变，推动了经济快速增长。

一是经济实力明显增强。从 1978 年到 2010 年，经济总量从 75.85 亿元增加到 9502.39 亿元，在全国 GDP 排名第 18 位；人均 GDP 在 2010 年达到 18348 元；财政收入由 1978 年的 14.32 亿元增加到 2010 年的 1228.75 亿元，同比增长 27.1%。

二是工业化进程加快推进。进入 21 世纪，广西经济进入了快速发展的阶段，在工业和第三产业快速增长的推动下，第一产业增加值的比重呈下降趋势，第二、三产业增加值比重呈上升趋势，三种产业结构正处在不断优化过程中。三种产业结构由 1978 年的 40.9：34.0：25.1，呈"一二三"型，调整到 2010 年的 20.9：40.7：38.4，呈"二三一"型，实现了产业结构从农业主导型向工业主导型的重大转变。

三是基础设施日臻完善。广西西南出海通道框架基本形成并已发挥重要作用，国际大通道加快建设。截至 2009 年，全区公路通车里程

10.05 万公里，其中高速公路 2395 公里，铁路营运里程 3654 公里；拥有万吨以上泊位 40 个，港口吞吐能力超过 15000 万吨，其中沿海港口超过 1 万吨；开通国际国内航线 200 多条。西部大开发标志性工程龙滩水电站、百色水利枢纽建成投产，已成为"西电东送"重要电源补充基地，境内发电总装机达到 2424 万千瓦，钦州中石油项目即将投产，防城港红沙核电等一批重大电源项目前期工作加快推进。

四是对外开放日益深化。自 2004 年起中国—东盟博览会永久落户南宁，至 2008 年先后有 32 位国家领导人、800 多位部长级贵宾出席，参展参会客商 12.6 万人次，签约国际项目投资额 286 亿美元，国内项目投资额 2815 亿美元。广西北部湾经济区发展规划获得国家批准实施，正逐步成为引领、辐射和带动广西加快发展的龙头。广西参与泛珠合作、西南协作及与长三角、港澳台等的合作深化拓展，全方位对外开放格局已经形成。

二 背景：中国（广西）—东盟（CAFTA）

（一）东盟的形成和发展

东盟，是在 20 世纪 60 年代地区主义浪潮背景下成立的区域性国际政治经济合作组织，其全称为东南亚国家联盟，前身是由马来西亚、菲律宾和泰国三国于 1961 年 7 月 31 日在曼谷成立的东南亚联盟。1967 年 8 月 7 日至 8 日，印度尼西亚、新加坡、泰国、菲律宾四国外长和马来西亚副总理在曼谷举行会议，会上发表了《东南亚国家联盟成立宣言》，即《曼谷宣言》，决定由东南亚国家联盟取代东南亚联盟，正式宣告了东南亚国家联盟（Association of Southeast Asian Nations，ASEAN）的成立，简称东盟。20 世纪 80 年代后，东盟从小到大，不断发展，文莱（1984 年）、越南（1995 年）、老挝（1997 年）、缅甸（1997 年）和柬埔寨（1999 年）五国先后加入东盟，使这一组织涵盖整个东南亚地区，形成一个人口 5.7 亿、面积达 450 万平方公里的 10 国集团。东盟以集体的形象面世，以经济合作为基础，建立起一系列的合作机制，正日益成为亚太地区政治、经济以及安全事务中一支独立的重要力量，并发挥着越来越重要的作用。东盟现有 10 个对话伙伴，分别是澳大利亚、加拿大、中国、欧盟、印度、日本、新西兰、俄罗斯、韩国和美国。

根据《东南亚联盟成立宣言》的规定，东盟的宗旨和目标是：

1. 以平等与协作精神，共同促进本地区的经济发展，社会进步和文化发展；

2. 遵循正义国家关系准则和《联合国宪章》，促进本地区的和平与稳定；

3. 促进经济社会文化技术和科学等问题的合作与相互支援；

4. 在教育、职业、省级行政训练和研究设施方面相互支援；

5. 在充分利用农业和工业，改善交通运输提高人民生活水平方面进行有效的合作；

6. 促进对东南亚问题的研究；

7. 同具有相似宗旨和目标的国际和地区组织保持紧密和互利的合作，探寻与其更紧密的合作途径。

可以看出东盟的主要目标是：加速本地区的经济发展、社会进步和文化发展，以及"促进本地区和平与稳定"。从东盟的实践来看，它是一个政治经济文化的地区合作组织。从东盟拟议成立以及一直到后来东盟的发展中，政治对话和协商，连同经济文化方面的合作，始终是东盟合作的主要内容。

在这几个方面中，经济合作始终是东盟各国合作的核心内容，并取得了重要成果。20 世纪 80、90 年代以来，东盟进入经济合作发展快速期，虽然受到 1997 年东亚金融危机的严重冲击，东盟各国也没有放弃区域经济合作。1997 年 12 月，东盟制定了《东盟愿景 2020》的纲领性文件。该文件明确规定，东盟将于 2020 年建成东盟共同体。在地区经济合作方面，该文件明确提到：我们将创造一个稳定、繁荣和具有高度竞争力的东盟经济地区，在这一地区，商品、服务和投资自由流动，资本流动将更加自由，经济发展将更为公平，以减少贫富以及社会经济差距。

2000 年 11 月在新加坡召开的东盟非正式首脑会议上，各国就东盟一体化达成一致意见。在 2001 年 7 月召开的第三十四届东盟部长会议上，各国联合发表了"减少发展差距，增进东盟一体"的河内声明。在 2002 年 7 月召开的第三十五届 AMM 会议上，各国部长就 IAI 行动计划达成一致，该行动计划在当年 11 月的东盟首脑会议上获得最终批准。IAI 的主要目标是通过加快在东盟新老成员国之间的差距，以提高东盟一体化的进程。IAI 的具体措施涉及人力资源开发，基础设施建设，信息和通信技术等方面。

当前，东盟经济合作的重点是建立东盟自由贸易区（AFTA），"东盟自由贸易区于 1992 年提出，2002 年正式启动，2003 年 AFTA 在印尼、马来西亚、菲律宾、新加坡、泰国、文莱六国之间基本建成，2010 年全面实现了零关税，越南、老挝、缅甸、柬埔寨四国将在 2015 年实现零关税，部分敏感产品可延至 2018 年之前实行零关税"。东盟的这个举措可以使其经济联系进一步加强，一体化的程度不断加深。

延伸阅读

东盟十国基本概况简介

1. 马来西亚

马来西亚，全称马来西亚联邦（Malaysia，前身马来亚），简称大马。马来西亚被南中国海分为两个部分：位于马来半岛的西马来西亚，北接泰国，南部隔着柔佛海峡，以新柔长堤和第二通道连接新加坡；东马来西亚，位于婆罗洲（加里曼丹岛）的北部，南接印度尼西亚，文莱国夹在沙巴州和砂拉越州之间。

马来西亚是东盟重要成员，同其他东盟国家政治、经济、文化关系密切，2005 年与其他东盟国家的贸易额为 2462 亿令吉，占其对外贸易总额 25.44%（马方统计数据）。中马两国之间有着悠久的历史往来。1974 年 5 月 31 日，马中两国建交，马来西亚成为东盟中第一个与中国建交的国家。中马建交以来，两国不断拓展和深化双边关系，给双方带来实实在在的利益，也为促进两国和本地区的繁荣与进步发挥了重要作用。双方将进一步加强在广泛领域的协调与合作，共同促进两国和本地区的和平、稳定、安全、和谐与发展。

马来西亚是一个多民族、多元文化的国家。马来亚文化是一种融合马来族、华族、印度族和其他原住民族文化特色的"多元种族文化",基于马来族是马来西亚的多数人口,所以马来民族文化是马来西亚文化的主干,其他的民族文化次之。马来西亚文化也融合了一些波斯、阿拉伯和欧洲的文化色彩。在马来西亚文化中最负盛名的要数马来西亚的娘惹①文化。

2. 印度尼西亚

印度尼西亚共和国,简称印度尼西亚或印尼,与巴布亚新几内亚、东帝汶和马来西亚等国家相接。印尼由约 17508 个岛屿组成,是马来群岛的一部分,也是全世界最大的群岛国家,别称"千岛之国",也是多火山多地震的国家。印尼的官方语言为印度尼西亚语。民族语言和方言约 300 种。与印尼商人打交道,应熟悉那里的风土人情,这对于双方交往是很有帮助的,印尼人不喜欢别人问他们的姓名。印尼是一个以伊斯兰教为主、多宗教并存的国家。

印尼是东南亚国家联盟创立国之一,也是东南亚最大经济体及 20国集团成员国。印尼奉行独立自主的积极外交政策。印尼坚持以东盟为"贯彻对外关系的基石之一"的原则,在东盟一体化建设和东亚合作中发挥重要作用。1950 年 4 月 13 日中印两国建交,1967 年冻结外交关系,1990 年 8 月 8 日恢复外交关系。2000 年,两国建立长期稳定睦邻互信的全面伙伴关系。进入新时代以来,两国高层访问和接触频繁,经贸合作成果丰硕。2013 年 10 月,国家主席习近平访问印尼并出席亚太经合组织第二十一次领导人非正式会议。2013 年广西区委书记彭清华曾与商务部长高虎城、交通部长杨传堂等省部级领导先后访问印尼。

---

① "娘惹"是指中国人和马来西亚人通婚的女性后代,在早些时期,马来人与中国人的后代男性称为巴巴,女性称为娘惹,娘惹是中国文化和马来西亚文化的结晶。

3. 泰国

泰国（Thailand），全称泰王国，是一个位于东南亚的君主立宪制国家。泰国位于中南半岛中部，其西部与北部和缅甸、安达曼海接壤，东北边是老挝，东南是柬埔寨，南边狭长的半岛与马来西亚相连。

泰国是东南亚国家联盟成员国和创始国之一，同时也是亚太经济合作组织、亚欧会议和世界贸易组织成员。中泰是友好近邻，两国关系保持健康稳定发展，双方领导人往来频繁，各领域交流合作广泛、深入，人民之间有着深厚的友好感情。1971年7月1日，中泰两国正式建交，建交后两国各领域友好合作关系全面、顺利发展。2012年4月，中泰两国建立全面战略合作伙伴关系。泰国也是东盟成员国中第一个与中国建立战略性合作关系的国家。

泰国是世界最著名的旅游胜地之一。佛教是泰国的国教，90%的人信奉佛教。几百年来，无论是风俗习惯、文学、艺术和建筑等各方面，几乎都和佛教有着密切关系。泰国的文化历史悠久，其文学、艺术、绘画都有其独特的风格。泰国的文化可分为三方面：语言文化、宫廷文化和传统文化。在语言文化方面，泰语基本上是由单音节的词组成，它是素可泰王朝国王兰甘杏于1283年根据孟文和吉蔑文创造而成。经过七百年的历史，今天的泰语由44个辅音、28个元音字母组成，有5个声调，并分成世俗用语、王族用语和僧侣用语三种。宫廷文化是指绘画、建筑、文学、戏剧和音乐。过去宫廷文化主要受到宫廷和贵族的支持，多数作品服务于佛教，其体系受印度的影响，进一步融合发展形成独特的泰国文化。泰国传统文化是指与农业和人文、制作日常必需品的工艺有关的习俗。泰国的传统习俗基于家庭（由双亲组成），正如中国和亚洲其他国家那样，年轻人要尊重并服从父母、长者、教师和僧人的意愿。现在，由于科技的迅速发展，传统的生活方式尤其在大城市已不可避免地发生了改变。然而，在现代文明还没有渗透的边缘地区，在很大程度上仍保留着古老的生活方式。

4. 菲律宾

菲律宾共和国，简称菲律宾，位于西太平洋，是东南亚的一个群岛国家，也是一个多民族国家。菲律宾融合了许多东西方的风俗习惯特点，富有异国风情。菲律宾群岛的种族与文化为数众多，史前的尼格利陀人可能是菲律宾最早的居民，随后南岛民族的迁徙陆续带来了马来文化，随着宗教与贸易发展也带来了印度文化、华夏文化和伊斯兰文化。

在外交方面，菲律宾宣称奉行独立的外交政策，在平衡、平等、互利、互敬的基础上发展同所有国家的政治经济关系。1975 年 6 月 9 日，菲律宾与中华人民共和国建交。两国签有贸易、文化、民用航空、科学技术合作、广播电视合作、新闻交换等协定。目前由于南海问题，与中国在领土方面存在冲突。

菲律宾的商业文化很独特。总体来说，菲律宾人与东南亚国家联盟各国具有相同的基本价值观、态度和信仰。但在西班牙殖民统治400 年后，又接受了将近一个世纪的美国的强烈影响，菲律宾的文化中已融合了其他重要的特征。

5. 新加坡

新加坡，全称为新加坡共和国，是东南亚的一个岛国，新加坡北隔柔佛海峡与马来西亚为邻，南隔新加坡海峡与印度尼西亚相望，毗邻马六甲海峡南口，国土除新加坡岛之外，还包括周围数岛。

新加坡是一个多元文化的移民国家，促进种族和谐是政府治国的核心政策。新加坡是一个多语言的国家，拥有 4 种官方语言，即英语、马来语、华语和泰米尔语。新加坡的官方文字为英文，因此公函、商务往来和其他经济业务性质的书信通常以英语为主。新加坡官方使用与中国大陆一致的简体汉字。早期离乡背井到新加坡再创家园的移民者将各自的传统文化带入新加坡。中华文化精髓也深深影响着新加坡的生活形态。

新加坡突出经济外交，积极推进贸易投资自由化，并与新西兰、日本、欧洲自由贸易协会、澳大利亚、美国、中国、约旦、韩国、印度和巴拿马签署双边自由贸易协定。新加坡也同新西兰、智利、文莱签署了首个地跨三个大洲的自贸协定，并与巴林、埃及、科威特和阿联酋就商签双边自贸协定达成共识。

中国国家主席习近平在 2015 年 11 月 6 日应新加坡总统陈庆炎的邀请进行国事访问，这也是纪念中新建交 25 周年的活动之一。习近平指出，中国和新加坡是亲密友好邻邦。建交 25 年来，两国高层保持良好交往传统，各领域合作不断深化拓展，取得丰硕成果。

早在 1998 年，新加坡就将创意产业定为 21 世纪的战略产业，出台了《创意新加坡》计划。后又全面规划了创意产业的发展战略，致力于树立"新亚洲创意中心"的声誉，使之成为"一个文艺复兴城市"、"一个全球的文化和设计业的中心"、"一个全球的媒体中心"。其创意产业发展策略，焦点集中在艺术、设计、软件、广告、建筑、室内、产品、媒体等领域，旨在追求卓越水平、推广艺术文化、与世界沟通、提倡艺术的全面支持。

6. 文莱

文莱，全名文莱达鲁萨兰国，又称为文莱伊斯兰教君主国，是一个君主专制国家。文莱的国语是马来语，属马来—波利尼西亚语系。文莱华人除讲本民族语言外，还讲英文和马来语，主要报纸用英文、马来文和中文出版。

文莱奉行不结盟和同各国友好的外交政策。1984 年 1 月 7 日成为东盟第六个成员国，与东盟各国关系密切。视东盟为外交基石，主张通过东盟实现地区稳定、繁荣与团结。文莱与东盟其他各国均互设大使馆或高专署，关系密切，来往甚多。与新加坡联系最为密切，两国货币等值流通，各个领域的合作密切。东盟组织扩大后，文莱与越南、老挝、柬埔寨和缅甸等东盟新成员的来往和交流逐渐增多。在亚洲金融危机中，文莱积极援助有关国家，分别向泰、马、印尼提供了 5 亿美元、10 亿美元和 12 亿美元双边贷款援助。

2006 年 7 月至 2009 年 7 月任中国—东盟关系协调国。中国和文莱于 1991 年建立外交关系，双边关系发展顺利，各领域友好交流与合作逐步展开。文莱与中国建交初期，两国经贸合作进展缓慢。自 2000 年起，双边贸易额大幅上升。文莱与中国在投资、承包劳务等方面合作成效显著。截至 2010 年年底，文莱累计对华实际投资 20.1 亿美元，2010 年新增实际投资 3.1 亿美元。中国累计在文莱非金融类直接投资 2665 万美元，2010 年新增投资 928 万美元。另外，两国在民航、卫生、文化、旅游、体育、教育、司法等领域的交流与合作逐步展开，先后签署了《民用航空运输协定》（1993 年）、《卫生合作谅解备忘录》（1996 年）、《文化合作谅解备忘录》（1999 年）、《中国公民自费赴文旅游实施方案的谅解备忘录》（2000 年）、《高等教育合作谅解备忘录》（2004 年）、《旅游合作谅解备忘录》（2006 年）。

7. 越南

越南，全称为越南社会主义共和国，是亚洲的一个社会主义国家，位于东南亚中南半岛东部，北与中国广西、云南接壤，西与老挝、柬埔寨交界，国土狭长，紧邻南海，海岸线长 3260 多公里，是以京族为主体的多民族国家。

越南对外奉行全方位、多样化的独立自主外交政策。中越两国于 1950 年 1 月 18 日建交，越南爆发战争后，中国将大量物资无偿赠送给越南，并派出大量科技人员帮助越南发展工业，支持越南作战，最终迫使美国签订停战协议。

越南是一个多语言、多民族的国家，官方正式认定公布的民族共有 54 个。京族人是狭义上的越南人，其母语就是越南语。越南文化，通常指的是由起源于越南北部的京族所创造的文化。越南文化是亚太地区最古老的文化之一。与其他同样位于中南半岛的国家所不同的是，越南由于在历史上受到中国文化很大的影响，其文化特征与东亚民族非常接近，是东亚文化圈的一部分。而其他东南亚国家（如柬埔寨、老挝、泰国）则更多地受到印度文化的影响。

1998 年 7 月，越共八届五中全会决议提出"建设和发展具有浓郁民族特色的先进文化"，文化是社会的精神基础，既是经济社会发展的目标，又是促进经济社会发展的动力。在日益深刻的国际经济融合的背景下，越南把保护文化安全作为一项重要和复杂的任务，把保存和弘扬民族传统文化价值作为文化工作的指南。2007 年，越南围绕着建设和发展具有浓郁民族特色的先进文化的主题，"全民团结建设文化生活"运动进一步深入开展。

8. 老挝

老挝是我国西南邻邦，老挝的主体民族——佬傣民族与我国多个少数民族，有着亲密的同源关系。老挝和我国一样同属于社会主义国家，两国山水相连，自古以来，就有着密切的友好关系。1961年4月25日，中国和老挝正式建立外交关系。20世纪70年代末至80年代中期，双方关系曾出现曲折。1989年中老关系正常化，双边关系得到全面恢复和发展，在政治、经济、军事、文化、卫生等领域的友好交流与合作不断深化，双方在国际和地区事务中保持密切协调与合作。

1997年7月老挝正式加入东盟后，积极参与东盟事务，发展与东盟的友好合作关系。2004年成功主办东盟峰会及东盟与对话国领导人系列会议，在东盟内发挥积极作用。

老挝有着悠久的历史和灿烂的文化。西勐娘娘庙是老挝万象市的一座古庙，而融会在西勐娘娘庙里的各种信仰的表现，就是老挝文化的一个缩影。透过老挝万象市西勐娘娘庙所蕴含的文化特征，可以看到老挝文化的特点，从而加深对老挝的了解，促进中老两国的文化交流。老挝饮食上接近泰国。它也是东南亚地区中仅有的两个社会主义国家之一，另一个为越南。

9. 缅甸

缅甸联邦共和国，简称为缅甸，是东南亚国家联盟成员国之一，西南临安达曼海，西北与印度和孟加拉国为邻，东北靠中国，东南接泰国与老挝。

缅甸是一个历史悠久的文明古国。缅甸文化是缅甸境内以地缘关系为纽带，具有同质特征的各民族文化的集合体，是缅甸各族劳动人民在改造自然和社会的过程中，共同创造并世代相传的，为全体社会成员所认同、接受和遵循的物质财富、精神财富之总和。缅甸文化最先脱胎于骠、孟、缅三大民族的民族文化，是以骠、孟、缅文化紧密融合为基础的一种跨民族文化的集合。而缅甸区域文化则是一种更广意义上的缅甸文化。这种区域文化是以早期骠、孟、缅等民族的民族文化为基础，吸收了古代骠、孟民族文化精华和外来文化辐射，以孟、缅、掸、若开、克伦、克钦、钦等民族为行为主体的，以佛学思想为中心价值观的，以使用孟缅文字体系为标志的，有着共同文化心理、传统风俗习惯、文化艺术遗产和社会制度的关系密切的民族文化共同体。

缅甸奉行"不结盟、积极、独立"的外交政策，按照和平共处五项原则处理国与国之间的关系。1997年加入东盟后，与东盟及周边国家关系有较大发展。中缅两国是山水相连的友好邻邦，两国人民之间的传统友谊源远流长。中华人民共和国成立后，中缅两国的友好关系不断发展，文化交流日益频繁。建交60多年来，两国文化交流稳定发展，部长级文化代表团互访不断。1996年1月两国在北京签署了《中华人民共和国文化部和缅甸联邦文化部文化合作议定书》。两国在文学、艺术、电影、新闻、教育、宗教、考古、图书等领域内进行了广泛的合作与交流。2013年9月，吴登盛总统来华出席第十届中国—东盟博览会，李克强总理会见。

10. 柬埔寨

柬埔寨，全名柬埔寨王国，通称柬埔寨，位于中南半岛，西部及西北部与泰国接壤，东北部与老挝交界，东部及东南部与越南毗邻，南部则面向暹罗湾。1958年7月19日，中国与柬埔寨正式建交。柬于1999年4月30日加入东盟，成为东盟第10个成员国。入盟后，柬积极参与东盟政治合作机制和经济一体化进程，坚持成员国协商一致和不干涉内政等原则，主张加强合作，缩小新老成员差距。

柬埔寨是东南亚地区的文明古国，柬埔寨的人文风俗因长期与外界隔离，特色保持完整，游客在这里甚至可以体会到与800年前相距不远的原始文明。今天到柬埔寨的人很多是被吴哥吸引而来。柬埔寨人民多信奉佛教及印度教，这里的建筑融会了各国风格，宗教色彩十分浓厚。

音乐在柬文化中占有重要地位，不管是在各种庆典和宴会上，还是在娱乐场所，都离不开演唱和音乐。民族音乐主要有三种形式：交响乐是轻音乐，一般为戏剧伴奏；宾柏乐节奏较快，一般为舞蹈伴奏；高棉乐是一种非常欢快的音乐，一般在庆典或婚礼等喜庆的日子里演奏。

（二）中国与东盟的关系

中国与东盟国家的关系并不是一开始就如此和谐，东盟诸国虽然临近中国，但由于国家利益的不同，有些国家与中国交往并不频繁，甚至某些国家还对中国存有敌意。随着历史的发展，双方关系有所改进，东盟逐渐成为中国的好邻居、好朋友、好伙伴。1990 年 8 月 8 日，即东盟成立 23 周年之际，印尼与中国复交，同年 10 月，东盟中经济最发达的新加坡与中国正式建交。1991 年 10 月，文莱与中国建交，同年，中国与越南实现了关系正常化。至此，中国与东盟的全部成员均建立或恢复了外交关系，中国与东盟进入了建立睦邻伙伴关系的新阶段。中国与东盟在政治、经济等领域的合作不断深化和拓展，在国际事务中相互支持、密切配合。

中国—东盟自由贸易区，是中国与东盟共同协议构建的所有货物贸易逐步取消关税和非关税壁垒，实现涵盖众多部门的服务贸易自由化，建立开放和竞争的投资机制，便利和促进中国与东盟相互投资的贸易区。

中国—东盟自由贸易区是于 2000 年的第四次中国—东盟领导人会议上，由中国政府首次提出的。2002 年 11 月 4 日，中国又和东盟 10 国签署了《中国—东盟全面经济合作框架协议》，决定 2010 年建成中国—东盟自由贸易区。

中国—东盟自由贸易区的发展历程

2000 年 11 月 25 日	在新加坡举行的第四次东盟—中国领导会议上，中国国务院总理提出建立中国—东盟自由贸易区的建议，得到东盟部分国家的赞同。
2001 年 3 月底	中国与东盟成立一个专家小组，专门研究建立中国—东盟自由贸易区的可行性。
2001 年 11 月	在文莱斯里巴加湾市召开的第五次东盟—中国领导人会议，中国国务院总理和东盟领导人支持并批准了专家组提出建立中国—东盟贸易区的方案。

2002 年 5 月	在中国北京举行第二次中国与东盟经济高官会议和第一次中国与东盟贸易谈判委员会议。商定了《中国与东盟全面经济合作框架协议（草案）》的基本结构与内容。
2002 年 6 月	在印尼首都雅加达举行中国—东盟贸易谈判委员会议。中国与东盟双方代表就《中国与东盟全面经济合作框架协议》进行了讨论，协商。
2002 年 11 月 4 日	在柬埔寨首都金边举行第六次中国—东盟领导人会议，中国国务院总理和东盟各国领导人共同签署了《中国与东盟全面经济合作框架协议》，决定 2010 年建成中国—东盟自由贸易区，东盟新成员国越南、老过、缅甸、柬埔寨于 2015 年建成自由贸易区。该协议于 2003 年 1 月 1 日开始实施。
2003 年 10 月 8 日	在巴厘岛举行的第七次东盟—中国领导会议上，中国国务院总理提议东盟与中国每年共同主办"中国—东盟博览会"与"中国—东盟商务与投资峰会"来共同促进中国东盟自由贸易区的建设和发展。
2004 年 1 月 1 日	中国—东盟自由贸易区"早期丰收"（Early Harvest）关税减让计划开始执行，涉及 600 多种农产品。
2004 年 11 月 29 日	在万象举行的第八次东盟—中国领导会议上，中国与东盟 10 国领导人签署了《中国东盟自由贸易区货物贸易协议》和《争端解决机制》，决定自 2005 年 7 月开始启动 7000 余种产品的关税降税进程。
2005 年 12 月 14 日	在吉隆坡举行的第九次东盟—中国领导会议上，中国国务院总理宣布，中国将在现有基础上增加 50 亿美元优惠贷款，用于支持中国企业"走出去"在东盟国家投资建厂，接受东盟国家的建议将第十次东盟—中国峰会与 2006 第三届中国—东盟博览会同期举行，并邀请马来西亚首相巴达威到时亲自出席。
2007 年 1 月	双方签署了自贸区《服务贸易协议》。
2009 年	签署《投资协议》。
2010 年 1 月	中国—东盟自贸区如期全面建成。

2009 年第八次中国—东盟经贸部长会议签署了为促进双方发展的中国—东盟自贸区《投资协议》，双方的经济合作在有条不紊地进行之中。时至今日，中国—东盟自由贸易区已顺利建成。目前，东盟有 10 个成员国（文莱、印度尼西亚、马来西亚、菲律宾、新加坡、泰国、越南、老挝、缅甸、柬埔寨），加上中国，共有 11 个国家参加这个自由贸易区。这是一个由发展中国家组成的全球最大的自由贸易区，也是继欧盟、北美自由贸易区之后的世界第三大自由贸易区，将会创造一个拥有 19 亿消费者、近 6 万亿美元国内生产总值和 1.2 万亿美元贸易总量的经济区，其发展潜力不可估量。这个巨大的市场将给中国与东盟的未来发展创造无穷的商机。自贸区建立后，双方对超过 90%

的产品实行零关税。中国对东盟平均关税从 9.8% 降到 0.1%，东盟六个老成员国对中国的平均关税从 12.8% 降到 0.6%。关税水平大幅降低有力地推动了双边贸易快速增长。

就经济方面来看，据有关资料显示，自中国—东盟自贸区货物贸易协议实施以来，中国已从东盟第六大贸易伙伴上升为第三大贸易伙伴。虽然饱受经济危机的影响，但是在 2009 年，中国与东盟贸易还是达到了 2130 亿美元，虽然较 2008 年下降 7.8%，但是这一降幅远低于中国对外贸易下降 13.8% 的降幅。随着中国与东盟在 2010 年进入"零关税时代"，双方贸易额必将再上一个台阶。

（三）广西与东盟的关系

"广西处于国家'南下发展'战略的最前沿，广西文化具有与东盟国家文化交流和产业合作的先锋意义。"广西与东盟国家之间的文化交流已全面开花。目前，广西已成立中国—东盟青少年培训基地、中国—东盟文化交流培训中心；成功举办了五届的"中国—东盟文化产业论坛"，成为中国—东盟文化区域合作的亮点品牌；广西与越南、柬埔寨合作建设山水实景演出项目，成为中国—东盟文化交流合作的新平台；南宁国际民歌艺术节、中国—东盟博览会等蜚声国内外。广西与东盟国家在旅游产业、节庆会展产业、出版产业、电影产业等多个领域进行文化交流与合作，文化产业合作成为广西—东盟合作的"新引擎"。广西与东盟的文化交流大大提高了广西在东盟国家的知名度。

三 主体：城市

城市是城市化的结果，其主要体现是农村经济向非农业经济（工业经济）发展而引起的农业人口向非农业人口、乡村人口向城市人口的转化和集聚。经济发展过程也就是城市化过程，城市的发展实际上也促进了经济的发展。这种因果关系是双向的，城市化的进程和全球经济一体化、区域经济一体化的进程也是并驾齐驱的。所以，城市化的进程也是文化产业发展的进程，文化产业发展的主体从宏观上说是国家和地方政府，从微观上说是城市，城市的规模越大，现代化程度越高，对文化产业发展的影响和促进也就越明显。在文化产业圈的构建中，首先离不开的就是一个重要载体——城市，而在广西文化产业圈的构建中，首先不得不提的就是广西的省会城市——南宁。

南宁作为中国唯一与东盟既有陆地接壤又有海上通道的省区首府城市，具有双向沟通中国和东盟的区位优势。且南宁的东盟会展中心地位是永久性的，正所谓"近水楼台先得月"，在每年的博览会上，南宁人也是东南亚商客带来最新商品与资讯的第一受益者！

（一）第一层次"一轴两翼"

2006年7月20日，时任广西壮族自治区党委书记的刘奇葆在召开的环北部湾经济合作论坛上提出构建中国—东盟区域一轴两翼新格局的设想，并将这一新格局称为中国—东盟"M"型区域经济合作战略。刘奇葆提出的中国—东盟"一轴两翼"战略，由泛北部湾经济合作区、大湄公河次区域两个板块和南宁—新加坡经济走廊一个中轴组成。其总体构想如下。

一轴：南宁—新加坡经济走廊，这是M型战略的主体部分，也是中国—东盟自由贸易区合作的主战场。它以铁路、高速公路和高等级的公路为载体，把6个国家、9个城市串联在了一起，打通了连接中国与中南半岛的陆路通道，为加快建设沿线经济走廊，推进地区的交流与合作提供了保障。联合国亚太经社委员会已通过的《泛亚铁路政府间协议》和《亚洲公路网政府间协议》提出，南宁到新加坡的铁路和公路，是连接中国泛珠地区与中南半岛最为便捷、综合效益最好的干线通道。M型战略特别建议今后应加快建设和完善南宁—河内—金边—曼谷—吉隆坡—新加坡的铁路和高等级公路，以沿线重点城市和跨境合作为依托，吸引产业、物流、专业市场的集聚，以点带面，发展通道经济，逐步形成贯通中南半岛的经济走廊。

两翼：两翼中的一翼，是泛北部湾经济合作区，以海洋为载体，以中国和越南为主，将环北部湾经济合作延伸到隔海相邻的马来西亚、新加坡、印尼、菲律宾和文莱，涵盖了环北部湾地区的海上东盟国家。它强调依据地缘经济概念，超越单纯的地理界线，重点强化与东盟国家的经济合作，充分发挥海上通道的作用，加强港口物流合作，加快产业对接与分工，促进相互贸易与投资，大力发展临海工业，联合开发海上资源，加快临海城市建设，形成一批互补互利、相互促进、各具特色的港口群、产业群和城市群。

两翼的另外一翼，是大湄公河次区域合作区，以澜沧江、湄公河为载体，涵盖中国、越南、老挝、泰国、柬埔寨和缅甸六个国家。将该区域合作延伸到中国的环北部湾地区，为湄公河流域国家与中国东部地区开展合作架起新的桥梁。大湄公河次区域合作，经过各方十多年的努力，现已成为中国与东盟次区域国家合作的一个典范，但它仍然是单一的、局限于陆地和流域的经济合作。"一轴两翼"战略，将从海域经济进一步丰富和完善区域合作内容，通过大陆桥的连接，扩大中国更多省份特别是东部发达地区的企业同该地区的联系与合作，使中国与湄公河流域东盟国家之间的经济合作更加紧密和广泛。

"一轴两翼"的区域合作大格局形似英文字母 M，从内容上看，有海上经济合作（Marine economic co-operation）、陆上经济合作（Ma-inland economic co-operation）和湄公河流域合作（MEKONG sub-region co-operation），英文表述的第一个字母也都是 M，故称为中国—东盟 M 型区域经济合作战略。

刘奇葆认为，提出以构建次区域合作为主要目标的 M 型战略，从内容上看，涵盖了东盟东部增长区、东西走廊和越、老、柬"增长三角"，顺应了《中华人民共和国与东盟国家领导人联合宣言》精神和中国—东盟自由贸易区建设的内在要求；在经济合作领域方面，充实和完善了中国与东盟国家建立的面向和平与繁荣的战略伙伴关系。实施这一战略，将形成一个太平洋西岸新兴的经济增长带，进一步丰富和充实中国与东盟合作的内涵，促进东亚整体合作的深入发展；有利于区域内资源共享，促进产业转移与合理分工；有利于扩大区域市场和经济发展的空间，创造新的、更多的经济增长点；有利于区域内各国充分发挥比较优势，互补互利，合力提升本地区的整体竞争力；有利于共同吸纳与更合理地运用国际资本和外部资源，促进在更高水平、更深层次上的国际经贸合作。

经济全球化和区域经济一体化的经验表明，区域合作有利于合作各方优势的发挥、资源的共享，促进产业转移与合理分工，达到互利共赢的目的。东盟 10 个国家 9 个临海，环北部湾地区正好介于东亚与东南亚之间，是海上交通的重要枢纽。M 型战略，顺应了经济全球化和区域一体化的发展趋势，在中国—东盟自由贸易区加快发展的历史背景下，抓住了我国对外开放的机遇，将广西的对外开放与国家战略紧密联系起来，丰富充实了中国与东盟的合作内容，深化了中国—东盟战略伙伴关系，从而从整体上促进了东亚经济的发展。同时，通过扩大北部湾地区的对外开放与合作，将进一步带动、促进大西南地区的经济发展，为西部大开发注入新的活力。

（二）第二层次"东盟 10 城市"

广西要加强与东盟十国的文化交流，促进其文化产业的发展，必然离不开与其主要城市的文化交流合作。在东盟十国中，各个国家最主要的城市就是其首都。

1. 马来西亚首都——吉隆坡

吉隆坡 1860 年建城，1963 年成为马来西亚联邦的首都。短短的一个多世纪，便由"泥泞的河口"，一跃而成为著名的观光城市。昔日的矿业小镇，如今高楼林立，交通四通八达，贸易鼎盛，活力无限，已成为拥有面积 243.6 平方公里、居民 130 万人的大都市，成为马来西亚政治、经济、文化、商业和社交中心。

吉隆坡的经济是多方面发展的，它的制造业和农业都非常的发达，给经济的发展带来了不小的帮助。在吉隆坡，油棕园、工厂、机械、轧钢、水泥、化工等产业也是重要经济支柱，随着经济的发展，这里的旅游业也慢慢吸引了众多的游客前来观赏。

吉隆坡邻近区域是马来西亚境内的工业和经济规模最快速发展的区域。虽然联邦政府已迁往 Putrajaya，但部分机构如马来西亚中央银行以及绝大多数的使馆、办事处依然设立于吉隆坡。吉隆坡也是国内各项产业的中心，如金融、保险、地产、媒体以及艺术产业等。另外，多媒体走廊的设置以及巴生港的扩建更加强化了吉隆坡的经济地位。

2. 印度尼西亚首都——雅加达

雅加达是一座历史悠久的名城，几百年以前，就已经是输出胡椒和香料的著名海港，称为巽达加拉巴，意思是"椰林密布之地"或"椰子林的世界"。因此，雅加达（Jakarta）又名椰城，是印度尼西亚的首都和最大的城市，位于爪哇岛的西北海岸，同时还是东南亚第一大城市，是世界著名的海港。城市多数居民为印尼爪哇人，少数为华人、华侨、荷兰人，官方语言为英语、印度尼西亚语。

雅加达是印尼的经济中心，经济主要以金融居多，占该国生产总值的28.7%，并拥有国内最大的金融和主要工商业机构。雅加达早在15世纪已是重要商港，殖民时代曾是荷属东印度公司总部所在，贸易遍及亚、欧、非三大陆。今雅加达仍有多处大型综合市场和专业商场，每年在此举办雅加达交易会。今天的雅加达，已经成为印度尼西亚的政治、经济、文化中心，海陆交通的枢纽，是太平洋与印度洋之间的交通咽喉，也是亚洲通往大洋洲的重要桥梁。国内外的许多船只把雅加达作为一个停靠站，在这里加水维修。郊区的国际机场，是世界上最大的国际航空站之一。

3. 泰国首都——曼谷

曼谷，位于昭披耶河东岸，南临暹罗湾，是泰国首都和最大城市，中南半岛最大城市，东南亚第二大城市，湄南河纵贯南北把曼谷一分为二最后汇入泰国湾。整个曼谷的建设是以大皇宫为中心向外扩散，第一圈是寺庙和官方建筑，第二圈是商业圈，第三圈是住宅区，最外面是贫民区，王宫和佛寺大多建在湄南河圈。曼谷市内名胜以大皇宫、玉佛寺、云石寺、郑王寺等著名。

曼谷是泰国政治、经济、贸易、交通、文化、科技、教育、宗教等各方面的中心，是贵金属和宝石的交易中心。经济占泰国总量的44%，曼谷港承担着泰国90%的外贸。同时，曼谷还是一座繁华的国际大都市，融合东西方文化，包罗万象的"天使之城"。曼谷旅游业十分发达，被评选为 2013 年全球最受欢迎旅游城市。

4. 菲律宾首都——马尼拉

马尼拉是菲律宾的首都城市和最大的港口，位于菲律宾最大的岛屿——吕宋岛马尼拉湾的东岸，也称"小吕宋"，濒临天然的优良港湾——马尼拉湾。马尼拉建在巴石河两岸。河流把城市分成两大部分，14 个区中的 7 个区在巴石河北岸，6 个区在南岸。马尼拉是菲律宾的经济中心，它集中了全国半数以上的工业企业，主要有纺织、榨油、碾米、制糖、烟草、麻绳、冶金企业等，产值占全国的 60%。马尼拉是菲律宾的重要交通枢纽和贸易港口，全国出口货物的 1/3 和进口货物的 4/5 集中在这里。

1976 年 11 月，菲律宾政府决定把马尼拉、奎松、卡洛奥坎、帕萨伊 4 个市和玛卡蒂等 16 个区合并，组成马尼拉大都会（大马尼拉市），面积达 638.55 平方公里，人口超一千万，是亚洲最大的城市之一，被称为"亚洲的纽约"。这里体现着悠久的东方传统，又汇合了西班牙、美国的西方文明。现今的马尼拉更被评为世界级城市。

5. 新加坡

新加坡是一个城市国家，所以其主要城市也就是新加坡。新加坡是亚洲的发达国家，被誉为"亚洲四小龙"之一，其经济模式被称为"国家资本主义"。根据 2014 年的全球金融中心指数（GFCI）排名报告，新加坡是继纽约、伦敦之后的第三大国际金融中心，也是亚洲重要的服务和航运中心之一。新加坡是东南亚国家联盟（ASEAN）成员国之一，也是世界贸易组织（WTO）、英联邦以及亚洲太平洋经济合作组织（APEC）成员经济体之一。

6. 文莱首都——斯里巴加湾市

斯里巴加湾市原称文莱市，1970 年改为现名斯里巴加湾。斯里巴加湾市是全国的文化教育中心。随着文莱石油经济的飞速发展，该市现已经建设成为一个现代化城市。斯里巴加湾市位于婆罗州北部，文莱湾西南角滨海平原，文莱河畔，人口约 6 万，主要是马来人和华人。至今这里仍是世界上最大的水上村庄，所以斯里巴加湾市有"东方威尼斯"的美称。

斯里巴加湾市旅游业很发达，市内的水陆交通方便，从斯里巴加湾到穆阿拉港的公路是全国的主要干线。1981年建造的横跨文莱河大铁桥，全长1000多米。位于市郊的现代化国际机场建于1973年，是亚洲最长的商用机场跑道之一。文莱皇家航空公司辟有通往东南亚各国和中国香港等的国际航线。

7. 越南首都——河内

河内是越南社会主义共和国的首都，也是全国第二大城市及政治中心，是越南历史上著名的城市，面积为3324平方公里，人口623余万。河内地处红河三角洲西北部，坐落于红河右岸和红河与苏沥江（墩河）的汇流处，四周分别与河北省、北太省、永富省、河西省接壤。

河内城市地处亚热带，因临近海洋（北部湾），气候宜人，四季如春，降雨丰富，花木繁茂，百花盛开，素有"百花春城"之称。河内无论是从南方到北方，还是从内地到沿海，均是必经之地，地理位置十分重要，拥有北方最大的河港，多条铁路在这里相连接，是北方公路的总枢纽，郊区有内排机场和嘉林机场，水、陆、空交通便利。

8. 老挝首都——万象

万象是一座历史悠久的城市，始建于公元前4世纪。自公元14世纪以来，万象一直是老挝的首都和经济中心。公元17世纪到18世纪，万象曾是繁荣的商业中心。如今，万象的工矿企业约占全国的3/4，主要有锯木、砖瓦、纺织、火柴、肥皂等，尤以绸缎、花布、编织及金银首饰业最为著名。万象人口约45万，其中华侨很多。老挝气候属于热带和亚热带类型，境内产象很多，向来就有"万象之邦"的称号。不过，老挝首都"万象"这个名称的含义与大象并没有什么联系，在当地语言里，"万象"的含义是"檀木之堡"。

老挝居民85%以上信奉佛教，万象市区到处都可以见到庙宇和宝塔，据说在老挝佛教鼎盛时期，市内有149座佛寺，如今保留下来的有34座。这些古老的佛寺、精美的佛塔以及精湛的浮雕是老挝古代文化的宝贵遗产。老挝民间每年要举行"塔銮节"，类似于中国的庙会。

9. 柬埔寨首都——金边

金边是柬埔寨的首都，柬埔寨最大城市，为柬埔寨政治、经济、文化、交通、贸易、宗教等各方面的中心，坐落在湄公河与洞里萨河之间的三角洲地带。

金边以王宫和波列莫罗科特佛塔为中心。东边的皇城包括王宫、皇家博物馆、皇家花园和国家博物馆等建筑。塔子山是金边的最高点，登上山巅可俯瞰首都风貌。塔子山上建有塔寺，入口处有两个七头蛇石雕，还有怪鸟、狮子、佛像等的雕像。

10. 缅甸首都——内比都

内比都原名彬马那，为缅甸第三大城市，坐落在勃固山脉与本弄山脉之间锡塘河谷的狭长地带，战略地位重要。亦是前首都仰光与北方大城市曼德勒之间的一个山区贸易城镇。内比都城市规划分成宾馆区、住宅区和政务区等不同区域。面积约6450平方公里，目前比较空旷，但比较适合旅游观光，很多市政设施和建筑物正在建设。目前，内比都已开通至仰光、曼德勒、东枝、密支那、腊戍等主要城市的国内航班，近期尚不具备开通国际航线的条件。这可能是全世界唯一没有手机电话服务，没有国际航班服务，没有交通堵塞，也没有小贩沿街挡路的首都。

在这里顺便提及一下缅甸的原首都仰光。仰光素有"和平城"的美称。仰光是国家行政和经济中心，商业兴旺。仰光的工业近几年开始发展起来，全国30%的产业工人集中在仰光。随着对外开放的新的经济政策的制定，使仰光取得了快速的发展，私营企业的贸易也在扩大。仰光自然条件优越，资源丰富。但多年来工农业发展缓慢。1989年3月31日，政府颁布《国营企业法》，宣布实行市场经济，并逐步对外开放，允许外商投资，农民可自由经营农产品，私人可经营进出口贸易。1992—1995年缅甸经济得到较快的发展，年均增长率达7.5%。2001年度，政府制订了2001/2002—2004/2005年四年经济发展计划，并制定了经济年均增长10%的目标。同时继续加强基础设施建设，降低通货膨胀，使经济走上健康、持续发展的轨道。由于美国等西方国家的长期制裁，以及本身经济结构的封闭性和脆弱性，缅甸经济仍然未走出困境。

四 切入点： 文化生产力和文化生产关系

"以发展为主题，以改革为动力"，首先强调的就是要把发展文化生产力作为文化建设的根本目的，最大限度地解放和发展我国的文化生产力，不断满足人民群众日益增长的精神文化需求，提高国家的文化软实力和影响力。

（一）文化生产力构建

"文化生产力"是马克思主义理论体系中的一个重要概念。马克思曾经在《资本论》手稿中指出，人类生产劳动的社会分工首先是人的体力劳动和脑力劳动的分工。这种分工造就了物质生产领域和精神生产领域的分离，于是社会生产分化为物质生产和精神生产。在物质生产中创造物质产品的能力，形成了物质生产力；在精神生产中创造精神产品的能力，形成了精神生产力，也就是文化生产力。文化生产力是生产文化产品和提供文化服务的能力。而这种能力的递增最终取决于文化生产力构成要素的完善和发展。生产力由三个部分组成：劳动者、劳动工具、劳动对象。文化生产力的构建同样也离不开这三个要素。

广西文化产业的发展作为生产力（经济）发展的一个地区性产业性代表，同样也离不开这三个要素，所以要搞好广西文化产业圈，把广西的文化产业推向全国，乃至整个东盟地区，就必须抓住这三个要素：第一，从文化生产者入手，提高文化生产者的素质，包括知识文化素养、思想道德素质等；第二，文化产业发展所需的各种设施设备，加强文化基础设施建设，为广西文化产业的发展奠定强大基础；第三，文化产业的发展必须把握好文化发展的对象，必须明确方向，发展积极健康有益的、为大众所喜闻乐见的文化，并且把握好文化多样性的特征，考虑文化认同的区域性，以便把广西文化产业更好地向东盟周边国家进行推广。

成功典例

文化生产力——云南的启示

过去，云南是个典型的边疆、少数民族、贫困和高原山区四位一体的省份，经济发展受到诸多局限，各方资源都远远不能与沿海经济发达地区相提并论。但是，云南丰厚的民族文化积淀，却令沿海经济发达地区艳美不已，特别是 2004 年，由杨丽萍担纲的《云南映象》刮起了一股"云南文化旋风"。以此为契机，云南文化事业和文化产业异军突起，成为一种值得关注的文化和经济现象，更有专家、学者将之概括为"云南文化现象"，因为文化不仅正在云南发展壮大成为一种"新经济"，而且对云南经济产生了强大的"反哺力"。"云南文化现象"给人们一个深刻的启示，即在经济欠发达的地区，文化作为一种新的经济力量，完全可以率先实现突破，"云南文化现象"实际上就是西部"文化新经济"的一个缩影。在西部大开发中，应该树立起"文化新资源"的全新观念，文化资源的开发应该优先于森林、矿产、水力等自然资源的开发。

（二）文化生产关系构建

"以发展为主题，以改革为动力"，就是强调我们在文化建设的过程中，必须改革文化生产关系来适应文化生产力的发展。这就要求我们必须依据文化生产力发展的要求，进一步解放思想，积极推进文化体制改革，破解制约文化生产力发展的体制性难点，通过体制机制创新，构造适应市场经济发展规律、精神文明建设规律而又具有中国特色的文化发展道路和新型文化体制的基本框架。

生产关系顾名思义就是在生产过程中所结成的人与人的关系，具体也包括三个方面：生产资料归谁所有、产品如何分配、人们在生产中的地位和作用。在生产力和生产关系这对关系中，我们强调要及时变革生产关系适应生产力的发展，广西文化产业的发展也不例外。在广西文化产业圈构建的时候，我们也必须密切关注这三个方面，及时调整制度、方针政策以适应广西文化产业的发展。

小结：研究一个地区经济的发展，离不开这个地方基本概况的分析。本书立足于 CAFTA 的基本框架下来构建广西文化产业圈，就必须深入分析广西及东盟的基本概况。本节正是基于此点，着重分析了广西文化产业圈的基本因素——范围、背景、主体及切入点。通过这些方面的深入分析，为后面厘清广西发展文化产业的优势及发展路径指明了方向。

第二节 广西文化产业圈的影响因素

任何事物的发展都是内因和外因共同作用的结果，广西文化产业的发展也不能例外。正所谓"一方水土养育一方人"，正是因为不同民族、不同地区的文化具有明显的区域性特征，所以其文化产业会呈现出极大的差异性。故内因方面，本书从广西的文化资源以及品牌文化优势、区位因素等方面进行了分析，但一个地区的文化发展也会受到周围因素的影响，故外因方面，我们则从社会因素和制度因素、区域市场成熟度方面对广西发展文化产业的优势做了详细的分析。

一 文化发展的内在因素

(一) 自然资源

自然资源禀赋论是指由于各区域的地理位置、气候条件、自然资源蕴藏等方面的不同，所导致的各区域专门从事不同部门产品生产的格局。不仅国家与国家之间的自然资源禀赋存在差异，就是一个国家内部的不同地区也存在着资源的差异性，这种差异是不同区域文化产业差异的首要原因。

自然资源在推动区域文化产业发展中的作用明显，自然资源是区域经济乃至区域文化产业发展的先决条件，是区域文化产业存在的客观基础，区域经济与区域文化产业的发展是建立在自然资源的基础上，不同区域的自然风光因素不同是促成区域文化产业形成乃至差异性极大的原因之一。

广西的自然风光资源主要有山水风景资源、海滨旅游资源、文物古迹资源等。山水资源十分丰富而奇特，如桂林山水享有"山水甲天下"的美誉，是世界著名的旅游胜地和历史文化名城；德天瀑布横跨中国和越南两个国家，是世界第二大、亚洲第一大跨国瀑布，是国家特级景点；白色乐业县的乐业天坑群已成为世界级品牌的旅游资源；龙胜县的龙脊梯田有"梯田世界之冠"的美誉。桂平西山、桂平大藤峡、龙潭国家森林公园、北海市合浦县的山口红树林等山水风景也十分迷人。海滨旅游资源享誉天下，如北海银滩被誉为"天下第一滩"、涠洲岛是中国最美的海岛之一。此外，广西文物古迹众多，如兴安县境内的灵渠、宁明县花山岩画、柳州市的柳侯祠、明代靖江王府和靖江王陵、忻城县的莫氏土司衙门、三江侗族的风雨桥、鼓楼等木质建筑。这些丰富多彩的自然资源为广西发展文化旅游提供了充足的条件。

（二）文化资源

文化资源的丰富度是影响区域文化产业发展的重要因素。文化资源是人们从事文化生活和生产所必需的前提条件，文化资源的丰富程度和质量高低直接影响当地文化经济的发展。文化资源的特点是地域性强、特色明显，具有很强的垄断性和不可模仿制造性，因而具有极明显的资源竞争优势。广西的文化资源十分丰富，包括历史文化遗产、节庆习俗和民族民间工艺品。

1. 历史文化遗产

历史文化遗产产业的发展往往具有历史延续性，一个区域的历史传统如何，对区域文化产业的发展具有巨大影响作用。河北承德避暑山庄具有 300 多年的历史文化，这提升了河北的知名度，有利于发展旅游，吸引外资。广西文化产业的发展同样也必须借助当地的历史文化遗产。

广西是一个多民族聚居的自治区，12 个世居民族在长期的历史发展进程中，不仅创造了大量的有形文化遗产，还创造了丰富的非物质文化遗产。广西第三次全区文物普查调查登记不可移动文物 10495 处，其中新发现 5562 处。现有各级文物保护单位 2129 处，其中全国重点文物保护单位 42 处 200 多个点，自治区文物保护单位 355 处。桂林靖江王府及王陵、北海合浦汉墓群列入国家重点大遗址保护项目。桂林靖江王府及王陵、甑皮岩遗址列入国家考古遗址公园立项名单。宁明花山岩画、兴安灵渠列入中国世界文化遗产预备名单。桂林、柳州、北海列为国家历史文化名城，灵川县大圩镇、昭平县黄姚镇、阳朔县兴坪镇和灵山县佛子镇大芦村、玉林市玉州区高山村、富川县朝东镇秀水村、南宁市江南区江西镇杨美村被住建部、国家文物局列为中国历史文化名镇、名村。自治区历史文化名镇 5 个、名村 12 个，涉及文物的全国爱国主义教育基地 6 处、自治区爱国主义教育基地 49 处。

2005 年至 2009 年，广西开展非物质文化遗产普查工作，14 个地级市共收集资源线索 133290 条，重点普查项目超过 4500 项，出版普查成果汇编 450 册。广西共有 37 个项目列入国家级非物质文化遗产名录；自治区人民政府共公布了三批 193 项自治区级名录和 22 个第一批、第二批自治区级扩展名录；全区 14 个市全部建立了市级名录，共公布了 730 项市级名录；全区 109 个县（市、区），基本上建立了县级名录，共计名录 5627 项。国家评出了三批共 240 名自治区级非物质文化遗产名录项目代表性传承人（含 16 名国家级传承人），建立了桂剧等 18 个非物质文化遗产传习基地（研究中心），设立了河池铜鼓文化生态保护区、百色壮族文化生态保护区。

2. 节庆习俗资源

广西有绚丽的少数民族节庆习俗资源，如壮族歌圩节、贺州市瑶族的"盘王节"、仫佬族的"依饭节"、毛南族的肥套（"肥套"是毛南族还愿等活动的总称）等民俗经国务院批准列入第一批国家级非物质文化遗产名录。此外，还有壮族"蚂拐节"、京族"哈节"、苗族跳坡节、侗族花炮节、回族古尔邦节、彝族跳弓（公）节、水族端节、仫佬族吃新节等民族特色文化节庆。以南宁国际民歌艺术节为代表的节庆文化品牌是广西发展旅游不可或缺的资源。

3. 民族民间工艺品资源

广西民族民间工艺品种类众多。广西素有"铜鼓之乡"的美誉，成为各种类型铜鼓的荟萃之地；壮锦是广西壮族地区一项最具代表性的民族手工艺品，也是中国四大名锦之一；绣球是广西极具特色的旅游工艺品之一，百色市靖西县旧州街被文化部命名为"绣球之乡"，入选国家文化产业示范基地；桂林市临桂县的五通镇形成了风格独到的"三皮画"产业，被命名为"文化（美术）产业示范基地"；广西贺州是中国瑶族聚集区，当地的"瑶族服饰"被列入国家非物质文化遗产名录；钦州的坭兴陶是钦州最著名的特产之一，被誉为中国四大名陶之一。此外，桂林阳朔的画扇、广西合浦的珍珠、广西梧州的人工宝石、玉林市博白的芒编等民间工艺品都享誉海内外。这些民间工艺品既是广西各族人民智慧的结晶，又是广西发展旅游和文化产业特有的文化资源。

此外，广西还是我国汉语方言种类最多的省区之一，境内其他44个少数民族均有居住，不同的民族文化交汇融合，又各具特色，使八桂大地呈现别样风采。在广西这块古老的土地上，不仅留下了先民古老的火文化、石器文化、狩猎文化，而且也积淀了先进的陶瓷文化、青铜文化、石刻文化、稻作文化、茶文化、酒文化等。各个世居少数民族在生活起居、饮食、婚恋、丧葬、节庆、图腾礼仪、法度、文学艺术建筑审美等方面都有个性鲜明的文化链，并对后世产生很大影响，各民族文化互相交融形成了广西多姿多彩的民族文化。

（三）品牌文化项目

要把文化产业做大做强，地方区域必须有自己的品牌和特色，才能在激烈的市场竞争中抢占份额。为此，广西不断整合资源，打造了一批具有影响力的文化品牌项目。

广西的歌舞品牌最具国际影响力，尤其是大型山水实景演出《印象·刘三姐》被打造成了世界级的民族文化艺术精品。同时，南宁的《妈勒访天边》、柳州的民族大型音画《八桂大歌》、桂林的《大儒还乡》都入选了国家舞台艺术精品工程。

节庆品牌主要有"南宁国际民歌艺术节"、"桂林漓江刘三姐歌圩"等，这些项目也显示了文化产业品牌效应。"南宁国际民歌艺术节"成为"中国最具国际影响力十大节庆活动"。桂林的"刘三姐歌圩"已被国家文化部确定为国家文化产业示范基地。

休闲娱乐品牌主要有桂林雁山区大埠乡的愚自乐园,它成为世界顶级的创作基地与度假胜地。2003 年,愚自乐园被评为国家级 4A 景区。2004 年,被中央文化部授予"全国文化产业示范基地"称号。

动漫品牌主要有柳州市的蓝海科技有限公司,2006 年被中国软件行业协会游戏软件分会授予"中国动漫游戏研发基地"和"中国动漫游戏人才培训基地"。另外,广西出版业是成绩较突出的文化产业行业,其中广西师范大学出版社、接力出版社等在全国出版业界享有盛名。

二　外在因素

虽然在前面我们强调了内因的重要性,指出其是一个区域文化产业发展的先决条件,但仅有自身的优势也是不行的,区域之间文化产业差异性和发展水平更离不开主社会要素、制度要素等。甚至受这些因素的影响,许多自然资源禀赋和区位条件较差的区域,其文化产业却很发达。

(一)社会要素

社会要素涉及的内容广泛,一个区域就是一个小型的社会。下面我们介绍社会因素是如何影响区域文化产业发展的。

1. 观念因素

文化商品是一种特殊的产品,对人们的观念、意识、价值观等会产生影响,对社会的聚合、民族的认同、内部关系的协调等也会有或明显或潜移默化的影响。

过去我们往往只强调文化事业,而没看到文化的产业功能,因此忽视了文化产业的发展。随着文化产业概念的提出,并在党的理论文件中得以确认,文化产业迎来了大发展大繁荣的时代,这就是观念因素的作用,因此,发展区域文化产业要解放思想观念,哪个区域思想观念解放得早、解放得好,哪个区域文化产业的发展就比较快。除此之外,不同区域之间人们的观念也存在差异性。不同区域由于历史传统不一样，接受新事物的能力、接触新事物的机会不一样，对文化产业的认识也不一样。不同的观念会产生不同的心态，会有不同的文化消费观和不同的文化市场状态，这些都影响文化产业的发展。从法兰克福学派开始，对于文化产业的理解就存在着不同的认识，今天关于高雅艺术和通俗艺术的争论、关于文化产品意识形态的争论，都与观念有关。

随着社会经济的不断发展，广西地区人们的思维观念也随着社会的进步逐渐地发生改变。广西部分经济发达地区，受到市场经济的影响较大，对外开放和联系较为频繁，人们的观念和意识也在不断改变，创新、竞争和效率等意识占据主流，同时也成为推动区域经济发展的强大思想武器。相反，广西部分经济落后地区，尤其是偏远的少数民族地区，与外界联系很少，开放程度较低。人们思想观念较落后，创新、竞争和效率意识不强，接受新事物的能力较弱，成为经济发展的重要制约因素。因此，文化意识、思想观念的区域差异也是造成区域经济差异的重要影响因素。

2. 教育机构

我们看到，无论是纽约、伦敦、东京，还是上海、北京，这些区域不仅文化产业发达，而且高校较多，积聚着大量的文化人才和经营管理人才。高等院校的数量与质量，反映了一个地区的教育水平，并影响该区域对文化产业的认识程度。良好的学术氛围、创新意识对区域文化产业的生产、创新、经营都有极大的帮助。因此，这可以说明一个地区的教育机构及其培养的人才是影响文化产业发展的重要因素。

3. 区域的硬件设施齐备程度

区域的硬件设施包括交通、图书馆、博物馆等，这些设施既是文化产业发展水平的重要表现，同时也是文化发展的重要条件。

交通基础设施的差异也会影响一个地区的文化发展。交通运输设施是区域经济发展的基础条件，对区域经济发展具有决定作用。目前，公路网密度较高的地区主要有南宁市辖区、柳州市辖区、桂林市辖区、梧州市辖区、北海市辖区、玉林市辖区、防城港市辖区、贵港市辖区、合浦县、凭祥市、合山市、兴业县、陆川县等，这些县（市）公路网密度较高，交通运输条件较好，对外联系便捷，同时也对地区的经济发展起到了很好的促进作用，这些县（市）大多数属于广西区域经济发展较好的地区。公路网密度较低的地区主要有平南县金秀瑶族自治县、龙胜各族自治县、环江毛南族自治县、天峨县、融水苗族自治县田林县、凌云县、隆林各族自治县、罗城仫佬族自治县、都安瑶族自治县、永福县、上思县等，这些县和地区由于山地较多、地形复杂，基础交通设施薄弱，对外联系不便，成为制约地区经济发展的瓶颈，区域经济发展缓慢，经济发展水平普遍较低，大多数属于广西经济欠发达和落后的地区。由此可见，交通运输条件差异是形成区域经济差异的重要影响因素。

（二）政策体制

政策体制的差异对区域经济发展有着重要的影响。目前，我国正处在由计划经济体制向社会主义市场经济体制转轨的新时期，广西各地区由于对这种经济体制变革的适应能力不同，如南宁柳州等地区开放度高，对市场经济体制的接受与适应能力强，经济发展速度较快，经济发展水平较高；而偏远的落后地区由于人们思想观念保守、落后，对新政策体制的接受与适应能力弱，甚至有的还有抵抗情绪，使得这些地区的经济发展速度较慢，经济发展水平比较低，从而就造成了广西各地区的经济发展水平的差异。

人口城市化水平对推动区域文化经济发展具有重要作用，因此城市化水平的高低可以作为衡量区域文化经济发展水平的重要指标，一般城市化水平越高的地区，区域文化经济发展水平就越高。总体来说，广西区域城市化的总体水平不高，仅为 38.16%，与我国平均水平 45.68% 相去甚远，迫切需要加快城市化的进程。

（三）制度因素

制度因素是影响区域文化产业形成与发展的重要因素。所谓制度，从广义上说不仅包括各种法律、法规、政策等抽象性规定，还包括在实践中形成的各种规范、习惯、习俗等。从狭义上说，主要是指调节各种经济关系和社会关系的法律规范性文件。法律的重要作用，《论法的精神》这部经典著作早已阐述，欧美资本主义几百年的发展历史，也是法律健全史。没有健全的法律，就没有欧美国家今天发达的经济、民主的政治和强大的国力，也就没有日益成熟、蓬勃发展的文化产业。我们要发展文化产业就必须做到有法可依、有法必依、执法必严、违法必究，为此需要我们进一步加强制度建设，为社会主义文化市场保驾护航。

稳定健全的制度为区域文化产业提供了良好的制度环境，制度的稳定，可以使社会稳定，可以促进宏观经济的稳定，社会稳定可以使人们更有序、放心地从事文化创作、文化生产和消费。同时，制度的健全对于文化产业筹集资金、组织生产，抵押贷款，对于人们的文化产品信用消费，对于生产的各个环节的协调推进等方面具有其他因素不可替代的功效。从制度上说，就是要为文化产业的发展创设好的法律环境，制定调节文化产业发展的各种法律法规规范等，并且真正运用这些法律来规范文化产业内部各种关系。

社会主义法制建设取得了很大的成就，区域文化产业的发展得益于这些成就的取得，但是，由于我国建设历史比较短，经验不足，区域文化产业内部一些关系还不规范，法律还不健全，还没有达到完全意义上的有法可依、有法必依、执法必严、违法必究。因此广西要进一步发展文化产业需进一步努力完善文化产业制度建设，只有这样，产业才能长久健康、稳定的发展。

（四）区域市场机制成熟度——文化消费市场

文化产业主要是生产文化商品，目的是满足大众的精神需求。文化产品和其他商品一样，也符合商品流通的一般规律，受市场三大机制——价格机制、供求机制、竞争机制的影响。通过对世界区域文化产业的研究，我们可以发现文化产业的发达程度与市场机制的成熟度密切相关。伦敦、巴黎、东京、香港等区域文化产业发达，原因之一是这些区域市场机制成熟并良性运行。

我国改革开放后才逐渐确定了市场机制在调控资源中的决定性作

用，但由于开放程度不同，市场机制的运行成熟度不同，甚至受到政府部门的强力干涉，有的地方资源的调配还受原有的计划经济体制干扰。上海、广州等地，地处沿海，19 世纪以来就接受外来文化的影响，培育了现代的市场观念。改革开放后，这些地方更是利用改革开放的先发优势和持续完善的市场机制，使得其文化产业发展走在其他地区的前列。所以广西文化产业的发展也必须做到以市场为导向，遵循市场规律。

总的来说，市场机制的完善程度对区域文化产业的发展程度通过以下几方面发生作用。

（1）市场机制的完善程度直接决定着区域的商品文化发达程度。以浙江为例，地处沿海，商品经济发达，人们的商品经营意识强烈，遍布世界各地的浙商，展现着这片土地人们的商品文化观念。

（2）市场机制的完善程度直接决定着区域文化产业资源整合的质量。文化产业的运转，需要资源的整合，包括人、财、物（设备、文化资源等）的资源整合，越是市场机制完善的区域，其文化产业在发展的过程中，资源的整合就越顺畅，资金的融通、经营人才和创意人才的获取就越有效率。

（3）市场机制的完善程度使文化产业产品的价格信息传递得更准确。在市场经济下，企业的生产要受价格机制、供求机制和竞争机制的调控，市场机制越完善，对于生产者而言，其产品生产就越发理性。

（4）市场机制的完善程度直接决定着区域文化产业的竞争程度，在市场经济条件下，文化企业之间存在竞争。竞争越激烈，越会导致优胜劣汰，就越会使资源向优秀企业集中，并促使这些企业进一步提高生产效率和产品质量。美国纽约、英国伦敦等区域，往往同一领域的文化企业高度集中，竞争激烈，产生一批优秀的国际型大企业、大公司，创造一批优秀的文化产品，引领世界潮流。

（5）市场机制的完善程度直接决定着文化产业商品的生产、流通、分配、消费等各环节的顺畅开展，推动扩大再生产的顺利进行。

市场机制通过价格的传递、竞争的优胜劣汰，使商品的生产流通、分配消费等顺利开展。

小结：我们发现，一个地区文化产业的发展不是孤立的，而是一个系统工程，需要对自然资源、社会要素、制度资源进行综合利用和优化，才会促进区域文化产业的迅速发展，区域文化产业发展必须充分利用区域的优势，综合考虑区位条件、自然禀赋、社会文化条件、生产要素丰富程度，市场机制完善程度和政策的配套程度，引导特色的区域文化产业发展。区域文化产业的发展必须有配套的条件支撑，否则只能使资源浪费，最终归于失败。

第四章 构建广西文化产业圈的原因

第一节 构建广西文化产业圈的必要性

当今世界，文化与经济和政治相互交融，在综合国力和竞争中的地位和作用越来越突出。文化产业成为公认的未来最具爆发力的朝阳产业，许多国家都把发展文化产业作为本国经济发展的重要战略，并在各个方面给予扶持。随着经济社会的快速发展，科学技术的突飞猛进，文化与经济相互交融的客观趋势越来越明显，我们必须正确地把握这种趋势，促进文化与经济良性互动、共同发展。

一 转变经济发展方式的需要

以科学发展为主题，以加快转变经济发展方式为主线，是关系我国发展全局的战略抉择。党的十八大报告指出，"要适应国内外经济形势新变化，加快形成新的经济发展方式，把推动发展的立足点转到提高质量和效益上来"。这是继续推进我国经济沿着科学发展道路前进的重要目标和战略举措。国家统计局最新统计数据显示，2012年我国经济发展呈现缓中有稳、稳中有进的良好态势，服务业占GDP的比重比上年提高了1.2个百分点，最终消费的贡献率比资本形成高1.4个百分点，结构调整有新进展，但这只是一方面。另一方面是发展中不平衡不协调不可持续的问题仍然突出，尤其是随着经济环境的新变化，提高经济增长的质量和效益，形成新的经济发展方式的任务更显紧迫。

　　文化产业在我国既有潜力很大的市场空间，又属于"资源消耗少、环境污染小、经济效益高"的无烟产业、朝阳产业。发展文化产业有利于推进产业结构转型升级、带动经济全面协调可持续发展，有利于促进社会就业，拉动现代服务业发展，更重要的是有利于坚持以人为本、全面贯彻落实科学发展观。文化产业在 GDP 中所占的比重提高对经济结构的调整，对资源节约、节能环保都具有积极意义。所以广西必须坚持经济效益和社会效益、生态效益相统一，加快文化产业的发展。

　　拓展阅读

高新技术助力文化产业

　　作为创意和内容产业，文化产业的巨大市场需求对上游的新技术、新工艺的创新发明有强烈的诱导作用。自 20 世纪 80 年代以来，一批标志性的高新技术成果，如王选发明的"激光照排技术"、比尔·盖茨发明的"互连网视窗系统"，以及视频手机技术等，都是在文化内容消费快速增长的诱导下，经过科研技术人员的艰苦努力而诞生的。这些重大技术发明一旦问世，往往催生出一个新的文化行业，对文化产业的发展产生了革命性的影响，从而对文化产业和整个国民经济的结构升级起到了积极的推动作用。

　　溢出效应，是指一个组织在进行某项活动时，不仅会产生活动所预期的效果，而且会对组织之外的人或社会产生影响。以高新技术为支撑、以知识经济为特征的文化产业，通过文化的产业化，利用市场机制生产出大量的创意和内容，而由于创意和内容能够通过现代媒体进行广泛传播，因而对经济社会产生的知识扩散和溢出效应，无论在时间上还是空间上都比其他产业更为显著，从而有利于提高公民素质，改善一个区域乃至整个国家的文化生态环境，进而对经济发展方式产生间接的影响，使经济发展方式主要从依靠投资和资源而转移到依靠人的素质、创意和技能方面来。

　　引领作用，是指文化产业作为内容、时尚和符号产业与信息、旅游和体育产业日益融合发展，引领和带动这些产业的快速发展，以及作为"生产性服务业"的创意设计、电子商务、会展、广告等对制造业、农业等传统产业转型升级的引领和提升作用。从产业发展趋势看，文化创意和高新技术作为最具创造性的生产要素，将成为我国新一轮经济复苏和高速增长的引擎，对促进我国结构优化，转变经济发展方式，实现经济社会可持续发展发挥重要的推动作用。

二　文化与经济相互交融

在党的十六大报告中，文化发展问题体现得尤为明显。报告说："当今世界文化与经济相互交融。在综合国力竞争中地位和作用越来越突出，全党同志要深刻认识文化建设的战略意义，推动社会文化的发展与繁荣。"报告把文化建设工作第一次提到了战略的高度。但是这绝不是人为的强调，更不是主观的重视，而是对社会经济发展现实趋势的新认识、新总结、新概括。

从经济角度来看，"文化与经济相互交融"揭示了当代社会发展的一个规律性，或者说是带有发展趋势性的重要现象。当代经济形势的确发生了重大变化。

（1）文化产业，即生产文化产品的企业大量涌现，并在国民经济中扮演越来越重要的角色。而且这种现象在发达国家表现得更明显，其在发达国家经济发展的贡献中比重越来越高。有资料说，美国文化产业出口占出口总量的七成左右，收入占外贸的38.5%。随着时代科技的发展，新的文化产业门类还在不断增加，如电视业、策划业、网络公司、翻译公司、猎头公司、各种中介服务行业、宣传包装广告业等，这些都是传统文化产业中所不及的。

（2）传统制造业中产品设计、生产、营销（宣传包装）及交易过程中文化因素的份额，或者说产品中的文化含量、文化附加值不断增加。例如，产品的款式、色彩、象征意味等文化意蕴，产品推出的时机、宣传的方式、规模、策略等，即"营销策划"都在日益加重，有时甚至占据首要的位置。人们购物时不仅是在买使用价值，更明显地体现为买品位、买其背后的文化价值。

（3）科技对经济发展的支撑分量日益增大，对比农耕游牧时代、工业经济时代和知识经济时代，这其中似乎有一个从更多依赖劳动者个人技艺到更多依赖技术型科学、理论型科学，甚至人文科学的变化过程。卡西尔曾经这样说："科学是人的智力发展的最后一步，并且可以被看成是人类文化最高最独特的成就。它是一种在特殊条件下才可能得到发展得非常晚而又非常精致的成果。……在我们现代世界中再没有第二种力量可以与科学思想的力量相匹敌。它是我们全部人类活动的顶点和极致，被看成是人类历史的最后篇章和人的哲学的最重要的主题。"科学技术本身就是一种文化，而且是一种极具穿透力和震撼力的文化，更是被邓小平誉为"第一生产力"，在经济发展中发挥着越来越重要的作用。

（4）人们消费观念变化带来的新产品开发、产业结构调整乃至经济结构变化日趋增大。随着人们生活水平跃过温饱走向小康，社会对文化的需求日益凸显。在短缺经济时代，人们以吃饱、穿暖等生存资料数量扩张为主，而今人们生活消费结构出现了新的变化，用于物质生活开支所占的比重减少，而更多的钱开始向文化消费方向转移。我国已进入全面建设小康社会的新阶段，群众的文化消费也将进入旺盛期。这种社会消费需求的新变化，一方面要求生产出更多的文化精神产品，去满足人们在文化上、精神上的需求；另一方面要求物质产品中的文化含量不断提高。在这种消费观念的带动下，也促进了相关产业的诞生，如"绿色文化"带来的绿色产业、环保产业以及对传统污染产业的遏制和取代，自然和谐观念带来的退耕退牧，现代人文观念带来的观光农业、民俗风情、历史文化、寻根旅游，等等。至于作为劳动者的精神意志、道德情操、文化素养，管理者的管理方式、管理水平等所谓企业文化的因素对经济的融入和效益的影响，更是众所周知的。这些都说明，社会现实中文化和经济是你中有我、我中有你相互交融的。总的来说，抓文化也就是抓经济，甚至是更好地抓经济。这些状况已经引起了许多学者的关注，甚至有人干脆把知识经济称为文化经济。

三 文化在综合国力中的地位越来越突出

从综合国力角度来说,文化"在综合国力竞争中地位和作用越来越突出"。综合国力这个概念,顾名思义并不单单指富裕程度、经济实力,还要包括政治、社会、文化等各种因素在内,其实单就经济而言,以上所谈也足见文化作用的重要了,如果再从宏观层面来看,"在综合国力竞争中地位和作用越来越突出"这个论断的科学性就更明显了。因为文化作为一种"软实力"① 是综合国力的重要指标。所谓"文化软实力",即以文化为基础的国家软实力,是指在经济、社会活动中以人为主体的蕴含,并通过人们的活动整合和显现出来的一种综合力,其核心是人的素质和在经济、社会生活中表现出来的创造性能量。在一定意义上说,文化软实力不仅是综合国力的重要组成部分,也是当今世界综合国力之争的决定性因素。

首先,一个地区、一个国家都有一个形象问题,即投资环境问题。形象的好坏决定着其招商引资的力度,直接影响着经济实力的发展势头。这里所涉及的管理服务、社会规范化程度、人的精神素质等人文因素,当然属于文化的范畴。

其次,社会各种制度政策、法规条例的健全规范状况和现实中的执行程度,社会成员的道德情操、社会风气等都直接影响着社会管理成本的高低和经济发展的速度。例如,官僚主义、各种腐败现象、交通法规意识淡漠等造成的社会财产浪费、对社会群体凝聚力的破坏是难以估量的;相反健全的法治、廉洁高效的政府、低成本的行政管理又是一种无形的巨大力量。

再次,精神意志、思想信仰对人行为的导向作用也是众所周知的,有时简直能够创造远远超出人们想象的奇迹。所以,从这个意义上说,

---

① "软实力"(Soft Power)这一术语,最早是由美国哈佛大学肯尼迪政府学院院长约瑟夫·奈于20世纪90年代提出来的。他认为一个国家的综合国力,既包括由经济、科技、军事力量等所体现出来的"硬实力",也包括以文化和价值观念、社会制度、发展模式、生活方式、意识形态等的吸引力所体现出来的"软实力"。

随着社会的规范化发展，人类文化素养的进一步提高，文化在综合国力竞争中的作用确实越来越突出，甚至会具有全局性的决定意义。正因为如此，十六大报告才特别强调"全党同志要深刻地认识文化建设的战略意义，推动社会主义文化的发展和繁荣"。把文化建设提到战略的高度，这种认识也是以往从未有过的。

总之，文化作为一种精神力量，也越来越为经济社会发展提供源源不断的动力源。在实现文化与经济相互交融的同时，我们必须切实把握好文化与经济的辩证关系，在全面建设小康社会的进程中，更好地发挥文化在经济发展中的动力作用，发挥经济在文化发展中的支撑作用，从而促进文化与经济事业的交融发展、比翼双飞。在这种大的环境背景下为广西文化产业的发展提供了契机，广西应该积极抓住机遇，结合本地实际，将文化积淀、文化资源，转化为富有吸引力、感染力的文化产品，富有商业价值的文化精品，把文化资源优势尽快转化为经济优势，从而使本地民族文化资源发扬光大，积极促成广西由文化大省向文化强省的过渡。这不仅是我们社会主义小康社会文化发展的需要，也是使中华民族文化自立于世界民族之林，并为未来世界文化的形成和发展繁荣作出应有贡献的问题。

四 发达国家文化产业发展成效显著

文化产业，是指从事文化产品与文化服务的生产经营活动以及为这种生产经营提供相关服务的产业。随着市场经济的发展，文化在保持意识形态属性的同时，其产业属性越来越明显。一方面，在文化产品生产和服务的过程中，价值规律、市场机制等经济因素的作用越来越大，使文化产业的社会化大生产成为现实，文化产业具有生产、流通、交换、消费等市场条件下经济运行的基本特点；另一方面，高新技术尤其是数字化、网络化的运用，使文化产品的生产效率越来越高。

20世纪90年代以来，知识经济的兴起和信息技术的发展，催生和加速了文化与经济的融合，文化与经济的一体化已经成为必然的趋势，文化产业成为全球发展最快的产业之一，影视、音像、出版等文化产品已成为最大换汇产品。在发达国家，文化产业在众多产业中后来居上，是增长最快的产业。目前，在世界最发达国家的 GDP 中，80% 以上源于服务业，其中以知识和信息为基础的文化产业及相关的服务业扮演了主要的角色。据一些统计资料表明，美国是世界上最大的文化产业强国，其文化产品已占 GDP 的 25%，文化产业在其产业结构中的排位仅次于军事产业，而在出口方面，则位居第一。美国 400 家最富有的公司有 72 家是文化企业，美国的音像业仅次于航天工业居于出口贸易的第二位，占据了 40% 的国际市场份额；英国文化产业年产值近 60 亿英镑，平均发展速度是经济增长的 2 倍；日本娱乐业的年产值早已超过了汽车工业的年产值；加拿大文化产业的产值也超过了诸如农业、通信及信息技术等行业。发达国家的事实已经证明，文化产业是潜力巨大、发展速度很快的优质产业。国内外很多学者认为，21 世纪全球最有前途的产业或称为"产业集群"有两个，一个是高新技术产业，一个是文化产业。

近些年，文化产业作为一个新兴产业在我国也得到了一定程度的发展。官方数据显示，中国文化产业增加值 2009 年达到 8400 亿元，占同期 GDP 比重由 2004 年的 2.1% 上升为 2.5% 左右。2004—2008 年，中国核心文化产品出口年均增长 24%，超过货物贸易平均增速近 7 个百分点，2009 年出口总额达 109 亿美元。对于"国民经济支柱性产业"的一个最基本判断，是要占到同期 GDP 的 5% —6%，而目前中国文化产业占同期 GDP 大概在 2.5%，这就意味着在"十二五"期间文化产业增加值要翻一番。从 2000 年十五届五中全会第一次提出发展文化产业的战略思路以来，中国的文化产业在两个五年计划的时间里经历了疾风骤雨式的发展，年均增速达到 15% —20%。但在发达国家之外的广大发展中国家，包括中国在内的经济快速发展国家，文化产业的巨大潜力尚未得到挖掘，因而具有极大的增长空间。

广西作为文化产业的后起之秀，在文化产业发展方面取得了一些成就，但相对于发达国家以及国内一些省份地区仍存在差距。因此，广西应该充分利用本地优势，抓住 CAFTA 的大市场，积极推进本地文化资源开发，促进本地文化产业的发展。

小结：2008 年金融危机，传统制造业粗放式发展的问题日益暴露，按照科学发展观的要求，今后我国发展的立足点必须转到提高质量和效益上来，即转变经济发展方式，发展文化产业是一个重要的途径。另外，当今世界经济发展的趋势越来越证明一个结论——文化的作用越来越重要，不论是对经济发展还是对一国的综合国力而言，都起到了至关重要的作用，这决定了广西必须发展壮大文化产业，将文化产业上升为地区的支柱性产业，这也是广西构建文化产业圈的有力理论背景。另外，发达国家取得的成就也强有力地为广西发展壮大文化产业提供了数据方面的佐证。

第二节　构建广西文化产业圈的重要性

一　充分发挥广西桥头堡的作用，推动东盟国家的繁荣和发展

在经济全球化的背景下，世界各地紧密联系在一起，任何一个地区的发展都离不开其他地区的支持。广西地处中国和东盟两大经济体的结合部，中国的内地省份可以通过这里走向东南亚，东南亚国家也通过这个"门户"进入中国，其在建设中国—东盟自由贸易区中一直扮演着推动者的角色。CAFTA 机制进一步促进区域经济一体化进程，发展通道经济已成为中国与东盟各国的共识。广西作为中国进入东盟的桥头堡，同时也是东盟国家进入中国市场的重要通道。

1. 凸显窗口效应，通过各种交流平台的建立，为东盟国家展示国家形象带来了便利，形成了互利共赢的效果。自 2004 年中国—东盟博览会和中国—东盟商务与投资峰会落户南宁以来，"南宁渠道"在中国与东盟的政治外交、经贸合作和文化交流中发挥了积极作用。

以中国—东盟博览会的举办为例。中国—东盟博览会对中国和东盟国家的展示是全方位的。中国—东盟博览会在设置商品馆的同时还设置了国家主题馆。首届博览会在国家主题馆为东盟 10 国每个国家都免费提供了 8 个标准展位，对此得到了东盟 10 国代表的积极响应。国

家主题馆的设立，给了东盟国家展示国家形象，宣传各国的政治、经济、文化的机会，起到了一个窗口效应。特别是通过主题馆的设置，各国之间在相互沟通和相互交流方面得到了一个合作平台。博览会每年一届，这也为东盟国家提供了一个动态宣传的舞台，泰国、马来西亚等国甚至要求将本国展区在免费提供的 72 平方米的基础上扩大到 150 平方米，这也是东盟代表在与中国进行博览会会展工作探讨中如此重视国家主题展馆的原因。从这个方面讲，中国—东盟博览会的成功举办将对东盟国家产生连锁反应，通过成功示范，将提升中国与东盟国家的整体形象，大大增强东盟国家的吸引力，为双方的合作和对世界范围内的招商引资进行宏观上的宣传，而这又将在市场上为东盟国家带来收益。因此，可以说中国—东盟博览会成为东盟国家向世界展示自身魅力的窗口。

2. 蕴藏市场效应，带动周边国家经济发展。中国广大的市场是吸引东盟国家的重要资源，通过广西这个文化产业交流的平台，东盟国家找到了进入中国市场的重要渠道。尽管中国对东盟的直接投资降低了 32%，但中国仍然是东盟的第三大贸易伙伴，中国—东盟投资协议的签订，中国—东盟中心以及中国—东盟自贸商务门户网站的建立，将不仅有助于促进东盟国家教育、文化等领域的合作，也将鼓励这些国家的私营部门积极参与到区域复苏中来。以中国—东盟博览会来说，博览会不仅吸引了中国内地和东盟 10 国的客商参加，而且也吸引了美国、加拿大、日本、韩国等国家以及中国香港和台湾地区的客商参与，所以，此次参展对于东盟的客商来说不仅是与中国进行商业合作，更是面向全球的合作，对东盟国家来说，这是一个巨大的商机，博览会使东盟客商得到的关注也将是世界级的，从商业角度看，这为东盟商家做了一个全球的广告宣传。

博览会的举办为世界的商家尤其是东盟商家提供了一个广阔的商务空间。近年来，中国与东盟间的贸易往来增长迅猛。而中国—东盟博览会的适时举办，无疑将使中国与东盟间的区域经贸合作向前迈进一大步。可以想象，博览会的成功将会使东盟在中国形成一股热潮，东盟国家在吸引中国投资以及中国游客观光方面所获得的收益都是可以预见的。

二 开拓区域国际市场，促进广西文化国际化

世界经济形势复杂多变，令亚洲必须减少对美国和欧洲市场的过度依赖，中国也不例外。在这个过程中，东盟与中国的合作不可或缺。近年来，中国与东盟的贸易额，以年均26%的速度增长，贸易额已经增长了两倍，2003年是596亿美元，到2008年已经达到1969亿美元。此外，东盟与中国的贸易不断发展，在2010年贸易额强劲增长，而此前，2009年贸易额曾一度下滑，这主要是受金融危机的影响。中国与东盟的出口以39%的速度增长，2009年是816亿美元，2010年增长到1135亿美元。广西要促进自身文化产业的发展，也必须走出国内，走向国际，加强与东盟各国的经济合作。这其中成功的典型案例就是中国—东盟博览会在南宁的举办，其对于广西文化产业的对外发展起到了不可估量的作用。

1. 中国（广西）—东盟博览会助力广西文化新发展

历经几届的中国—东盟博览会不仅表现出经贸成果、经济效益和政治、外交的新平台作用，还体现在培育了一种充满活力的新的文化系统——中国—东盟博览会文化。中国—东盟博览会文化是一个依托中国—东盟博览会的举办和发展，以促进中国与东盟的友好交流和互利合作为主题，以推进中国—东盟自由贸易区建设为目标，以创新理念为内核、对外开放为发展方向、国际化运作为外在表现形式，相互关联、由内而外共同发生作用的新的观念系统。经过连续三届的运作，博览会文化已经逐步形成并不断成熟。博览会文化的力量是一种"软实力"，既有对中国与东盟合作发展的文化推动力，又有对承办方广西发展的文化推动力，促进了广西新理念、新机制、新思路的形成和发展。

2. 博览会文化的创新理念——广西深入发展的内在动力

以开拓进取、敢于创新为主要内容的精神理念，是博览会文化的

内核，决定着博览会的性质，激发了广西开拓进取的精神，深化了创新思维，成为办好中国—东盟博览会的核心动力，使广西办大事的自信心更足。

中国—东盟博览会是发展与东盟国家面向和平与繁荣战略伙伴关系的重要举措。广西作为承办方，从国家战略的高度来认识博览会，举全区之力，齐心协力，全面完成各项工作，以"一流的活动组织、一流的形象宣传、一流的安全保卫、一流的经贸成效、一流的配套服务"，锻造和展示了新时代广西人的精神风貌——博览会精神即追求一流、开拓创新的精神，海纳百川、合作开放的精神，迎难而上、敢于拼搏的精神，团结协作、和衷共济的精神，顾全大局、真抓实干的精神和精益求精、狠抓细节的精神。这是博览会常办常新的精神支柱，也是广西扩大对外开放、发展经济的一种动力之源。

中国—东盟博览会是中国第一个以自由贸易区为主题的博览会。广西根据中国和东盟的发展状况，对博览会宗旨、定位和特色做了创造性的规划。博览会总体设计匠心独运，大气磅礴，精彩纷呈。开幕式气势宏大，表现了中国水平和气派，展馆设计突出了中国与东盟10国文化的特点。丰富的活动构筑了双边政治和文化交流的新舞台。同期举办的商务与投资峰会与博览会相得益彰，举办的系列大型文化节目展示了中国和东盟各国丰富多彩的民族文化，也推动了广西文化产业的发展。

博览会期间，中国与东盟国家首脑齐聚南宁，广西成为世界关注的焦点，获得了对外开放、加快发展的战略性发展新机遇，有利于进一步凸显区域合作的优势，争取国家外交资源和政策层面的支持，获得外部资源加快发展，提升对外开放水平。发挥博览会的带动效应，广西的"中国—东盟"主题经济得到强劲的发展，会展产业的蓬勃发展，打造"中国—东盟"会展之都，导出或引进一系列大型会展活动，社会经济发展生机勃勃。

3. 博览会文化的开放性——广西跨越式发展的方向

在全球经济一体化背景下，中国—东盟博览会作为一个开放的窗口，把承办方广西推向对外开放和区域合作的前沿，成为拉动区域经济持续、快速、协调发展的强大动力。对外开放成为博览会文化的驱动力量，是连接内在结构与外在形式的重要因素，决定了其发展方向。同时，博览会提升了广西对外开放的意识和行为，使广西胸怀更宽广。

广西地处华南经济圈、西南经济圈的结合部，是连接泛珠三角区域和东盟经济圈的桥梁。随着泛珠三角经济区的建立和中国—东盟自由贸易区的建设，广西从边缘变为中国—东盟的区域中心，成为双边的前沿。博览会的平台引力，更使广西成为中国—东盟政治、经济、外交和文化交流合作的交汇地，内聚外扩，双向流通，推动广西更为主动地开放，获得历史性的发展机会。利用博览会重要平台，广西审时度势，提出"东靠西联、南向发展"区域合作战略构想，搭建中国—东盟的桥梁，实施外向型发展战略。为了在区域和次区域经济一体化发挥更大作用，广西对外开放与对内开放并举，在国际国内区域经济合作两方面都扮演积极角色，既积极融入泛珠三角经济区，又参与"两廊一圈"、大湄公河次区域合作，推进与东盟的产业合作与投资，努力把沿海地区建设成为环北部湾经济圈的核心区。

顺应经济全球化和区域经济一体化的大趋势，广西又依托区域优势和博览会平台，乘势而上，创造性地提出与规划中国—东盟"一轴两翼"区域经济合作新格局的战略构想，显示出大开放的大气派。

4. 博览会文化的国际化——广西区域合作的运作模式

建设中国—东盟自由贸易区是一种国际性的经济合作形式，中国—东盟博览会是一个国际商贸活动，与世界接轨，增强了广西的国际化观念，视野更广阔。纵观博览会举办的成功经验，可以看到，国际化理念和实际运作，具有博览会内在结构和外在形式的连接功能，有着国际空间的延展性，影响着博览会文化的基本特点。博览会的国际化运作带动了承办方广西经济的国际化发展，以经贸成效推动广西与东盟加强联系、共同发展。

博览会是迄今为止国内唯一以中国—东盟自贸区合作为主题的国家级国际经贸盛会，也是唯一由11国长期在中国共办的展会。博览会建立了东盟国家共办部门牵头、商协会广泛发动、商业代理积极参与的有效机制，互惠互利，共同发展，加强了与东盟国家政府部门、商协会和企业等多个层面的交流与合作。深化共办共赢理念，不仅有利于博览会自身发展和平台作用的巩固，促进我国与东盟各国的友好交往与合作，还有利于紧密广西与东盟国家的关系。越南、柬埔寨、泰国等东盟国家已经或将要在南宁设立领事馆和办事处，建立双边经贸公共服务体系，广西已有 11 个城市与东盟国家城市结成了友好城市，扩大了对外交往。良好的国际政治经济关系，推进了广西经济的国际化进程，广西与东盟国家的企业才能最大限度地实现人才、技术、资金、设施、市场、服务等产业化要素资源的交流与共享。

为扩大经贸成果，博览会在展览专业化、合作平台效应、商机创造等方面加快了进展。博览会在东盟部分国家设立联络处，邀请东盟国家 29 家主要商协会和国家工商会、国内七大进出口商会作为合作单位，加大了对日韩、中国台湾地区以及东盟其他对话关系国的工作力度，延伸了合作层次，扩大参与面，增强了博览会对客商的吸引力。在第三届博览会中，东盟及其他国家（地区）商品展位比例提高了近 1/3，首次出现东盟国家独立展馆，显示了东盟国家对博览会的日益重视。博览会的参与面不断拓宽，让承办方广西能近水楼台先得月，拓展了国际合作领域，参与国际化竞争程度加深，推动广西企业从技术、经营、管理、人才、机制等方面培育和提升国际竞争力。

博览会用国际化的思维锻造品牌，以专业化意识、国际化服务精神和经营理念，提高广西国际化水平。它注重优化展览内容，推动展会专业化，不断提高贸易成效。管理上按国际标准，建立客商数据库，提供增值服务，注重商贸配对，加大对专业观众的邀请力度，确定了为 90% 以上的参展商提供配对服务的目标，并举办大型推介会、小型专业洽谈会，增设营销推介区，增强买卖配对效率；加强质量监督，组织具有行业代表性的企业和展品参展；提高参展企业著名品牌比例，第三届博览会的世界 500 强企业、国内 500 强和其他知名企业 270 家，占参展企业数的 15%。在促进中国企业通过博览会获利的同时，更致力于为东盟企业开拓中国市场，吸引中国资金和技术创造更多条件，提供更多机会。博览会的国际化运作，使博览会真正成为国家级的国际经贸交流盛会，并潜移默化地带动了承办方广西的国际化服务水平。

三 推进文化交流与合作

历史上中国与东盟地区一直是友好往来的，大约公元前 3 世纪就出现了从中国东南沿海经东南亚的"海上丝绸之路"，东南亚许多沿海城市和港口都在这条海上丝绸之路上，中国与东盟各国经过官方互访和民间交流等多种渠道，进行了长期的绵延不断的经济、文化交往。由于社会历史原因和地理上的邻近，中国人曾有多次移居东南亚的浪潮，这些侨民对当地的经济文化的发展和双方交流发挥了巨大的促进作用。近代以来，中国与东盟各国在走向民族独立、谋求领土主权完整而同东西方殖民主义者进行的艰苦卓绝的斗争中，相互声援，并肩战斗，结下了深厚的友谊。新中国成立和东南亚各国获得独立后，特别是 1955 年的万隆会议后，中国与东南亚各国的友谊在相互尊重、平等互利的基础上获得新的发展，这些都是双方扩大和加强合作的广阔而深厚的基础，在中国改革开放以后这种友好关系不断深化。

中共中央政治局委员、中央书记处书记、中宣部部长刘奇葆在中宣部、商务部主办的文化贸易工作座谈会上曾强调，"要全面贯彻落实党的十八大精神，统筹国际国内两个市场、两种资源，统筹政府推动与市场运作，扩大文化领域对外开放，突出文化产品和服务的思想内涵和文化内核，真正把那些思想深刻、艺术性强，具有中国特色、中国风格、中国气派的优秀文化产品推向世界，不断增强中华文化的国际影响力，提升国家文化软实力"。

2013 年，刘奇葆在广西调研并指出，广西是重要边疆省份，与东南亚国家地缘相近、人缘相亲、文缘相通，有文化走出去的便利条件；要充分发挥广西面向东盟的优势，拓展文化交流的内容形式，用好"广西文化舟"、经贸文化合作论坛等渠道和平台，推动中华文化走向东盟、走向世界，为广西开放发展营造良好文化环境；要更多地依靠市场和企业的力量，完善支持文化产品和文化服务走出去政策措施，推动文化产品特别是图书、影视类拳头产品走出去，努力扩大在周边国家文化市场的份额。调研期间，刘奇葆深入来宾、柳州、桂林等地的企业和社区，考察公共文化服务体系建设、文化产业发展等情况。刘奇葆指出，要坚定不移地推进文化体制改革，推动文化事业全面繁荣、文化产业快速发展；要坚持从实际出发，充分挖掘丰厚的民族文化资源，大力发展具有时代特色和壮乡风格的文化产业，积极发展旅游文化产业。他强调，要进一步树立开放意识，加强对外文化交流合作，推动具有中国特色、中国风格、中国气派的优秀文化产品走出去，不断提升中华文化国际影响力，更好地服务于我国经济社会发展大局。

四 夯实广西北部湾经济区

2006 年 7 月，广西率先提出泛北部湾经济合作构想，将与越南的环北部湾经济合作延伸到马来西亚、新加坡、印度尼西亚、菲律宾、文莱等海上东盟国家。泛北部湾经济合作成为中国与东盟之间一个新的次区域经济合作项目，纳入 CAFTA 的总体框架。在推进泛北部湾经济合作区的同时，积极推动中国泛珠地区与中南半岛国家间陆路通道建设和通道经济发展，构建南宁—新加坡经济走廊，拓展和深化 GMS 合作，形成由泛北部湾经济合作区、GMS 两个板块和南宁—新加坡经济走廊一个中轴组成的"M"型一轴两翼大格局，共建中国—东盟新增长极，这突出了广西作为 CAFTA 前沿阵地的作用和地位。

2008 年 1 月，国家正式批准实施《广西北部湾经济区发展规划》，设立广西北部湾经济区。北部湾经济区由南宁、北海、钦州、防城港四市所辖行政区域组成，陆地国土面积 4.25 万平方公里，占广西土地面积的 17.9%，2009 年年末常住人口 1271.73 万，占广西常住人口的 26.2%。北部湾经济区岸线、土地、淡水、海洋、农林、旅游等资源丰富，环境容量较大，生态系统优良，人口承载力较高，开发密度较低，发展潜力较大，是我国沿海地区规划布局新的现代化港口群、产业群和建设高质量宜居城市的重要区域。这一规划的出台标志着广西北部湾经济区开放、开发纳入国家战略，并作为我国第一个"重要国际区域经济合作区"全面开放开发，将在促进我国东中西地带间良性互动和促进 CAFTA 建设中发挥重要的作用。

总体来说，构建广西文化产业圈，增强广西在中国—东盟自贸区中的战略地位，将给北部湾经济区开放建设带来前所未有的发展机遇。国家发改委通知强调指出：广西北部湾经济区是我国西部大开发和面向东盟开放合作的重点地区，对于国家实施区域发展总体战略和互利共赢的开放战略具有重要意义。经济学家兰晓华对北部湾经济区的功能定位是：立足北部湾、服务"三南"（西南、华南和中南）、沟通东中西、面向东南亚，充分发挥连接多区域的重要通道、交流桥梁和合作平台作用，以开放合作促开发建设，努力建成中国—东盟开放合作的物流基地、商贸基地、加工制造基地和信息交流中心，成为带动、支撑西部大开发的战略高地和开放度高、辐射力强、经济繁荣、社会和谐、生态良好的重要国际区域经济合作区。

五　推动亚洲话语权的内在发展

亚洲是全球经济最具活力和潜力的地区之一，人口约占全球总人口的60%，经济总量、贸易总额约占全球的1/4和1/3。虽然亚洲各国国情不同，但维护国家主权、加快经济发展、弘扬公平正义、增进国民福祉的目标是相同的；应对国际金融危机，打击恐怖主义和跨国犯罪，遏制疫病蔓延、环境恶化等方面面临的挑战是相似的；深化双边多边合作、实现互利共赢的意愿是一致的。

亚洲国家大部分是发展中国家，但我们也要注意到，由于立场利益不同，许多西方发达国家对发展中国家的歪曲报道、有选择性的片面报道时有发生，损害着发展中国家的形象和利益。目前亚洲地区各种合作机制相继建立并取得积极成效，经济、科技、人文等领域交流合作不断深化，合作的基础日益牢固。亚洲各国的文化交流也日益密切，通过文化交流加强亚洲人民相互之间的理解和认同。我们看到了亚洲各国经济社会发展成就和悠久历史文化，看到了亚洲国家在实现经济社会发展中值得借鉴的成功经验，更看到了亚洲人民建设和平亚洲、合作亚洲、和谐亚洲的艰辛努力和美好前景。特别是近年来，各种文化友好活动的开展有效地促进了亚洲话语在世界话语权中的地位。

中国（广西）加强与东盟各国的文化交流，有利于亚洲各国"更了解亚洲"，努力使亚洲在国际上获得亚洲应有的地位。因此，亚洲各国要把握区域合作关系发展的方向和主流，在整体上争取亚洲更大的话语权，更多、更强地发出亚洲自己的声音，形成对亚洲发展更为有利的舆论氛围。

小结：经过分析，我们发现构建广西文化产业圈的意义重大，影响深远，不仅有利于借助CAFTA促进广西自身经济文化的发展，同时对东盟国家乃至整个亚洲的经济文化发展都有重要意义。

第五章　构建广西文化产业圈的机遇

第一节　政治保障——CAFTA 建立,政治关系加强

当今世界经济有两大显著特点:一是经济全球化,二是区域经济一体化。区域经济一体化是目前世界经济发展的大趋势之一。中国和东盟成员都是发展中国家,经济增长对外部市场的依赖度较高,全球经济的变动会对其经济产生重大影响。各个国家和地区为了克服本国的资源和市场有限性的约束,寻求更大的经济发展空间,都积极参与区域一体化进程,通过各种优惠的贸易政策获得本国的福利状况的改善。中国—东盟自由贸易区正是为应对经济全球化中的负面影响和应对区域经济一体化的快速发展应运而生。

一　CAFTA 如期建立

经过了 10 年艰苦的双边和多边的谈判,CAFTA 终于在 2010 年 1 月 1 日顺利如期建成。在这 10 年间,双边合作一直是双方都高度重视的领域。在自由贸易区建立的 10 年间,关税不断地降低。在这一背景下,作为连接中国和东盟的"桥头堡",广西不但有着国内省份所无法比拟的良好区位条件,而且享受着国家的多重优惠政策,加上本区文化产业发展的良好条件,使广西在文化产业发展方面占尽了天时、地利、人和。总体来说,广西文化产业迎来难得的机遇发展期——中国—东盟自由贸易区建设给广西文化产业"走出去"提供了最大机缘,自贸区成

为广西与东盟合作发展的助推器。

借此契机，广西积极搭建与东盟国家交流合作的平台，把南宁市的中国—东盟国际商务区打造成为展示中国与东盟各国文化艺术的窗口，积极开展各种与东盟主题有关的文化活动，举办东盟专题会展及专业论坛、学术研讨、文艺团体互访演出等重大活动，为广西与东盟各国的文化交流合作创造机遇和条件。

二 党和政府高度重视文化产业的发展

近年来，随着我国经济社会的发展，文化作为国家软实力和核心竞争力的重要构成之一，得到中国政府的高度重视。为了促进我国文化产业发展，近年来，中国党和政府在完善产业政策、培育市场主体、搭建服务平台、加强宏观调控、引导产品出口、维护市场秩序等方面做了大量行之有效的工作。各项文化产业政策的相继出台，为我国文化产业发展提供了强有力的支撑。

2002 年，我国党和政府第一次将经营性的文化产业，作为市场经济条件下，繁荣满足社会主义文化、满足人民群众日益增长的精神文化需求的重要途径，与公益性的文化事业一起，构成我国文化建设的总体格局。

2005 年 4 月，国务院出台的《关于非公有资本进入文化产业的若干决定》，引起投资主体的深刻变化，初步形成公有制为主体、多种所有制共同发展的文化产业格局。

2005 年 7 月，文化部、国家广播电影电视总局、国家新闻出版署、国家发改委、商务部共同颁发的《关于文化领域引进外资的若干意见》，加快了境外资本依法进入我国文化领域的步伐。

2006 年中央办公厅和国务院办公厅公布的《国家"十一五"时期文化发展规划纲要》，则进一步明确了国家重点扶持发展的影视制作业、出版业、发行业、印刷复制业、广告业、演艺业、娱乐业、文化会展业、数字内容和动漫产业九大文化产业门类。

2007 年，党和政府根据我国新时期新阶段科学发展、和谐发展、和平发展的根本要求，把文化建设摆到政治、经济、社会、文化建设"四位一体"的总体布局中的重要位置，并把大力发展文化产业作为推动文化大发展大繁荣、兴起社会主义文化建设新高潮的战略选择之一。

2010年10月面世的《中共中央关于制定国民经济和社会发展第十二个五年规划的建议》，首次以罕见大篇幅着力论述文化规划。《建议》指出，"繁荣发展文化事业和文化产业。坚持一手抓公益性文化事业、一手抓经营性文化产业，始终把社会效益放在首位，实现经济效益和社会效益有机统一"。

在国家政策的积极引导和文化体制改革的有力推动下，经过各方面的共同努力，目前，我国文化产业由探索、起步、培育发展的初级阶段，开始步入加速发展的新时期，文化生产力得到很大的解放和发展，自治区也不例外。近年来，广西自治区党委、区政府对文化产业的发展也非常重视。自治区党委、政府提出建设文化广西的战略构想，文化产业迎来了前所未有的发展机遇。

广西作为中国的重要行政区域，自然紧跟国家改革步伐，根据国家的文化产业发展精神，广西"十二五"规划也提出"促进文化大发展大繁荣，提升文化软实力"，"力争2015年广西文化产业增加值占地区生产总值5%以上"发展目标，并依据此出台了《广西文化产业发展"十二五"规划》。该规划是广西壮族自治区人民政府常务会议审议通过的第一个"十二五"时期重点专项规划，也是广西文化产业第一个独立的五年发展规划，定位为"广西文化产业发展的纲领性文件"。《规划》的颁布，意味着文化产业在广西未来发展中扮演着更加重要的角色，将成为产业结构调整和升级的尖兵。

《规划》明确了"十二五"期间广西文化产业发展的六大重点产业、七大重点工程和九大保障措施，计划通过10年左右的努力，把广西建设成为全国有较大影响力的区域文化中心，成为对东盟文化交流的枢纽、中国文化走向东盟的主力省区，成为我国西部文化产业高地和北部湾文化产业圈，成为具有时代特征、壮乡风格、和谐兼容的民族文化强区。规划的实施，为广西文化产业的发展提供了政策支持和规则保障。

小结：CAFTA 的如期建立，多重的优惠政策，成为双方合作的保障。广西既是中国东部沿海省区，又是民族自治区和西部大开发省区之一。我国对沿海省区实施了一系列吸引外资的政策，同时，提出开发西部的政策，对西部省区实施了一系列开发、开放的优惠政策，还对少数民族聚居地实行了民族自治政策。这些政策在经贸活动中，能最大限度地降低投资成本，提高投资回报，必将使广西成为中国—东盟自由贸易区中备受关注的热点地带。广西目前正在努力将这些政策优势、区位优势转化为竞争优势和经济优势。

第二节　经济优势——经济互补，提供合作基础

广西与东盟地缘接近，文化传统比较相似，"中国—东盟自由贸易区"的建立标志着广西与东盟的经济合作进入一个新的发展阶段。要进一步发展广西与东盟国家的文化贸易，就有必要对广西与东盟国家文化贸易的互补性和竞争性进行研究，这有利于正确判断双方文化产业未来的发展空间，更好地促进双方文化产品贸易的发展。

一　消费需求的相似性和重叠性促成经济合作优势

根据林德尔（Linder）的相似需求理论，具有相似购买力水平和产品消费偏好的国家之间会产生产业内贸易。尽管林德尔的相似需求理论主要是用来解释购买力水平很高的发达国家之间产生产业内贸易的原因，但是购买力水平相对较低的发展中国家之间也可能产生相似的消费需求和产品偏好（只不过是较低层次的相似需求和产品偏好），从而产生产业内贸易和产业内互补。

就中国与东盟这个典型的例证来看，相似的文化背景和消费习惯对双方的产业内贸易和产业内互补具有重要的影响。文化的相近是一种特殊的资源，并不像农副产品，消费的数量是有限的，文化具有不

可复制性，因此，随着周边国家经济的发展，当地人对精神文化生活提出新的更高要求，文化消费水平不断提高，势必为广西文化产业的快速发展提供良好的发展空间。广西可以借此出口适合邻国消费者需求的文化产品。

二　国际产业转移和跨国公司的区域一体化经营战略加速经济的互补性

中国与东盟所处的环南中国海地区是国际产业转移和集聚的热点地区，而国际产业转移和集聚又是通过国际直接投资来实现的。统计资料显示，中国与东盟均吸引了大量外国公司直接投资，尤其是跨国公司的直接投资。

在国际产业转移和集聚的初期，为了减少生产和经营成本，就近取材和销售，以实现利润最大化，跨国公司往往将同一种产品同时在中国与东盟进行布局，也就是说，跨国公司可能会同时在中国及东盟几个国家中生产同一种产品，并分别满足当地市场的需求。随着国际分工的深化和生产成本的变动，跨国公司开始整合在中国及东盟诸国的国际直接投资，进行区域一体化经营。也就是说，跨国公司仅在每一个国家专业化生产一种具体的产品，甚至在中国及东盟之间开展同一种产品不同生产工序之间的分工，然后在中国与东盟4国之间开展各种产品的相互交换。跨国公司此时在中国及东盟生产的产品已经不再是分别满足当地市场的需求，而是同时满足整个中国—东盟地区市场的需求。跨国公司区域一体化生产和经营网络的形成对中国与东盟之间的贸易和产业互补产生了重要影响。

但是有合作就有竞争，中国与东盟的竞争也十分激烈，双方之所以竞争如此激烈，内在原因是双方有着相似的资源禀赋、相似的历史背景，从而导致双方竞相采用相似的发展策略。直接原因是双方出口的产品种类很相似，同时主要出口市场重合。关于中国、东盟间产业相似性和竞争性制约各方合作的问题，建议协调自贸区内的国家利益，促进良性竞争，避免和防止恶性竞争。

在竞争的压力下，广西应该坚持差异化发展战略，在产品差异化上下功夫，寻找不同的生存空间，打造出口东盟的特色文化品牌。随着产业内贸易的比重不断扩大，中国的企业在竞争与合作的过程中，应重视和强化产品差异性的创造，这是进一步发展国际产业内贸易的微观内核，突出科技创新，提高文化产品的附加值，优化文化服务平台，培育文化中介机构。

小结：广西与东盟经贸关系发展的基础在于双边贸易存在的互补性。广西与东盟之间的贸易互补性可以表现在两个方面：一是由自然资源禀赋的差异形成贸易的互补性；二是在产业内贸易中体现的互补性。中国—东盟自由贸易区的建设无疑将会大大增强这种贸易互补性，加快彼此的经贸合作，而贸易互补性的增强反过来也会大大提升自由贸易区的贸易创造效应，促进区域经济进一步的合作与发展。

第三节　人文优势——文化同质，引发发展共识

文化认同指的是民族、国家或区域范围内的共同的文化心态。这是一种在历史的长期发展过程中形成的文化心理状态，一种"集体无意识"的东西。它通过语言、文字、建筑、服饰、行为方式、风俗习惯、宗教信仰、价值观念等方面体现出来。文化认同是区域文化发展的基础，是跨区域文化交流的桥梁，是区域经济合作尤其是跨行政的区域经济合作的"黏合剂"。它以丰富的内涵，在人们的交流中引发共识，在人类的相互沟通中引起共鸣，在一定条件下可以引发和聚集起强烈的情感和力量。

一　中国与东盟多国共具的三种文化[①]

相似的文化基础，有利于双方的沟通和交流，中国与东盟各国在

各自的历史发展进程中形成了多样与多彩的民族文化，共同构成了亚洲文化的重要内容和绚丽景观。由于民族起源、人口迁徙、习俗影响和文化交流等原因，中国与东盟各国在历史发展进程中，也形成了一些跨国界多民族所共有的文化形态与文化认同理念，其中涉及国别和人口较多、影响较大，与中国又有较密切联系的有那文化、儒佛文化、华人文化三种。

（1）具有上万年历史以生物人种基因和稻作生产机制建构的那文化

那①文化，即土地文化，以及与此相关联的文化。在珠江水系流域地带，都分布着冠"那"的地名，其中又以广西壮族自治区的左右江、红水河、邕江流域最为密集。壮族先民适应江南的自然地理环境和气候特点，把野生稻驯化为栽培稻，是我国最早创造的稻作文化之一。据"那"而作，依"那"而居，据此孕育的文化称为"那文化"。壮族是中国第二大民族，与中国傣族、布依族和越南侬族、泰国泰族等东南亚民族具有人种学意义上的胞亲关系，具有相同或相近的生物基因。远古时代生活在泛北部湾区域的中国南部和东南亚中南半岛北部的骆越人，是这些民族的共同祖先。据范宏贵教授的研究成果表明，壮族与东南亚国家越南、老挝、泰国、缅甸 4 个国家以及印度共 20 个民族有亲缘关系，其中与越南的岱族、侬族、拉基族、布标族、山斋族的关系最为密切，属亲兄弟关系，与其他 15 个民族，属堂兄弟关系。那文化体现在泛北部湾区域多国多民族长期形成的生产制度、家庭制度、生活习俗、宗教信仰以及语言、地名等多方面，有一万年以上的历史，是跨国界多民族具有丰富内涵的文化生态圈。

（2）具有上千年历史以社会历史基因建构的儒佛文化

儒佛文化可细分为儒家文化和佛教文化。儒家文化是中国文化的精髓，有 2000 多年的历史。它不但在中华民族发展史上发挥了重大作用，也深刻地影响东南亚、东北亚以及华人聚居较多的国家，如越南、朝鲜、韩国、日本、新加坡等。越南在文化思想、语言文字、风俗习

---

① "那"（壮语：na），意为"田"和"峒"，泛指田地或土地。

慣乃至政治制度等方面受中国的影响很深，越南文化深深地打上了中国文化的烙印。新加坡和马来西亚由于其国内有众多的华人，他们对儒学文化传统，特别是伦理道德推崇备至，作为其遵循的道德准则。这构成了亚洲东部由北到南一条极长的跨国界多民族的文化带。佛教文化以印度传入的大乘佛教为代表，公元纪年前后传入中国，逐渐演变为中国佛教。2000 年来，佛教在中国影响广泛，以后又传入日本、朝鲜和东南亚多国。佛教文化是东南亚主要文化形态之一。缅甸、老挝、柬埔寨、越南、新加坡等国都是主要信奉佛教，而且与广西少数民族信奉的佛教是属于同类，教徒之间关系密切。

（3）具有上百年历史以民族心理结构建构的华人文化

东南亚有 3000 多万华侨华人，是海外华人分布最多的地区，尤其以印尼、马来西亚、泰国、新加坡和菲律宾等国的华人最多，总数约达 2000 万。东南亚的华人多保留祖籍的风俗习惯和语言。

中国与东南亚的交往可以追溯到 2000 年前的汉代。据历史文献记载，公元 1 世纪，中国就与缅甸、越南等国互有来往。唐代以前，已有少量中国人移居东南亚，唐代时，移民人数开始增多，他们被当地人称为"唐人"。宋元时期，由于海外贸易发达，东南亚的华侨更多了。到了明朝和清前期，前往东南亚的华人剧增。华人在东南亚对当地的生产、生活以及经济建设产生了巨大的影响。许多华人在侨居国从事商业活动，负责管理海外贸易，收购当地土特产，销售该国货物，从而形成一个沟通中国与海外贸易的商业网络。同时，还有相当一部分华人成为手工业者，如裁缝、鞋匠、金匠、银匠、雕刻师、锁匠、画家、泥水匠、织工等。从事农业、园艺和渔业的华侨人数也很多，他们同样在当地社会的日常生活中发挥了积极作用。

总体来说，华人离开中国大陆迁徙东南亚的时间主要在 19 世纪和 20 世纪，已有 100 多年历史，在东南亚形成了独特的华人文化。华人文化以汉语汉字、饮食习惯、节庆民俗、宗亲乡谊为其内容和特征，与中华文化有着十分密切的联系。

生活在多元民族和多元文化环境中的东南亚华人文化尤其如此。

137

东南亚国家的执政者正在认识到，华人文化并不是他们正在努力建设的现代民族文化的对立物，而是这一文化的珍贵的养分。另外，东南亚华人文化已不可能永远保持中华文化的原始性和纯洁性。在全球化的时代，不是一种文化取代另一种文化的时代，而是不同民族文化相互交流、取长补短、共同发展的时代，不是一花独放的时代，而是百花齐放的时代。我们应该以更加开放和宽容的态度，迎接东南亚华人文化的新时代。

二 文化同质带来的巨大文化产业资源库和经营空间

（1）覆盖宽阔的地域、众多的人口并正孕育成市场

那文化的人文地理分布十分广泛。据介绍，仅以"那"字地名界定，那文化的地域，北界可以定在云南宣威的那乐冲，北纬 26 度；南界是老挝沙湾省的那鲁，北纬 16 度；东界是广东珠海的那州，东经113.5 度；西界是缅甸掸邦的那龙，东经 97.5 度。实际涵盖地域应当更广，包括中国的广西、云南的大部、广东、湖南、贵州、海南的一部分、东南亚中南半岛 5 国，涉及人口约 1 亿。

儒佛文化的分布更为广泛，中国，东北亚日、韩、朝 3 国，东南亚越南、老挝、柬埔寨、泰国、新加坡 5 国以及马来西亚的一部分，均可归入儒佛文化的覆盖之下，涉及人口 16 亿左右。

华人文化分布在东南亚大部分国家。东南亚是世界上华侨华人最集中、人数也最多的地区，有 2000 万人以上。华人文化以在新加坡、越南、马来西亚等国较为集中和更有影响。

宽阔的地域，众多的人口，孕育着巨大的文化产业市场和消费群，文化产业发展的前景十分诱人。

（2）蕴含宽阔的文化产业经营空间

近几年来，文化产业在中国和东南亚的新加坡、泰国等国有了一定的发展，但相对于日本、韩国和西方发达国家，从总体上说，文化产业的发展还不发达。东南亚各国之间和中国与东南亚各国的文化贸易只是刚刚起步，国别之间的文化产业合作大致处于资源开发和战略

规划阶段，丰富的文化资源，尚未开发、整合。2006年9月18—19日在中国南宁召开的"首届中国—东盟文化产业论坛"，来自中国和东盟10个国家的文化官员、文化产业专家学者和企业家，就中国和东盟各国文化产业的发展与合作进行了广泛深入的讨论。各方表示，要将论坛打造成为本区域内文化产业信息交流、产品展示和项目合作的综合平台。在论坛闭幕式上，各国代表共同签署了《中国—东盟文化产业论坛南宁宣言》，宣言认为，文化产业是21世纪的朝阳产业，能够创造巨大的社会财富，文化产业将成为中国和东盟各国经济发展的新动力，对推动各国国民经济发展具有重要的战略意义。中国与东盟各国在地理上相邻，拥有丰富多彩、各具特色的文化资源，同时拥有不断增长、潜力巨大的文化消费空间，这是各国合作加快发展文化产业的坚实基础。此次论坛，建立了中国与东盟各国之间的文化产业对话机制，为本区域内文化产业信息交流、产品展示和项目合作搭建了一个重要平台，对于"文化产业作为经济发展的新动力"达成了普遍共识。中国与东盟10国孕育了巨大的产业经营空间。

（3）容纳丰富的文化产业项目

开发三大文化资源，可以形成丰富多样的文化产业项目，如那文化中的远古骆越人遗址和崖画、铜鼓等遗产的保护与开发、民俗民居的展示展览、民族工业品的制作、民族音乐舞蹈艺术的发掘与再创造、音像制品制作和发行等。儒佛文化中的民间节庆活动、佛事活动的组织、儒佛文化经典的著述出版、汉字和汉文化的教育产业经营、影视剧制作和发行等。华人文化中的旅游观光、节庆活动、广播电视节目开发、报刊经营、咨询与中介业务经营等。

成功典例

三种文化助力广西文化产业发展

广西处于中国华南经济圈、西南经济圈和中国—东盟经济圈的结合部，作为泛北部湾区域的核心地和中国—东盟博览会的永久举办地，正日益成为中国—东盟区域交流合作的重要基地，逐渐显示其重要性。广西与东盟文化同源，传统文化交流源远流长，独有的地缘、亲缘和人文关系，有助于开展双边文化交流和文化产业合作。这里以广西壮族自治区为例作文化产业资源开发和合作的实例分析。

围绕那文化开发文化产业资源

那文化的产业资源开发以寻根、联谊为内核，以遗产保护与开发、节庆活动、民族艺术对外交流等为载体。广西正在开发、经营并有望与东盟合作开发的项目如下。

第一，花山崖画的保护与开发。花山崖画是2000多年前古代骆越人绘制在今中国广西南部的崇左市宁明县左江流域两岸大石山崖壁上的图画。她是壮族先民智慧和才艺的结晶，也融有那文化圈各民族的丰富的文化内涵，是人类弥足珍贵的文化遗产，围绕花山崖画的保护与开发，中国与东盟国家有良好的合作基础。

第二，壮族始祖遗址的开发与朝拜。目前，与壮族始祖相关的遗址主要有两处：一是广西南部田阳县敢壮山，被初步认定为壮族始祖布洛陀的遗址，当地民众每年举行盛大的祭祖朝拜活动；二是花山崖画，被认为具有民族图腾的意义，蕴含那文化本源的内涵。这两处遗址对于中国和东盟那文化民族而言，具有寻根、溯源、祭祖、朝拜的功能，能开发成为国际性文化产品。

第三，铜鼓的保护与研究。铜鼓是中国和东盟那文化民族先民创造的精美器物，在历史上具有实用和艺术的双重价值。今天，铜鼓仍在泛北部湾区域的一些地区的民众中收藏，具有文物和工艺品的价值，少数边远地区民族村寨的民众有时在节庆活动中还会使用铜鼓。开发铜鼓的文物和工艺品价值，可以成为中国—东盟文化产业合作的又一途径。

第四，电视剧拍摄与播出。中国的电视剧在越南有很好的市场。广西在20世纪90年代拍摄的《诱人的沙糕》和《边贸女人》等电视剧，也在越南有较好的影响。中国和东盟各国有相近的发展历史，广西与东盟各国的地缘、亲缘和人文关系更近，合作拍摄电视剧有良好的人文基础和条件，前景广阔。

另外，在非物质遗产发掘和保护基础上的产业开发，在民族歌舞的发掘、创造基础上的演艺业的开发，在学术交流和教育产业方面的开发等，中国与东盟各国均可以开展良好的合作。

围绕儒佛文化开发文化产业资源

儒佛文化的产业资源开发以朝拜佛圣、慰藉心灵、教育科研为内核，以节庆、出版、影视、教育、学术交流等为载体，适宜开发的资源主要如下。

第一，民间节庆活动。在节日里朝拜佛圣，是泛北部湾文化圈民间百姓的重要民事活动。广西桂平市的西山，每年迎来众多的教徒和香客，形成了西山浴佛节。在东南亚中南半岛的几个国家，佛教节庆活动也很多，泰国有佛诞节、安居节等，柬埔寨有佛诞节、加顶节等。将民间节庆活动发展为节庆产业，是中国与东盟合作发展文化产业的重要途径之一。

第二，古籍整理和出版。广西有较强的出版实力，整理出版包含儒佛文化在内的中国传统文化古籍，在中国和包括东北亚、东南亚的大部分地区的图书市场，有着长期、稳定的销售收入，有待我们继续开发。

第三，教育与学术交流。儒佛文化博大精深，影响久远，有着多层面多角度的学术交流空间，围绕儒佛文化发展教育产业和会展经济，还大有可为。

第四，戏剧、影视剧创作和演出。2006 年，桂林市桂剧团的桂剧《大儒还乡》入选当年的全国十大舞台艺术精品，在海内外上演多场。戏剧和影视作品对于中国与东盟各国在文化交流和产业发展方面，可以发挥重要的传播功能和产业效益。

围绕华人文化开发产业资源

华人文化的产业资源开发以观光游览、访亲祭祖为内核，以旅游、影视、文化交流、咨询中介等为载体。广西是中国的第三大侨乡，又具有极佳的区位优势，最适宜开发的领域和项目如下。

第一，国际性旅游。21 世纪以来，国际性旅游已成为中国旅游业的重要产业构成。广西"十五"以来开展的中—越（北方）、中—泰、中一新、马、泰等旅游线路，取得较好的旅游收入，入境旅客也在逐年递增，仅桂林市，2005年入境游客已突破100万人。中国的出境旅游大多是当地华人经营。今后仍有广阔的市场经营空间。

第二，观光园区经营。广西山水秀丽，环境宜人，在这里投资建设观光园区十分适宜。20世纪90年代以来，已有不少外资进入广西从事观光园区经营。最有成效和影响的是两处台湾企业家经营的园区，一是位于桂林兴安县的乐满地主题公园，二是位于桂林市阳朔县的愚自乐园。前者年经营收入6000万元（2004年数据），后者被评为2004年全国文化产业示范基地。东南亚各国华人与中国文化相同，地域相近，经营理念相近，最适宜合作发展观光园区建设和经营。

第三，咨询与中介经营。中国正在实施文化"走出去"战略，文化产业产品和服务要走向国际市场，离不开国际咨询和中介机构的参与。中国和东盟各国正在加大文化的交流互访和文化产品的相互进入，使得中国和东南亚各国的文化咨询和中介服务工作量大增。华人文化将在文化交流和产业经营的咨询、中介服务中发挥重要作用，产生直接的经济效益。

小结：中国和东盟各国具有的那文化、儒佛文化和华人文化，具有中国与东盟多国共具的文化认同理念，蕴藏了巨大的文化产业资源，是中国与东盟各国合作发展文化产业的重要基石。

第四节　地缘优势——山水相邻，文化交流密切

所谓地缘关系是指国家之间以地理空间为基础所形成的政治、经济、军事、文化、资源、环境关系，主要表现为国家之间政治、经济、军事、文化、资源、生态环境等方面的合作与对抗。利用地缘关系及其作用法则，谋取和维护国家利益，这是国家战略的重要组成部分。地缘关系有利或有弊，有利的地缘关系为地缘优势，不利的地缘关系为地缘劣势。这种地缘关系也形成了不同国家和地区的地缘文化。

一 广西与东盟国家的地缘关系

东南亚地处亚洲和大洋洲、太平洋与印度洋之间的"十字路口"，是联系两大洲的"桥梁"和连接两大洋的纽带，地理位置十分重要。在这一地区大国利益交错，战略地位十分重要，是大国争夺的重点地区，是当今世界地缘关系发展最为复杂的地区之一。从地缘政治的角度来看，发展同东南亚国家的友好睦邻关系，是我国经济发展和政治稳定的需要，同时，友好的东南亚还是中国南部地区的安全屏障，是中国发挥应有的国际影响力、融入东南亚地区和国际社会的需要。

广西其陆海域与越南接壤，通过北部湾连接南海，海上与越南及东南亚诸国相望。东盟是东南亚国家联盟的简称，由位于亚洲东南部地区、中南半岛及其南端马来群岛上的一系列国家组成，现在东盟有10个成员国，国内分别与广东、湖南、贵州、云南四省相连。

北部湾是距大西南最近的海域，因此广西具有大西南便捷出海通道的优势。

与云南相比，广西与越南的地缘联系更加具有天然优势。这不仅在于广西盆地与红河三角洲之间的地理分割线（以"十万大山"为代表），其海拔和密度是中央之国与中南半岛之间最低的，更在于有北部湾这个天然的海上纽带。

二 战后地缘关系的发展与广西的地缘形势

20世纪后半期东盟国家与中国关系经历了四个阶段，从疏远、对立到相互理解、支持，再到建立友好、睦邻的地区战略伙伴关系，广西的地缘形势也在不断地发生变化。

首先，从二战后至20世纪70年代中期，双方有限交往。

二战后，在全球冷战的背景下，大多数东南亚国家要不追随美国，要不就与中国保持距离。这一时期只有越南与中国长期保持密切关系。在越南的独立及统一战争中，中国是越南的大后方，广西直接面对越南，肩负了更多的具体的援越工作。国家经济建设整体布局里基本没有大型的工业项目安排在这里，这一时期，广西经济建设相对滞后。

其次，从 20 世纪 70 年代中期至 90 年代初，交往日益扩大、彼此日益重视。

进入 20 世纪 70 年代后，东南亚的形势出现较大变化。随着美国在越南战争的失败和中美关系的缓和，东南亚诸国也调整了与大国的关系，马、菲、泰与我国建交。我国也调整了自己的东南亚政策，向各国保证不输出革命，不承认华侨的双重国籍，以消除其疑惧。这一阶段东盟国家与中国的关系得到较大改善，双方在政治、经济、文化等方面进行了卓有成效的交流和合作。中国在这一时期逐渐走上改革开放的道路，但广西由于远离经济发展的重心，又是对越自卫反击战的前线，经济发展迟缓，广西的经济发展继续滞后。

再次，从 20 世纪 90 年代初期至 20 世纪末，双方关系正常化、合作与交流深化。

在经济方面，双方的贸易额和经济合作不断发展。1987—1996年，双方贸易发展迅速，从 45.46 亿美元增至 203.95 亿美元，9 年增加约 4 倍。在政治和国际事务方面，双方关系有了全面的重大的改善。中国与印尼复交，与新加坡、文莱建交，与越南关系正常化，双方高层接触增多。另外，中国与东盟组织的关系有了新发展。中国由东盟的磋商伙伴国上升为对话伙伴国，加入东盟地区论坛，关系进一步发展。1997 年年底东盟与中国首脑非正式会晤的举行，标志着东盟与中国之间有了一个高层的制度性的对话渠道。广西利用和平环境及邻边邻海的优势，对外开放，经济建设得到快速发展。

最后，进入 21 世纪，双方关系的全面深入发展。

2000 年 9 月，第四次东盟和中国"10 + 1"领导人会议上，时任中国国务院总理朱镕基关于建立中国—东盟自由贸易区的建议，得到东盟有关国家的赞同，并一致同意在 10 年内建立中国—东盟自由贸易区。2002 年 11 月，在东盟和中国"10 + 1"领导人会议上，中国和东盟各国签署了《中国与东盟全面经济合作框架协议》、《中国与东盟农业合作的谅解备忘录》。《中国与东盟全面经济合作框架协议》于 2003

年1月1日开始实施，双方同意最迟在2004年年初前开始下调农产品关税，3年内取消其关税。在2003年10月召开的第七次东盟与中国"10＋1"领导人会议上，中国在《东南亚友好合作条约》上签字，中国是第一个加入该条约的非东盟国家，这也是中国首次加入一个地区性国际组织签署的条约。中国与东盟在广泛的领域展开合作。据有关资料显示，自中国—东盟自贸区货物贸易协议实施以来，中国已从东盟第六大贸易伙伴上升为第三大贸易伙伴。随着中国与东盟在2010年进入"零关税时代"，双方贸易额在今年必将再上一个台阶。

延伸阅读

广西地缘之高筑墙、广积粮、缓称王

我们现在所看到的"广西"的行政区，和历史上长期存在的"广西"这个地缘概念，并不是等同的。历史上的广西，其实是封闭于广西盆地内部的一个内陆、边缘省份。无论是从中央之国的整体结构，还是从岭南这个大地缘板块来看，都没有机会成为重要的地缘板块。直到鸦片战争以后，由于珠三角率先成为西方文化的强势渗入区，广西地区才有机会，在时隔2000多年后，又一次发挥较重要的地缘影响力，而太平天国以及桂系军阀的崛起，就是这种影响力提升的表现形势。

从地缘政治的角度来看，1949年以后的广西得到了一块沿海地区，并拥有了自己的海岸线，而这条海岸线，将是广西地区突破的资本所在。问题在于，广西盆地虽然内部分割严重，没有大块的核心区，但历经2000多年的经营，其重要城市都是在沿珠江水系分部的。而整个雷州半岛及北部沿海地区，由于地理上呈独立状态，并没有成型的、大块三角洲平原，在以农业文明为主的中央之国，并没有受到重视。地理单元上的独立、边缘状态，使之在陆地上亦没有区位优势，至于说海洋优势，在东亚大陆，历来是用来服务于大陆腹地的，并不会像地中海沿线文明那样，凭借多点文明的分布，单纯地以商业便能强大。相比于珠三角地区，因珠江水系的延伸，可使其海洋属性，服务于岭南腹地，雷北地区对于古典时期的中央之国来说，至多也就是能够自

给自足的龙套地位了。

雷州半岛及北部沿海地区，在古典时期的这种"鸡肋"型地缘地位，对于天然确立了珠三角为地缘核心的广东地区来说，并没有什么影响。但对于长期以来，以内陆板块定位的广西地区来说，就需要花时间来经营这块来之不易的"鸡肋"了。由于海洋经济是目前全球地缘经济的重心所在，桂南沿海地区的地缘优势，迟早是会转变为经济优势的。特别是在中国经济重心已经由东部沿海，向中西部倾斜，并且将中南半岛，作为扩张地缘影响力的腹地时，整个环北部湾地区还是很有机会，在可以预见的将来，成为经济热土。而于整个广西地区来说，当年朱元璋的九字真经"高筑墙，广积粮，缓称王"也许是最为合适的。

所谓"高筑墙"，当然不是说让广西把自己封闭起来，而是说要专注于自己的内部地缘整合。毕竟以我们之前的分析来说，这方面广西还有很大的空间，也是有机会定位出自己的地缘层次来的。而从最原始的地理结构，以及最现实的物流需求来说，为广西境内的珠江水系，寻找一个甚至两个北部湾的出海口，会是最有效的方法。有的朋友会说，这种整合对于桂东，特别是桂江流域没有太大的吸引力，仅从进出口的角度来看，即使打通了"南北运河"，也不见得比珠江口更有距离优势，更何况珠江三角洲的港口优势目前是非常大的。这其实还是牵扯一个地区资源整合的问题，尽管东亚大陆独树帜的大一统方式，让我们更倾向于用同一个声音，同一种文化，甚至一盘棋局的概念来理解这片土地。但统筹和竞争从来有是矛盾存在的。地区之间的适度竞争，更利于中国的整体发展，更何况在这种集中、统筹的文化背景下，你的行政归属决定了你很难被与你地理相近，而又行政归属不一的地区，列入计划之内。

"广积粮"是相对于广西的底子较薄而言，至于如何在经济上积累，则不是一个地缘就能够解决的。不过作为基础，各地区根据广西目前的地缘格局，以及自身的地缘特点，合理布局却是必需的。正如有朋友觉得，打通湘桂运河固然会有物流上的好处，但就以旅游经济为主的桂林而言，却未必是最好的选择。事实也是这样，所以湘桂运河的选址，并不一定会是在灵渠左近。以湘桂边境的地理结构，以及现有的技术而言，还是会有其他选择的。所以"广积粮"与其说是单纯地积累经济总量，不如说是合理地配置"粮"的种类。以地缘战略上的建议而言，不要出现没有青山绿水、人文历史，却要造点假文物来开发旅游的现象；没有交通、资源优势却要上大型工业区之类的战略性错误，便当作是功在当代，利在千秋了。

至于说"缓称王"，却也是非常重要的。曾经多次说过，以西南地区和北部湾的地缘结构而言，目前是很难找出地缘中心的。与其大家都画个圈，想做核心把别人当腹地，不如专注于利用自有的地缘资源，做大、做强。假以时日，你的实力上升了，又能给周边地区带来利益，自然会形成所谓的"经济带"、"经济圈"。这点和目前中国的整体战略也是一致的。

最后说一说广西的地缘中心问题，以目前的地缘格局而言，广西盆地与环北部湾地区的地理中心，正好是在南宁这个点上。以当下广西所要整合的内外资源而言，应该还是符合需要的。至于若干年后，广西内部真正成为一个通江达海的沿海省份后，有没有可能会有所变化，那就暂时不可预测了。只能说，希望上位的城市，肯定需要在经济上足以和南宁形成"双城记"的局面。

小结：广西地处中国大西南，在正在建立的中国—东盟自由贸易区中拥有地缘优势。近年来，随着各项改革措施的展开，中国与东盟各国的经济贸易关系的深化，广西经济发展速度加快，成为国内经济发展较快省区。广西的对外开放给自身的发展带来了活力，广西与东盟的进出口贸易额和广西 GDP 增长之间具有很密切的联系，呈现正相关性，广西与东盟的进出口贸易额极大地促进了广西 GDP 的增长。

从国防前沿到经济建设的前哨，中国的战略也要向海洋蓝色国土发展，广西具备这样的优越条件，时不我待，一定要抓住机遇，广西的地缘关系已经有了根本的改变，广西应该利用地缘优势发展自己，需要充分利用这些改变所产生的后发优势，实现跨越式发展，进而促进对汉文化传承，并积极将中华优秀文化向外传播。

第五节　区位优势——中心位置,通道作用显著

区位一方面指该事物的位置,另一方面指该事物与其他事物的空间的联系。随着中国—东盟自由贸易区的建立,广西作为连接中国西南、华南、中南以及东盟大市场的枢纽,在拥有 5.3 亿人口的东盟和 5.4 亿人口的泛珠三角经济圈两个大市场中,将发挥结合部的重要战略作用。广西的区位优势逐渐明朗起来:广西沿海、沿江、沿边,同时处在我国大陆东、中、西部的承接地带,地处华南经济圈、西南经济圈与东盟经济圈的结合部,是连接粤港澳与西部地区的重要通道,是西南地区最便捷的出海通道,同时也是中国唯一与东盟既有陆地接壤又有海上通道的省区。由于广西拥有对东南亚开放得天独厚的地理优势、趋同的文化语言和深厚的合作基础,因此广西被中央确定为中国与东盟合作的门户、前沿、桥头堡。

一　沿海:　大西南最便捷的出海通道

广西海岸线全长 1595 千米,主要港口有铁山港、廉州港、三娘港、钦州港、防城港、珍珠港等 53 个港湾,形成天然港群海岸,其中具备建设万吨级以上泊位深水码头条件的有北海港湾、防城港湾、钦州港湾、珍珠港湾和铁山港湾 5 个港口,最终开发潜力达年吞吐能力 2 亿吨以上。广西沿海港口同时具有水深、避风、浪小等自然特点,距港澳地区和东南亚的港口都较近,北海港距香港港 425 海里,钦州港距新加坡港 1338 海里,防城港距越南海防港 151 海里,距泰国曼谷港 1439 海里。

广西背靠大西南,面向东南亚,毗邻粤、琼、港、澳,紧接中南半岛,是大西南最便捷的出海通道。从防城港至越南海防仅 40 海里,往南可直达泰国、马来西亚、新加坡、菲律宾、印度尼西亚等国。防城港、北海是我国大陆距东南亚、南亚、中东、非洲和欧洲诸国最近

的港口。南昆铁路开通后云、贵、川的货物从这里出海，比从广州、湛江出海，仅陆路就分别缩短了 680 千米和 380 千米。从防城港、北海到中南半岛、东南亚比从上海出发减少了 23%—65% 的里程。广西沿海港口同时具有水深，避风浪小等自然特点，这为广西文化产业的向外输出提供了便捷的海上渠道。

二　沿边：华南、西南与东盟经济圈的结合部

广西有 8 个市与越南接壤，现有边境口岸 12 个，其中，东兴、凭祥、友谊关、水口、龙邦 5 个口岸为国家一类口岸，另外还有 25 个边民互市贸易点，各边境口岸和边贸点都有公路相通。从凭祥市友谊关至越南谅山市仅 18 千米，到越南首都河内市 180 千米。湘桂铁路与越南铁路连接，火车可直达河内市。广西沿边的开放，为中国与越南及东南亚国家的直接贸易，双边或转口贸易，发展出口加工，提供了一块理想的黄金宝地。

因此，广西应该发挥其与东盟陆海相邻的独特优势，成为建设"一带一路"有机衔接的重要门户，加快实施"M 型战略"①。

三　沿江：西南地区通向港澳及东南沿海的黄金水道

珠江水系的西江，纵横广西境内梧州贵港等城市，西通云南、贵州，东经广州入海。西江的年径流量是黄河的 5 倍、德国莱茵河的 4.5 倍。西江干流横贯广西中部，连同其主要支流郁江、柳江、桂江、贺江、北北流江等，构成了广西的水路网络，西江在广西境内有年吞吐能力万吨以上的内河港口 77 个，经过国家重点投资整治的西江河道，其运输能力仅次于中国第一大河长江，下游的梧州市是广西内陆口岸一个历史悠久的商埠，梧州下航至香港、澳门仅为 400 千米左右，

---

① M 型战略是指中国—东盟 "M" 型区域经济合作战略，由泛北部湾经济合作区，大湄公河次区域两个板块和广西南宁—新加坡经济走廊一个中轴组成，形成形似英文字母 "M" 的一轴两翼的格局。从内容上看有海上经济合作，路上经济合作，湄公河流域合作，这三个词英文表述的第一个字母也都是 "M"，因此而得名。

梧州港为中国第六大内河港口。从古至今，西江通道一直以来都是我国西南地区通向港澳及东南沿海的黄金水道。

四　北部湾经济区：　面向东盟开放合作的重点地区

广西北部湾经济区地处华南经济圈、西南经济圈和东盟经济圈的结合部，处于泛北部湾经济合作、大湄公河次区域（GMS）合作、中越"两廊一圈"经贸合作、泛珠三角区域合作、西南六省（区、市）协作等多个区域合作交汇点，优势叠加局面已经形成。在广西北部湾经济区集中体现的叠加优势主要表现为以下几个方面。

第一，总体上，多区域合作呈现国内与国际、多边与双边相互交织的态势，形成国际、国内两个市场、两种资源的汇聚，孕育社会经济跨越式发展的强大的市场需求拉力和要素集聚推力。在广西北部湾经济区面临的多区域合作中，既有以泛珠三角区域合作为代表的国内区域合作，也有在CAFTA建设框架下的泛北部湾经济合作、GMS合作等国际区域合作。无论是国内或是国际的合作都涉及多边和双边合作，在不同层次和范围上开放市场、整合要素资源，形成互为补充、共谋发展的组合力量。

第二，多种政策优势叠加，广西北部湾经济区拥有极为良好的政策环境。该地区享受沿边、沿海的优惠政策，是西部大开发的一个重点区域，在西部大开发"十一五"规划中，是三个重点经济区之一，是我国西部地区扩大对内、对外开放，构筑国内外经济合作新平台的核心区域，其中泛北部湾经济合作区、"西南大通道"是两个主要方面。而南宁作为中国—东盟博览会的永久举办地，拥有CAFTA建设带来的国际开放、开发和合作的政策优势和便宜条件。2008年年初，中央正式批准广西北部湾经济区发展规划，广西北部湾经济区发展上升为国家战略，更强化了这种政策优势。

第三，在基础设施建设和交通运输网络建设上，形成了多级政府、多种资本合力推动的良好局面，将有力促进通道经济发展。广西北部湾区处在国际、国内合作的结合部，是我国内陆同东盟国家最便捷的通道，也是我国西部地区最佳的出海口，广西北部湾的通道和桥梁作用受到各合作方的一致认同。因此，不论是泛北部湾经济合作、GMS合作、两廊一圈经贸合作，还是泛珠三角区域合作、西南六省（区、市）协作，乃至西部大开发，在构建综合交通运输体系中，都在广西北部湾经济区安排有重要项目，包括建设通向东南亚的公路、铁路、海运网络，港口建设，西南出海大通道等。投资来源广泛，既有广西自治区自己的倾斜政策，又有国家资本的大力支持，还可以利用 UN-DP 的资助。

第四，在产业转移和产业合作上，存在国内产业梯度转移与国际产业竞合和互补的产业结构调整和升级的优势。广西北部湾经济区与东盟各国和泛珠三角其他各省区在资源和产业方面存在差异性和互补性。在泛珠三角区域合作中，广西是产业移出地广东省的近邻，广西北部湾经济区与广东将形成陆海及西江水运的产业转移通道，具有承接广东产业转移的地缘和人缘优势。广西北部湾经济区处在连接中国发达的珠三角地区和东盟各国的中心位置，以中国—东盟博览会为中心的系列交流活动是中国—东盟国际产业转移、合作的重要途径。这些为广西北部湾经济区参与国际产业合作，承接产业转移，面向国际国内两个市场，利用产业互补性形成合理产业结构、促进产业升级创造了得天独厚的条件。

五 独特的区位优势， 使广西的通道作用日益显著

广西从 1992 年开始建设面向东南亚的大西南出海通道，在公路、航运、港口等基础设施建设方面已完成了一批重大工程，修通了连接越南的高速公路，为环北部湾合作创造了良好条件。2005 年，中国与东盟的贸易额达 1030 亿美元，90％的货物都是通过海上运输。

目前，以沿海港口为龙头，南昆铁路为骨干，高等级公路、水运、航空和其他基础设施相配套的出海大通道框架已形成。铁路方面，湘桂、南昆、黔桂、焦柳 4 条铁路汇集广西，全区铁路营运里程超过3000 公里。公路方面，重庆—湛江、衡阳—昆明、内蒙古—北海、汕

尾—清水河等国家高速公路主干线以及南宁—广州、南宁—友谊关、桂林—梧州等高速公路纵横广西，高速公路通车里程突破1000公里。航运方面，拥有南宁、贵港、梧州等主要内河港口，沿海防城、钦州、北海三大港口年吞吐能力2000多万吨。航空方面，已建成南宁、桂林、北海、柳州、梧州五大航空港，开通航线100多条。我国通过陆路进入越南，通往东南亚各国主要公路通道有3条，其中广西2条，且距离最近。一条是南宁经东兴、芒街至河内，全长538公里；另一条是南宁经凭祥友谊关、谅山至河内，全长419公里。随着交通、口岸等通道设施的进一步完善和提升，广西将成为沟通中国内地与东盟各国的最便捷、综合效益最佳的国际大通道，成为中国与东盟各国实施双向开放的桥梁和基地，以及中外客商兼顾中国内地与东盟两大市场理想的投资场所。

小结：广西的后方华南、西北、华中、华东是拥有数亿人口的大市场，而东盟是一个拥有5亿多人口的自由贸易区，独特的区位优势使得广西成为进军越南乃至东盟各国最便捷的通道。不论是中国东部沿海各省市区，还是中部、北部各省区，如果要进入越南和东盟市场，广西都是重要的通道。广西南临北部湾，背靠大西南，具有沿海、沿边的区位优势。这种区位优势将使广西从偏居一隅的欠发达省区迈向中国—东盟开放合作的前沿，从而成为中国—东盟自贸区全面建成后受益最大的省区之一。

第六节　外交支持——睦邻友好，符合外交政策

我国一向坚持走和平发展之路，奉行独立自主的和平外交政策。维护世界和平，促进共同发展，是我国外交政策的宗旨，和平共处五项原则是我国外交政策的基本准则。在处理与周边国家的关系中，我们一贯坚持睦邻友好的周边政策。这也为广西文化产业的发展提供了良好铺垫。

一 复杂多变的周边环境

众所周知，一个国家所处的地理位置在很大程度上决定了一国的安全环境状况。中国地处东亚中心，周边有 4 万多公里的边界线，是典型的陆海复合型国家。东濒太平洋，背靠欧亚大陆的腹地，这一重要而又特殊的地理位置，使其在国际舞台上很容易成为矛盾的焦点。苏联解体之后，中国的陆地邻国大大小小多达 15 个，还隔海与日本、菲律宾、马来西亚、印尼等国相望。这种特殊的地理位置既给我国对外交往提供了便利，同时也使得中国安全面临严重挑战。

我国周边环境的复杂性是长久以来形成的，而且在可预见的将来也不会有很大的改变。首先，中国是世界上陆海邻国最多的国家，而且多陆海强邻，这是我国周边安全环境最显著的特点。在这些邻国中，在国体和政体上，有社会主义国家也有资本主义国家，有共和制国家也有君主立宪制的国家，有世俗国家也有神权国家；在文化上，儒家文明、佛教文明、基督教文明、伊斯兰教文明等世界上几大主要文明在这个地区都有存在。这些都加剧了中国周边环境的复杂性。其次，我国周边也是大国利益的交汇处。正是由于我国地缘战略环境的重要性和周边环境的复杂性，导致了我国安全环境的复杂性。只有充分意识到中国周边环境的复杂性，制定和执行正确的睦邻友好的政策，以周边地区作为战略依托，才能为我国创造一个和平稳定的周边环境。

二 新中国成立以来我国周边外交三个阶段

新中国成立以来，中国周边外交经历了三个阶段。

第一阶段：新中国成立后的 30 年。由于当时国内国际形势的影响，尽管中国在处理周边安全问题上也取得了一些成就，提出和平共处五项基本原则和求同存异的外交方针，但总的来说这一时期中国安全环境很严峻。70 年代中国周边安全环境稍有好转。越战后美军全部撤出越南，中美建交时美撤走在台的全部军队和军事设施，这标志着中国在东部和东南两个方向上持续了近 20 年的军事压力基本消失。

第二阶段：20世纪80年代。这阶段我国周边安全环境出现良性发展的态势。改革开放后，我国领导人审时度势，科学地分析世界形势的总体态势和军事力量的发展变化，判断和平与发展应成为当今世界的主题。这一时期中国周边外交取得的成就是巨大的，中国积极改善70年代曾接近苏联或与其结盟而与中国处于交恶或冷战状态的一些周边国家的关系，使中国与越南、老挝、蒙古等实现了国家关系的正常化。根据"搁置争议，共同开发"的主张，中国较为妥帖地处理了与日本、越南、印度、苏联等国的边界和领土争端，为自己创造了一个稳定的周边环境。

第三阶段：冷战结束以后。20世纪90年代我国第三代领导人在坚持80年代既定外交政策的基础上，将不结盟外交战略扩展为"全方位"外交思想，周边外交被放到特别重要的地位。这一时期，中国周边外交取得的成就是巨大的。首先，实施了伙伴外交，与周边大国构建了面向21世纪的战略关系框架；其次，开展高层互访，进一步发展与周边国家的睦邻友好关系；再次，积极参与区域合作与发展确保良好稳定的周边环境，我国除在联合国发挥作用之外，还参加了朝鲜半岛四方会谈、亚欧会议、东盟"10＋3"会议。这些都是中国实现睦邻友好的主要表现。90年代以来，中国周边环境进入了新中国成立以来的最好时期，主要是由于世界形势发生变化，从冷战时期两大阵营的对峙和军事对抗走向相对和平与稳定，我国周边国家都致力于本国经济发展与合作，使得我国周边形势进一步趋向缓和。同时随着中国指导思想的变化，中国的国家战略也在发生变化，这些都为我国的发展赢得了相对稳定的周边环境。党的十五大以后，中国将睦邻友好政策作为外交政策的一块基石，为国内建设赢得了相对稳定的周边环境。

近年来，伴随着中国—东盟战略伙伴关系的发展，中国（广西）—东盟博览会应运而生，它见证和助推了中国与东盟合作的"黄金十年"，又即将开启"钻石十年"。

中国—东盟十国关系发展及最新定位

中国—马来西亚	1974 年 5 月 31 日，中马两国建交，马来西亚成为东盟中第一个与中国建交的国家。 中马建交以来，两国双边关系不断拓展和深化。
中国—印尼	2000 年，两国建立长期稳定睦邻互信的全面伙伴关系。 2005 年 4 月，中国国家主席胡锦涛访问印尼，与印尼总统苏希洛共同签署建立战略伙伴关系的联合宣言。
中国—泰国	1971 年 7 月 1 日，中泰两国正式建交，建交后两国各领域友好合作关系全面、顺利发展。 2012 年 4 月，中泰两国建立全面战略合作伙伴关系。
中国—菲律宾	1975 年 6 月 9 日，中国和菲律宾建交，目前在南海问题上存在利益冲突。
中国—新加坡	自 1990 年 10 月 3 日建交以来，中国和新加坡两地在各领域的互利合作成果显著。
中国—文莱	于 1991 年 9 月 30 日建立外交关系，双边关系发展顺利，各领域友好交流与合作逐步展开。
中国—越南	同属社会主义国家，曾关系密切，现友好合作。
中国—老挝	1961 年 4 月 25 日中国和老挝正式建立外交关系。 20 世纪 70 年代末至 80 年代中期，双方关系曾出现曲折。 1989 年中老关系正常化，双边关系得到全面恢复和发展，现属友好合作关系。
中国—缅甸	两国于 1950 年 6 月 8 日正式建交。建交以来，中国一直本着"与邻为善、以邻为伴"的周边外交方针和"睦邻、安邻、富邻"的周边外交政策发展与缅甸的传统友好关系。
中国—柬埔寨	2006 年 4 月，建立全面合作伙伴关系。 2010 年 12 月，两国建立全面战略合作伙伴关系。

155

三　我国实施睦邻友好政策的现实意义

在总结历史经验和对现有国际形势进行正确判断的基础上，我国将睦邻友好政策提高到了一个新的高度。党的十六大报告明确指出：我们将继续加强睦邻友好，坚持与邻为善，以邻为伴，加强区域合作，把同周边国家的交流和合作推向新水平。这是对我国周边外交政策的概括与总结。随着中国自身的发展以及地区局势的变化，周边外交在我国外交全局中将会发挥越来越重要的作用。

从政治上看，周边地区将是我国发挥国际影响力、维护主权的战略依托。我国的国际地位虽然有了很大的提高，但是如果没有良好的周边环境也很难将这种地位维持下去，所以中国要想以稳定求发展，就必须重点考虑如何处理好与周边国家的关系。因此中国地缘政治的特点以及实力地位决定着中国在今后相当长的时间内，要把很大一部分精力放在处理本地区事务，特别是处理同周边国家的关系上，而且世界上的大国都重视周边国家的依托作用，如美国成功地以加拿大、墨西哥为依托，以拉美为后院，大大强化了其全球战略地位；而俄罗斯却因独联体离心力加大，失去安全屏障，受到美国和北约的战略挤压。因此，发展与周边国家的友好关系，有助于促成我国与周边国家相互支持、相互配合的局面。

从安全上看，周边地区是我国促进民族和谐、维护社会稳定的直接外部屏障。中国是一个多民族国家，由于少数民族同汉族在生活习俗、语言、社会经济发展水平、宗教信仰等方面有所不同，尽管我国实施民族区域自治制度使少数民族有了很大的发展，但客观上汉族与其他少数民族也还存在一些隔阂，这是长期的历史积淀形成的，需要长时间的努力才能消除。特别是中国的民族和宗教问题与中国的周边环境从来都是密不可分的。中国的少数民族绝大多数居住在边疆地区，而且同一民族跨国界而居的情况也较为普遍，容易受到境外的影响。冷战结束以后，周边地区的民族分裂势力和宗教极端势力已经对我国产生了某些负面影响。因此与周边国家友善将能够为我国提供一个良好的和平环境。

从经济上看，奉行睦邻友好政策有力地推进了我国与周边国家的经济贸易合作。中国周边的经济环境有助于促进中国的经济发展，中国在经济上同其他国家和地区有着互补关系，因为中国具有庞大的市场，但是缺少资金和技术。而不少周边国家和地区却正好相反，他们国内市场狭小，劳动力缺乏，自然资源不足，但经济发展水平较高，拥有巨额的资本和先进的技术，地理上的邻近性使中国同周边国家经济交往时成本较低。同时中国经济的快速发展以及加强同周边国家和地区的经济交流与合作，也带动了周边地区经济的持续发展，事实上中国与周边已形成了相互依存的关系，中国经济的发展离不开周边地区，周边地区的繁荣也在很大程度上取决于我国经济的现代化。

从文化上看，奉行睦邻友好政策有利于加强文化交流与合作，促进中华文化的大繁荣、大发展。文化发展的一条重要途径就是面向世界，博采众长。我们如果只是闭目塞听，闭门造车，必将落后于世界民族之林。因此，奉行睦邻友好的外交政策，加强与周边国家的文化交流，汲取它们有益的、健康向上的优秀文化，既能够将本民族文化丰富起来，同时也能够促进本民族文化走出去，将其发扬光大。

小结：独立自主的和平外交政策为我国赢得了良好的国际环境，加强了与周边国家的友好合作，广西应该充分利用这友好的周边环境，加强与周边国家合作，加快发展文化产业，实现与东盟国家文化交流与合作，推动民族优秀文化加速走向东南亚、走向世界。

第六章 广西文化产业发展的现状及问题分析

第一节 我国文化产业的发展趋势

在当今世界，文化和文化产业已经成为综合国力竞争的一个主要领域。根据相关部门统计显示，世界主要发达国家中，文化产业的产值占 GDP 的比值都处于相对高的数值，美国文化产业增加值占 GDP 的 12%，日本文化产业规模在 2000 年就已经超过当年日本汽车工业的产值，占 GDP 的 17%，相比之下，我国当前文化产业增加值为 3000 亿元人民币，占 GDP 的 3% 左右（近些年可能有所增长），但与发达国家相比，我国的文化产业发展还存在很大的差距。

综合来说，未来中国文化产业发展走向总体上将呈现出如下几个特点。

一 文化产业区域化竞争将全面展开，地区间的不均衡发展态势进一步突出

2005 年是"十一五"的"规划年"，当时大约有 2/3 以上的省、市、自治区和直辖市提出了要建设"文化大省"和以"文化立市"，发展文化产业已经成为各个地区加快实现增长方式的转变和产业结构的调整优化、推进城市化进程、促进区域协调发展的工作重心。但是我国经济发展存在较大的不平衡，不同地区发展的阶段不同，发展的条件和任

务也将有所不同，各地在制定文化产业发展规划的时候也就有所侧重。东部地区超越了人均1000美元的阶段，珠三角、长三角、京津冀三大城市群地区已经进入人均3000—5000美元的中等发达国家水平，这些地区文化消费活跃，现代传媒发展趋于饱和，内容创新成为发展瓶颈，提出创意产业发展规划，或者将创意产业列为文化产业的升级目标，成为发展规划的特点。中西部地区大部分在500—1000美元之间，文化资源丰厚，文化消费刚刚起步，现代传媒还有较大的发展空间，文化产业处于产品开发和要素扩张阶段，进一步完善公共文化服务体系，整理文化资源，打造文化品牌，开发特色文化产业，成为普遍的规划目标。

二　文化产业集团将进入调整整合期

目前，在文化产业中的9个行业大类，24个行业中类，80个行业小类中都有自己的代表性企业，尤其是在9个行业大类中，推出具有中国特色、中国风格能影响世界同行业发展的文化产业群，以现代"文化生产—市场动作—大众消费"的企业运作模式，改造以往的"生产—传播—接受"营运习惯，强化品牌意识，做出大而强的文化企业集团。做强做大是应对现代市场竞争的重要手段，《关于深化文化体制改革的若干意见》中指出，要"重点培育发展一批实力雄厚、具有较强竞争力和影响力的大型文化企业和企业集团，支持和鼓励大型国有文化企业和企业集团实行跨地区、跨行业兼并重组，鼓励同一地区的媒体下属经营性公司之间相互参股"。这为下一步集团的内部整合提供了政策支持。

三　数字技术将有进一步的发展和推广，这将成为提升文化产业综合竞争力的主要力量

2005年制定的《十一五发展规划》中指出，"加强宽带通信网、数字电视网和下一代互联网等信息基础设施建设，推进三网融合，健全信息安全保障体系。建设集有线、地面、卫星传输于一体的数字电视网络，构建下一代互联网，加快商业化应用，鼓励教育、文化、出版、广

播电视等领域的数字内容产业发展，丰富中文数字内容资源，发展动漫产业"。数字电视、数码电影、宽带接入和视频点播、电子出版和数字娱乐等新的文化产业群将形成主流，传统文化产业比重过大的问题将在文化产业结构的数字化提升中得到根本性改变。数字化，特别是数字电视的发展现在遇到了一些困难，但是这些困难与整个国际的数字化发展放缓及我国目前的体制瓶颈有一定的关系，但是作为一项新的传播技术，数字化已是不可逆转的趋势，随着国家在数字化基础方面建设的不断完善，数字化发展将会有一个跳跃式、突飞猛进式的发展。

四 产业间合作力度加大，传统产业将会进一步向新兴的文化产业进军

不同产业间的融合，其中特别是金融资本与产业资本的融合，信息设备制造业，软件开发业与信息服务业之间的融合等，都将在未来几年内中国文化产业的发展中明显地表现出来。社会资本与国际资本将多渠道、多形式地进入中国文化产业的核心区域。以金融资本为主力的多种资本形态参与中国文化产业竞争，介入中国文化产业变革，特别是传媒业的变革，将成为影响中国传媒业未来走向的重要力量。文化产业投资主体多元化政策将进一步引导社会资本和国际资本投向与文化产业密切相关的信息业、咨询业、广告业和旅游业。这些产业资本结构的深层全面的变动将给文化产业的上游产品和下游产品及其他后产品的开发带来巨大的扩张空间，文化产业在上述这些领域里毫无疑问地将进入一个快速增长期。

五 文化产业的发展需要政府与民间组织的共同努力

文化产业内部各领域分工将会进一步细化和专业化，如在英国，当前有专门投资文化创意产业的创投，有辅导文化创意产业经营的管理顾问和品牌策略顾问，有实际从事文化创意产业的创意家，有提供政府政策建议的智库主持人，有民间业者社团，有学院学者，其结构是一边有政府，一边是文化艺术创作者，中间是各种层次（社团、创投、顾问公司等）。民间组织有独立游戏开发商协会、英国电影学会、观光协会等，民间组织之间相互合作、推动、交叉设奖促进了文化创意产业各行业的发展。此外，还有半官方性质的组织英国当代艺术中心，由英国政府每年补助 100 万英镑，协助文化艺术与文化创意产业的发展。我国创意产业的发展一方面需要政府的大力支持，另一方面也要民间组织、社会团体发挥应有的作用，协调政府与文化创作者之间的关系，共同推动创意产业的发展。

六 "走出去" 战略不再仅仅是一个口号，将会有实际的行动

"走出去"不仅是经济发展战略，而且也是文化发展战略。适时地在中国的经济发展中实施从"引进来"向"走出去"的战略转变的同时，制定和实施文化与文化产业的"走出去"战略，实行"引进来"与"走出去"并举的方针，也就应该成为今后中国文化产业发展的一个长期的战略安排。由于文化发展对国民经济与社会发展的重要性，以及在国家文化安全方面的特殊性，使得"走出去"不仅具有了经济上的动力，更有了政治安全上的支持，国外大的文化跨国公司每年在中国赚取的大量利润对国内的文化产业来说是一个很大的刺激。新的发展规划里再一次强调文化发展要"走出去"，从当前文化产业发展的情况来看，走出去已经成为一种现实。

2000—2010 年党和政府支持文化产业发展的重大举措

2000 年	十五届五中全会第一次提出要"推动文化产业发展"、"完善文化产业政策"。
2002 年	十六大以政治决议方式作出了"要积极发展文化事业和文化产业"的战略决策。
2006 年	我国发表了第一个《国家"十一五"时期文化发展规划纲要》。
2007 年	十七大又进一步提出了"要提高文化产业在国民经济中的比重，提高国家文化软实力和提高国际竞争力"，实施"重大文化产业项目带动战略"。
2009 年	我国文化产业突破性进展的一年，国务院继颁布钢铁、汽车、纺织等十大产业振兴规划以后又颁布了《文化产业振兴规划》，标志着文化产业已经上升为国家的战略性产业。
2010 年	召开的十七届五中全会，对文化产业发展予以了空前重视，明确提出"推动文化产业成为国民经济支柱性产业"。

小结：文化是一个国家的身份证，21 世纪是文化的世纪，文化将成为衡量一国综合国力的重要内容，文化强国也将成为世界强国，文化产业作为一种实现文化价值的渠道，其发展趋势是一个值得深入研究的问题。另外，中国文化产业的发展趋势对于广西文化产业的发展也指明了方向。

第二节 广西文化产业发展的基本情况

广西历史文化源远流长，底蕴深厚。改革开放以来，随着社会经济的发展，广西文化产业取得了长足的进步，特别是 2001 年自治区党委、政府作出加快广西文化发展的决定以来，自治区文化建设取得了新的重大成就：文化产业呈现多元化发展态势，文化体制改革逐步深化，文化产业发展的内外部环境得到明显改善，文化产业已经成为加快富民兴桂新跨越、全面建设小康社会、构建和谐广西不可缺少的重要推动力。

一 广西文化产业发展的总体情况

根据广西经济普查资料，近年来广西文化产业发展状况如下。

截至 2004 年底，广西文化产业法人单位有 9808 个，占全国文化产业法人单位数的 3.1%。广西文化产业从业人员为 19.85 万人，占全国文化产业法人单位从业人员的 2.2%，占广西从业人员总数的 0.7%。经测算，2004 年广西文化产业当年实现增加值 120.99 亿元，占同期国内生产总值的 3.5%。其中文化服务业实现增加值 52.48 亿元，占文化产业增加值 43.4%，相关文化服务业实现增加值 68.51 亿元，占文化产业增加值 56.6%。

2007 年全自治区文化产业实现增加值 149.91 亿元，占 GDP 的 2.52%，比 2004 年提高 1.03 个百分点，文化产业的不断增长，提高了人民生活质量，推进了和谐广西建设。

2010 年，广西文化产业实现增加值 180.21 亿元（国家统一口径），占全区地区生产总值的比重为 1.88％，总量在全国排第 21 位，在西部 12 省中排第 6 位，占 GDP 的比重在全国排第 22 位，在西部 12 省中排第 6 位。综合这几年的数据来看，文化产业增加值不断增加，但文化产业增加值及占 GDP 的比重，均落后于广西经济总量在全国的位置。

二 广西文化产业发展的结构情况

（一）具体分层情况

文化产业的"核心层"包括新闻服务、出版发行和版权服务、广播电影电视服务以及文化艺术服务等类别，2004 年度共有法人单位 4052 个，从业人员 6.65 万人，拥有资产 80.45 亿元，全年营业收入 49.61 亿元，实现增加值 41.46 亿元。

"外围层"包括以互联网信息为主的网络文化服务，以旅游、娱乐为主的文化休闲娱乐服务和以广告、会展、文化商务代理为主要内容的其他文化服务等类别，2004 年底共有法人单位 3607 个，从业人员 4.47 万人，拥有资产 93.17 亿元，全年营业收入 40.96 亿元，实现增加值 11.02 亿元。

"相关层"包括文化用品、设备及相关文化产品的生产和销售活动，2004 年底共有法人单位 2149 个，从业人员 8.73 万人，拥有资产 100.6 亿元，全年营业收入 106.69 亿元，实现增加值 68.51 亿元。

广西文化产业"核心层"、"外围层"和"相关层"的法人单位个数之比为 41∶37∶22，从业人员之比为 34∶22∶44，资产之比为 29∶34∶37，营业收入之比为 25∶21∶54，增加值之比为 34∶9∶57。

（二）分类别情况

在"核心层"和"外围层"中，规模最大的类别是出版发行和版权服务，有从业人员 2.62 万，占文化产业单位从业人员的 13.2％；拥有资产 57.87 亿元，占 21.1％；全年营业收入 46.41 亿元，占 23.5％；实现增加值 34.72 亿元，占 28.7％。文化休闲娱乐服务排在第二位，从业人员 2.77 万人，资产 54.69 亿元，营业收入 27.72 亿元，增加值

8.1 亿元。新闻服务的规模最小，有从业人员 184 人，资产 25 万元，营业收入 31 万元，增加值 352 万元。

在"相关层"中，文化用品、设备及相关文化产品的生产类别共有从业人员 7.25 万人，拥有资产 62.29 亿元，全年营业收入 47.4 亿元，实现增加值 30.89 亿元；文化用品、设备及相关文化产品的销售类别共有从业人员 1.48 万人，拥有资产 38.32 亿元，全年营业收入 59.29 亿元，实现增加值 7.62 亿元。

到 2007 年，广西文化产业从文化产业组成的三个层次看：核心层 2007 年实现增加值 48.2 亿元，占全区文化产业增加值的 32.2%，比 2004 年减少 2.1 个百分点；外围层实现增加值 37.2 亿元，占全区文化产业增加值的 24.8%，比 2004 年增加 15.7 个百分点；相关层实现增加值 64.51 亿元，占全区文化产业增加值的 43.0%，比 2004 年减少 13.6 个百分点。2007 年核心层、外围层、相关层实现的增加值之比为 32.2：24.8：43.0。

（三）分区域情况

分区域看，2004 年末桂南沿海经济区文化产业法人单位有 3480 个，占广西文化产业法人单位数的 35.5%；桂东经济区 2126 个，占 21.7%；桂北经济区 1483 个，占 15.1%；桂西经济区 1403 个，占 14.3%；桂中经济区 1316 个，占 13.4%。桂南沿海经济区文化产业单位从业人员 6.5 万人，占广西文化产业人数的 32.7%；桂东经济区 5.97 万人，占 30.1%；桂北经济区 3.79 万人，占 19.1%；桂西经济区 1.71 万人，占 8.6%；桂中经济区 1.88 万人，占 9.5%。

桂南沿海经济区文化产业拥有资产 115.2 亿元，占广西文化产业总资产的 42.0%；桂东经济区 39.38 亿元，占 14.4%；桂北经济区 73.44 亿元，占 26.8%；桂西经济区 19.02 亿元，占 6.9%；桂中经济区 27.18 亿元，占 9.9%。2004 年，桂南沿海经济区文化产业营业收入 6.5 亿元，占广西文化产业全年营业收入的 32.7%；桂东经济区 5.97 亿元，占 30.1%；桂北经济区 3.79 亿元，占 19.1%；桂西经济区 1.71 万元，占 8.6%；桂中经济区 1.88 亿元，占 9.5%。2004 年，桂南沿海经济区文化产业单位实现增加值43.7亿元，占广西文化产业增加值的36.1%；桂东经济区25.56亿元，占21.1%；桂北经济区14.24亿元，占11.8%；桂西经济区7.05亿元，占5.8%；桂中经济区6.23亿元，占5.1%。

三　广西文化产业发展的良好势头

（一）文化产业快速增长，增加值占GDP比重逐年提高

2010年，广西文化产业增加值比2009年增长26.9%（本段按照现价计算）。其中增长速度较大的有网络文化服务增长2.64倍，文化休闲娱乐服务增长76.78%，新闻服务增长60%，文化艺术服务增长53.46%，广播电影电视服务增长48.26%，具体情况详见下表。

2010年分行业文化产业增加值对比情况

文化产业分类	2010年（亿元）	2009年（亿元）	2010年比2009年增减	
			数量	+、-%
合计	180.21	142.02	38.19	26.89
一、新闻服务	0.24	0.15	0.09	60.00
二、出版发行和版权服务	37.71	30.04	7.67	25.53
三、广播、电视、电影服务	11.95	9.06	2.89	31.90
四、文化艺术服务	9.10	7.93	1.17	14.75
五、网络文化服务	14.76	10.07	4.69	46.57
六、文化休闲娱乐服务	54.75	40.21	14.54	36.16
七、其他文化服务	9.58	9.43	0.15	1.59
八、文化用品、设备及相关文化产品的生产	38.54	31.47	7.07	22.47
九、文化用品、设备及相关文化产品的销售	3.58	3.66	-0.08	-2.19

2010年，文化产业法人单位从业人员人均实现增加值6.56万元，比全部从业人员人均增加值高3.26万元，比第三产业从业人员人均增加值高2.27万元。从文化产业层别看，人均增加值最高的是核心层，从业人员人均实现增加值7.31万元；其次是外围层，从业人员人均实现增加值7.31万元，相关层文化产业从业人员人均实现增加值3.29万元。

2012 年广西文化产业增加值占 GDP 的比重达到 2.74%，比上年提高 0.24 个百分点，在西部排第 5 位，其中法人单位增加值占 GDP 的比重由上年的 2.28% 提高到 2.51%。按照新的行业分类标准，2012 年广西文化产业实现增加值 356.67 亿元（新口径，当年价，下同），比 2011 年增长 21.63%，总量在全国排 19 位，在西部排第 5 位，增速明显高于同期 GDP 现价增速，呈现快速发展的良好势头，其中法人单位文化产业增加值为 327.79 亿元，比 2011 年增长 22.72%，法人单位增加值总量在西部排第 4 位。

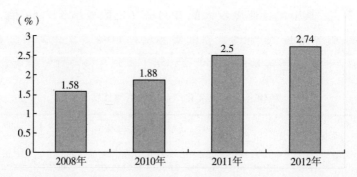

（二）文化服务和文化产品生产主导地位突出

2010 年广西文化服务业实现增加值 85.48 亿元，生产文化产品的工业企业实现增加值 62.97 亿元，其中规模以上工业实现增加值 45.07 亿元，规模以下工业实现增加值 17.9 亿元。这两个大的行业共实现增加值 148.45 亿元，占全部文化产业增加值的 82.38%，成为广西文化产业发展的主力军。

2010 年文化服务业实现增加值 85.48 亿元，占全部法人单位增加值的 53.7%，其中服务业企业实现增加值 68.19 亿元，行政事业单位实现增加值 17.29 亿元。在文化服务业中，比重较大的行业有书、报、刊出版发行业，音像及电子出版物复制和广播、电视传输服务业。

2012 年，在全部法人单位中，文化制造业实现增加值 115.97 亿元，占全部法人单位增加值的 35.38%；文化批零业实现增加值 10.55 亿元，占全部法人单位增加值的 3.22%；文化服务业实现增加值 172. 25 亿元，占全部法人单位增加值的 52.55%；事业单位 29. 02 亿元，占全部法人单位增加值的 8.85%。文化服务业占据半壁江山，主导作用明显。

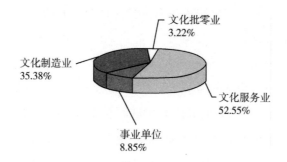

（三）吸纳就业能力不断增强

文化产业规模有所扩大，文化产业单位数量有所增长，截至 2010 年底，广西文化及相关产业法人单位 24464 个，从业人员约 35. 14 万人，占全社会从业人员的比重为 1. 21%，与 2008 年和 2009 年比有所提高。

2012 年广西文化服务业企业、事业单位、规模以上文化产品制造业以及限额以上文化产品批发零售企业共有从业人员 35. 07 万人，其中，服务业企业和文化产品制造业共有从业人员 30.6 万人，占以上几个行业合计的 87. 3%，是文化产业从业人员密集区。

在文化服务业中，广告业从业人员 68123 人，网吧 29004 人，房屋建筑设计 16476 人，游览景区管理 12537 人，互联网信息服务 11415 人，这 5 个行业从业人员 137555 人，占文化服务业从业人员的 68. 8%。在文化产品制造业中，从业人员又主要集中在天然植物纤维编织工艺品制造 26821 人，文化用纸制造 18227 人，焰火鞭炮制造 16646 人，音响设备制造 16615 人，包装装潢印刷及书报印刷 10247 人，这 5 个行业从业人员 88556 人，占文化产品制造业的 83. 56%。以上 10 个行业从业人员占文化产品制造业和文化服务业这两大行业的 73. 88%，显示出广西文化产业从业人员的高度集中性。

（四）文化产业经济效益有所提高

文化用品、设备及相关文化产品销售实现的利润最高。2004年，全区文化产业实现利润85.51亿元，其中文化服务法人单位实现26.7亿元，占31.2%，相关文化服务法人单位实现58.81亿元，占68.8%。

规模以上文化及相关产业工业企业，即文化及相关产业文化产品的生产企业，2010年拥有资产194.39亿元，固定资产原价111.63亿元，实现工业总产值232.4亿元，主营业务收入216.97亿元，利润总额23.07亿元，比2009年增长1.6倍。在规模以上文化及相关产业工业企业中占大头的是机制纸及纸板制造业、包装装潢及其他印刷、天然植物纤维编织工艺品制造、家用音响设备制造、书、报、刊印刷和家用影视设备制造，占文化工业总产值的83.5%。

（五）投资主体多元化

2004年广西文化产业经营性单位（指执行工业、商业和服务业会计制度）实收资本95.45亿元，其中国家资本18.78亿元，占19.7%；集体资本4.11亿元，占4.3%；法人资本34.42亿元，占36.1%；个人资本23.83亿元，占25%；港澳台资本5.88亿元，占6.2%；外商资本8.42亿元，占8.8%。

在广西文化产业法人单位中，内资单位占有绝对优势，港澳台商投资和外商投资的规模很小，仅占1.5%。从内资单位的登记注册类型看，国有3574个，私营3871个，分别占37%和40.1%；集体750个，占7.8%；股份及有限责任公司822个，占8.5%；其他641个，占6.6%。

在广西文化产业单位中，国家绝对控股的仅占6.9%，相对控股的占0.4%，国有控股的文化产业在单位数量上已经不占优势。国有控股比例最高的类别是出版发行和版权服务，为26.5%，其后依次是其他文化服务11%，广播、电视、电影服务7.8%，文化用品、设备及相关文化产品的销售7.1%，文化休闲娱乐服务5.9%。

（六）骨干行业带动作用明显

按照国家统计局制定的《文化及相关产业分类（2012）》，文化产业分为120个行业小类，2012年广西文化产业增加值超亿元的行业有40

个行业，占全部 120 个行业小类的 33%。其中，超 5 亿元的行业有 18 个，占全部行业的 15%；超 10 亿元的行业有 7 个，分别为广告业 37.4 亿元、文化用纸制造业 27.58 亿元，房屋建筑设计 25.13 亿元，电信增值服务 20.68 亿元，网吧活动 16.3 亿元，有线广播电视 14.56 亿元，焰火鞭炮产品制造 10.24 亿元，这 7 个行业增加值 151.9 亿元，占全部法人单位增加值的 45.5%，其中文化服务业 114.08 亿元，占 7 个行业的 75.1%，骨干行业带动作用明显。

小结：本节主要对广西文化产业的基本概况进行了分析，从分析中我们可以发现广西的文化产业在近些年有了长足的发展，广西文化产业"核心层"、"外围层"和"相关层"的法人单位均有增长，从业人员不断增加，文化产业增加值不断增长，成为广西经济的一个新的增长点。

第三节　广西文化产业自身发展存在的主要问题

虽然近几年来，广西文化产业取得了长足的发展，但由于广西是后发展地区，经济基础比较薄弱，文化产业的发展还存在着不少的问题和困难。

一　文化产业总量小，占 GDP 比重仍较低，且地区发展不均衡

2010 年广西文化产业增加值 180.21 亿元，占第三产业增加值的 5.33%，占 GDP 的 1.88%，与全国先进省份相比差距很大。国家制度认可的法人单位增加值总量在全国仅排第 21 位。

单位人员规模偏小。2010 年年末，平均每个文化产业法人单位有从业人员 14.4 人。个体经营户从业人员与法人单位从业人员比较，个体单位从业人员数量是法人单位的 1/3，文化产业集约化、规模化水平亟待提高。

另外，从全区 14 个市的文化产业的发展情况看，2010 年文化产业实现增加值最高的是南宁市（59.29 亿元），其次是桂林、柳州和玉林，分别为 34.2 亿元、19.08 亿元和 18.13 亿元，四个市实现增加值占全区增加值的 64.7%。

2010 年广西各市文化产业增加值情况

地市名称	文化产业增加值（亿元）		文化产业增加值占 GDP 比重（%）	
	2010 年	2008 年	2010 年	2008 年
南宁市	59.29	42.15	3.29	3.20
柳州市	19.08	9.72	1.45	1.07
桂林市	34.2	2.42	3.10	2.74
梧州市	8.76	4.81	1.51	1.20
北海市	9.29	3.32	2.32	1.20
防城港市	2.81	1.36	0.88	0.64
钦州市	2.42	1.83	0.47	0.53
贵港市	3.46	2.18	0.64	0.56
玉林市	18.13	8.49	2.16	1.41
百色市	4.92	2.17	0.86	0.52
贺州市	5.51	4.12	1.86	1.81
河池市	4.21	2.36	0.90	0.64
来宾市	3.12	1.81	0.77	0.66
崇左市	4.63	1.75	1.18	0.64

法人单位增加值占本地区 GDP 比重高于全区平均水平的有南宁（3.29%）、桂林市（3.1%）、北海市（2.32%）、玉林市（2.16%），贺州市、梧州市、柳州市、崇左市的法人单位增加值占本地区 GDP 比重低于全区平均水平但在 1% 以上，其余各市文化产业增加值占 GDP 比重不到 1%。

二 "外围层"比重较大，"核心层"比重较小，文化产业结构不合理

从文化产业组成的三个层次看：文化产业的"核心层"包括新闻服务、出版发行和版权服务、广播电影电视服务以及文化艺术服务等类别，核心层 2010 年实现增加值 59.01 亿元，占全区文化产业增加值的 32.7%，比 2009 年增加 4.4 个百分点；文化产业的"外围层"包括以互联网信息为主的网络文化服务，以旅游、娱乐为主的文化休闲娱乐服务和以广告、会展、文化商务代理为主要内容的其他文化服务等类别，外

围层实现增加值 79.09 亿元，占全区文化产业增加值的 43.89%，比 2009 年增加 12.59 个百分点；文化产业的"相关层"包括文化用品、设备及相关文化产品的生产和销售活动，相关层实现增加值 42.11 亿元，占全区文化产业增加值的 23.4%，比 2009 年减少 16.7 个百分点。核心层、外围层、相关层实现的增加值之比为 32.7：43.9：23.4。

　　总体来说，以新闻出版、广播影视、文艺娱乐业等为主体的核心层文化服务业比重较低。属于文化产业核心层的文化艺术、广播影视、新闻出版等发展缓慢，属于文化产业"外围层"的娱乐文化服务、旅游文化服务、广告服务、会议及展览服务及网吧等新兴文化产业比重偏低，成为制约了文化产业发展的因素之一。

2010 年广西文化产业单位主要指标

层别	文化产业分类	2010 年增加值（亿元）	比重（%）	2009 年增加值（亿元）	比重（%）
	合计	180.21	100	142.02	100.00
核心层	核心层小计	59.00	32.74	47.18	33.23
	一、新闻服务	0.24	0.5	0.15	0.11
	二、出版发行和版权服务	37.71	20.92	30.04	21.15
	三、广播、电视、电影服务	11.95	6.63	9.06	6.38
	四、文化艺术服务	9.10	5.05	7.93	5.58
外围层	外围层小计	79.09	43.89	59.71	42.05
	五、网络文化服务	14.76	8.19	10.07	7.09
	六、文化休闲娱乐服务	54.75	30.38	40.21	28.32
	七、其他文化服务	9.58	5.32	9.43	6.64
相关层	相关层小计	42.12	23.37	35.13	24.74
	八、文化用品、设备及相关文化产品的生产	38.54	21.38	31.47	22.16
	九、文化用品、设备及相关文化产品的销售	3.58	1.99	3.66	2.58

　　通过对广西文化产业发展特征分析，可以看出广西文化产业结构单一，从文化产业增加值的角度看，7 个超 10 亿元的行业增加值就占了全部法人单位增加值的 45.5%。其中工业 2 个行业（造纸和鞭炮）就达 37.82 亿元，占全部法人单位增加值的 11.5%；服务业 5 个行业（广告、

建筑设计、电信增值服务、网吧和有线广播电视）增加值 114.08 亿元，占全部法人单位增加值的 34.8%。从单位数看，主要集中在网吧、广告、文化专业性社团和互联网信息服务 4 个行业。从人员集聚看，主要集中在 10 个行业。扣除重叠部分，实际上具有优势的行业只有 13 个行业，仅占全部文化产业行业的 10.8%，产业结构单一问题凸显。

三　资产负债率偏高，高水平人才缺乏

经营性文化产业单位（仅指执行工业、商业和服务业会计制度）的资产负债率偏高、负债经营的情形较为普遍。经营性文化产业单位中规模以上工业企业的资产负债率平均为 61.5%，限额以上批发零售企业为 67.5%，均高于现代企业对负债与所有者权益之比为 1：1 的要求。"核心层"和"外围层"中文化服务企业的资产负债率虽然平均为 48.2%，但在所涉及的 45 个行业小类中有 15 个行业小类的资产负债率高于 50%。公益性文化事业单位（执行行政事业单位会计制度）平均支出与收入比为 96.6%，收支节余额偏小，在涉及的 45 个行业小类中有 10 个收不抵支。

在文化产业从业人员中，研究生及以上学历的比重仅为 0.7%，本科学历的比重为 9.1%，分别略高于全区第二、三产业平均水平 0.13 个和 1.01 个百分点；有高级技术职称人员的比重是 2.3%，中级技术职称人员的比重是 7.9%，均分别低于第二、三产业的平均水平 3.88 个和 28.43 个百分点。高学历、高职称人员的比例偏低，不能满足文化产业发展的需要。

四　文化产业就业人员层次不一

从广西文化产业从业人员的学历看，具有研究生及以上学历的有 0.15 万人，占全区文化产业从业人数的 0.7%；具有大学学历人员为 5.6 万人，占 28.2%；具有高中学历及以下人员为 14.1 万人，占 71.1%。从专业技术职称看，具有高级技术职称人员有 0.46 万人，占全区文化产业从业人数的 2.3%；具有中级技术职称人员有 1.58 万

人，占 7.9%；具有初级技术职称人员 2.11 万人，占 10.6%。从技术等级看，高级技师有 411 人，占全区文化产业从业人数的 0.2%；技师有 0.1 万人，占 0.5%；高级工有 0.48 万人，占 2.4%；中级工有 0.73 万人，占 3.7%。

在广西文化产业单位从业人员中，女性从业人员达 8.93 万人，占全区文化产业从业人数的 45%。其中，出版发行和版权服务类、文化休闲娱乐服务类女性从业人员均占本类别从业人数的 48.9%；文化用品、设备及相关产品生产类占 48.3%；文化用品、设备及相关文化产品销售类占 47.3%；其他文化服务类占 40.1%；文化艺术服务类为 38.9%；新闻服务类为 37.5%；网络文化服务类为 33.7%；广播、电视、电影服务类为 30%。

五 文化企业规模小，大型企业少，新兴业态发展较慢且不均衡

全区文化企业规模偏小，实力不雄厚。经济普查资料显示，全区平均每个文化产业活动单位从业人数为 18 人，低于全国 27 人的平均水平；平均每个文化产业法人单位资产为 280 万元，仅相当于全国平均水平的 48.6%。此外，现有产业集团与国内外知名的传媒企业相比，整体实力及经营水平亦有较大差距。文化企业跨行业、跨地区整合资源的水平不高，产业链条不完整。

2012 年广西文化服务业企业、事业单位、规模以上文化产品制造业以及限额以上文化产品批发零售企业共有 1.38 万家，从业人员 35.07 万人，平均每个企业从业人员 25.35 人，比同期以上行业平均数少 11.7 人。此外，在全部 1.9 万家文化产业单位中，"三上企业" 仅 527 家，只占全部文化产业单位的 2.77%，其中规模以上工业 291 家，限额以上批零业 115 家，重点服务业企业 121 家。在全部 "三上企业" 中，大型企业 20 家，占全部 "三上企业" 的 3.79%，其中工业企业 4 家，批发零售企业 3 家、服务业企业 13 家，具体情况详见下表。

2012 年广西文化企业规模情况表

	合计	工业	批零业	服务业企业	事业单位
全部单位合计	19057	1956	3672	10111	3318
规模以上企业	527	291	115	121	
大型企业	20	4	3	13	
中型企业	167	102	35	30	

广西具有创意、研发、制作水平的文化企业不多，创造内涵深刻、形式新颖、技术先进的精品力作和知名的文化品牌有限，一些小型企业资源相对分散，缺少文化领域的战略投资者和骨干企业，制约了文化创作发展。

六 与西部文化大省的差距逐步拉大，与支柱产业的要求存在较大的差距

2008 年广西文化产业增加值与西部最大的四川省仅差 45.36 亿元，到 2012 年四川省已成为西部文化大省，文化产业增加值达到 900 多亿元，广西仅相当于四川的 38%。文化产业增加值占 GDP 的比重四川省 2008 年比广西还少 0.02 个百分点，到 2012 年，四川省反比广西多 1.43 个百分点，广西与西部文化大省的差距呈逐步拉大的趋势。

自治区党委政府明确要求，把文化产业打造成为千亿元产业，到 2015 年文化产业增加值占 GDP 的比重达到 5% 以上，但 2012 年文化产业增加值只占 GDP 的 2.74%，与支柱产业的要求存在较大的差距。

七 文化市场经营单位及文化相关产业批发零售业利润下降

2004 年，在全部文化及相关产业中直接从事文化活动的文化服务法人单位实现的增加值占全区文化产业增加值的 43.4%，而提供文化用品、设备及相关文化产品的生产和销售活动的相关文化服务法人单位，实现增加值占全区文化产业增加值的 56.6%，比文化服务业高 13.2 个百分点。与其同时，在财力等生产要素的配置上，作为文化产

业的主体部分——直接从事文化活动的文化服务所占份额也低于文化用品、设备及相关文化产品的生产和销售。直接从事文化活动的文化服务业，实现的增加值低于相关文化服务业实现的增加值。

根据文化部门统计，2010 年文化市场经营单位所有者权益 34.11 亿元，固定资产原值 33.18 亿元，营业收入 27.36 亿元，利润总额 8.66 亿元，比 2009 年下降 4.6%。

限额以上文化及相关产业批发零售业，2010 年拥有资产 40.55 亿元，固定资产原价 8.18 亿元，主营业务收入 59.45 亿元，利润总额 1.72 亿元，比 2009 年下降 14.4%。

此外，广西文化产业发展中还存在全社会固定资产投资中文化产业项目投资比重少等问题。2010 年广西文化产业固定资产投资项目有 1827 项，比 2009 年增加 538 项，完成投资 206.69 亿元，比 2009 年增长 22.8%，2010 年广西文化产业固定资产完成投资额占全社会固定资产投资的 2.63%。全社会固定资产投资中文化产业项目投资比重偏低。

小结：本节主要梳理了广西文化产业存在的一系列问题，主要表现为：文化产业比重仍不足；产业内部结构不合理；人才匮乏、企业规模小，市场不健全等问题。

第四节　广西文化产业对外发展存在的主要障碍

广西是我国唯一与东盟国家既有陆地接壤又有海域相连的省区，独特的区位条件使广西文化产业"挺进东盟"具备"先天优势"。然而，广西面向东盟发展的文化产业与周边省份的差距依然较大。2010 年广东文化产业增加值就已达到 2524 亿元，占全省 GDP 比重 5.6%，广西文化产业增加值 2010 年仅为 240 亿元左右，与广东相差 10 倍多。当前广西文化产业发展尚滞后于同期经济发展水平，对广西与东盟之间贸易总量的贡献率也不高。不少业界专家学者提出广西文化产业发展尚存在缺乏规划、产业不够集群、人才稀缺等问题，建议广西宜打好"东盟牌"发展文化产业,进一步助推中国—东盟自贸区惠及更多领域。然而,中国与东盟区域的经济合作也存在诸多不利因素,本节就着重分析影响双方发展的障碍性因素,从而有利于促进双方更好的经济合作。

一 影响中国—东盟区域经济健康合作的政治性障碍

（一）中国—东盟区域经济合作在政治主导下的发展动力问题

中国—东盟自由贸易区的构想最初是在中国和东盟国家领导人的会议上提出的,也就是说,该贸易区自诞生之日起就带有一定的政治色彩,而且就双方的贸易伙伴而言,双方最大的贸易伙伴都是欧盟、美国和日本。也就是说,中国和东盟双边的贸易在各自的贸易领域都不是起主导作用的一方。双方的发展在很大程度上都依赖本贸易区外的其他经济体,为了促进各自经济的发展,在与外部经济体的经济合作方面必然存在着不可避免的竞争。成立的初衷是效仿欧盟区域经济一体化所展现出来的竞争优势,但是本贸易区是在政治主导下的一种经济驱动,而且各个国家间还没有像欧盟那样成为一个整体,所以如何平衡好经济利益与政治利益是中国和东盟长期经济合作中需要解决的一个问题。

（二）中国—东盟自由贸易区内的主导权问题

中国—东盟自由贸易区中,中国是最大的经济体,同时也是最大的消费市场,东盟十国加起来的市场容量还是远远小于中国。但是即使是这样的情况,东盟却牢牢地握住了中国—东盟自由贸易区的合作主导权,从而借助中国庞大的市场来弥补东盟内部市场狭小的不足,实现了本区域内经济资源的更好整合。在此过程中,东盟通过巧妙而稳妥的策略利用其对别国不具威胁性的优势和自身一体化的经验,赢得了中国这个最大的发展中国家的信任,掌握了东亚经济一体化的主权。东盟采取的是"同心圆"战略,将主要的大国:中国、日本、韩国、印度、俄罗斯和澳大利亚等国整合在了一起。而且,从东盟的布局来看,东盟不仅仅是要主导东亚经济一体化进程,其长远的意图是主导包括整个亚洲在内的经济一体化进程，甚至在亚太一体化的进程中也有很大的话语权。所以东盟在未来亚洲经济一体化进程中想要发挥的作用是相当深远的。而且东盟所设计的一体化机制也特别灵活，"10＋1""10＋3"甚至"10＋6"中的1、3和6都是相当有弹性的，也就是根据不同的经济内外环境，采取了增加不同经济合作对象的方法，这样的机制对于整个亚洲的一体化是一个很好的蓝本。然而，从东盟意图在中国—东盟区域经济内所扮演的角色可以看出，东盟始终占据主导地位，而中国只是参与到这个对经济发展有巨大推动作用的经济区域内，尤其是对云南和广西等地区经济发展的推动作用，但在其中却不占主导地位。而我国是全球第三大经济实体，也是全球未来最大的消费市场，在一定程度上来说，现在我国在中国—东盟自由贸易区的地位与我国是全球第三大经济体的地位是不一致的。对于一个大国来说，这样的情况是不能长期容忍的，我国必将会在本贸易区内争取更大的话语权。

（三）中国与东盟经济合作中的大国博弈问题

以东盟为主导的东盟自由贸易区已经逐渐成为大国之间角逐的一个重要平台，东亚的地缘政治因素也决定了其对整个亚洲和亚太地区的影响力。所以，在美国、日本等亚太大国纷纷融入该自由贸易区后，大国之间的战略较量和利益平衡成为中国必须面对的问题。而东盟的困境是既担心被卷入大国的实力游戏之中又需要借力打力。东盟各国都希望日本能在美国与日益崛起的中国之间，发挥平衡器的作用，而中日关系一直都是很微妙的，所以中日关系的友好与否对东盟成员国也是个时好时坏的因素。随着中美日都加入到亚太经济一体化的进程中，欧盟出于自身的考虑，也不想被排除在亚太经济一体化之外，也已经与东盟谈判，希望可以早点加入到这个贸易区内。毕竟，随着全球经济开始向亚洲转移，东盟有可能在2050年之前就成为世界上最大的出口区。早在2007年欧盟就提出以"区域对区域"的方式推进双方的谈判进程。但是，鉴于东盟和欧盟在经济实力上的巨大悬殊，谈判就呈现了一种不对称的状态。可以预言的是，随着世界上几大经济发达国家或者区域的不断加入，中国经济的发展，中国—东盟自由贸易区是最大的世界出口区将是实至名归。但是，区域内大国之间的博弈结果是很不确定的，可以想见的是：随着成员的不断加入，短期内中国在其中很可能是处于不利状态的，而大国博弈的状态将成为考验该贸易区是否健康发展的一个因素。如果处理不好，势必会成为发展的障碍。

（四）南海问题

冷战结束后，和平与发展成为世界主题，世界经济快速发展。世界各国快速发展，相互合作增多，中国与东盟都有使关系正常并进一步发展的强烈愿望。在亚太地区，随着朝鲜半岛和台海局势的缓和、柬埔寨问题的解决，地区局势持续稳定，发展成为本地区第一要务。在此背景下，南海问题却日渐升温，成为中国与东盟关系正常化和初步发展的最大绊脚石，在很大程度上延缓了中国与东盟关系的正常化和初步发展进程。南海问题加深了东盟对"中国军事威胁论"的忧虑，增加了中国东盟政治关系的不信任。

从与东盟各国的双边层面来说，20世纪90年代，南海问题引发的较大冲突有中菲美济礁事件、中越有关海域划界问题和中菲黄岩岛事件，导致中国与东盟个别国家的政治关系紧张。从东盟组织层面来看，南海问题已被东盟提上日程，《东盟关于南海的声明》是第一个以东盟名义发表的有关南海问题的政治文件。1995年在杭州召开的"中国—东盟"双边高官政治磋商会议，东盟官员首次联合起来要求讨论南海问题，力图使南海问题多边化，而与南海问题无关的新加坡、泰国也参与进来。从此，南海问题便成为东盟所关注的重要内容，增加了东盟与中国的政治不信任。

进入21世纪，区域经济一体化如火如荼，尤其在亚太地区，各国合作不断深化。中国与东盟在政治、经济、文化等领域的合作已达到较好水平，但与中美、中欧关系相比，中国东盟关系还有待进一步扩展深化。随着21世纪世界形势发生变化，南海问题也呈现出新的特点，南海问题严重阻碍着中国与东盟关系的扩展。面对这种局面，中国政府一方面以多种形式继续对南海诸岛及其附近海域宣示主权；另一方面，中国始终保持克制态度，以谈判为主，缓和矛盾，建立互信，提出"搁置争议、共同开发"的主张。

2014年5月10日，在缅甸举行的东盟外长会就南海问题发表声明。由于近来菲律宾在半月礁海域非法抓扣中国渔船渔民、越南在西沙海域无理干扰中方海上钻井活动，这次东盟外长会单独就南海问题发表声明，受到舆论关注。从内容看，该声明呼吁南海各方根据包括联合国海洋法公约在内公认的国际法原则，保持克制，避免采取影响地区和平稳定的行动，通过和平手段解决争端，不诉诸武力或以武力相威胁，维护南海的和平稳定、海上安全、海上和空中自由航行，充分有效履行《南海各方行为宣言》，尽早达成《南海行为准则》。声明认为"南海目前的形势发展增加了地区紧张"。

这并非东盟外长会第一次就南海问题发表专门的声明。早在1992年7月，在马尼拉召开的东盟外长会发表了《关于南中国海问题的东盟宣言》。3年后的文莱东盟外长会在中国与菲律宾围绕美济礁发生摩擦的背景下发表了《关于南中国海最近局势的声明》。之后每年的东盟外长会、东盟峰会几乎都或多或少地涉及南海议题。

南海问题原本就不是中国与东盟之间的问题，其实质和根源是中国与一些东盟国家围绕南沙群岛部分岛礁的领土争议以及部分海域重叠争议，应通过直接与当事国协调谈判和平解决。东盟系列会议并非讨论南海问题的恰当场所，不能允许个别国家利用南海问题破坏中国—东盟友好合作大局。事实上，自1992年首次就南海问题发表声明以来，东盟作为一个集体，在南海争议问题上一再强调不持立场，认为东盟本身并不是南海争端的一方，不"选边站"。

日前，新加坡外长尚穆根在接受媒体采访时表示，在南海问题上"东盟必须保持中立，但保持中立并不意味着保持沉默，我们不能保持沉默"。在尚穆根看来，选择"中立但不沉默"，符合东盟的利益。东盟成员国在南海问题上的处境、立场和利益并不一致，与中国关系的亲疏远近也不相同，东盟难以在中国与南海其他声索国之间"一边倒"。与此同时，东盟又要显示自身团结和"公信力"，展示在南海问题上"当仁不让"的主导性。

这就需要东盟拿捏好"中立但不沉默"的尺度。一方面，菲律宾、越南企图在南海问题上绑架东盟，拿东盟看重的"团结"、"协商一致"来要挟东盟，逼迫其他东盟国家同他们站在一起；另一方面，中国政府郑重表示，对加强南海合作的积极行动，中方都会倾力支持，对破坏南海和平稳定的挑衅行为，中方会果断回应。中国对南海诸岛及其附近海域的主权不可能拱手相让，中国可以同东盟协商维护南海地区和平与稳定的途径和方式，但涉及领土主权和管辖权的争议只能由声索国双边磋商和谈判处理。东盟的"团结"来自能否维护地区的整体利益，而不是偏袒个别成员国的私利，或者沦为域外国家制衡中国的工具。

东盟在南海问题上表达了自己的"最低共识"，中国在南海问题上有自己的底线。事实证明，双方在南海问题上的立场并非对立不可调和。如何处理好南海问题，既是对中国的考验也是对东盟的考验。

二　中国和东盟成员国经济健康合作的经济方面障碍

中国—东盟区域经济合作中的障碍性因素随着全球经济一体化和区域一体化成为必然，我国与东盟打造区域自由贸易区，为促成双方的经济合作提供了良好的发展机遇，但贸易区内也存在以下这些障碍问题。

（一）经济发展水平接近和经济同构问题

东盟自由贸易区是由文莱、印度尼西亚、马来西亚、菲律宾、新加坡、泰国、柬埔寨、老挝、缅甸和越南10国组成的，加上中国组成了中国—东盟自由贸易区。这11国之间在经济上的合作空间是很大的，但是东盟成员国中，前6个相对发达，除新加坡外，区域内基本都是发展中国家，显然这个自由贸易区的经济发展水平整体不高。虽然中国已经成为世界第三大经济实体，但由于人口众多，人均收入并不高，依然属于发展中国家。同为发展中国家意味着，他们的经济发展水平与发达国家相比并不高。由于经济发展水平的限制，所以贸易区内贸易额与欧盟内部贸易额相比现在还小很多。所以这11国不仅要注重贸易区内经济合作的拓展，更多的也要与贸易区外的其他经济体来往。研究一下这些国家的经济结构可以发现另外一个问题，就是这11国大多是以劳动密集型产业为主，即以廉价劳动力作为竞争的主要优势，都面临产业调整的压力。这时就缺乏可以推动这些国家进行结构调整的主导国家，而且其中的柬埔寨、老挝、缅甸和越南在劳动力成本方面与我国相比，这几个国家的成本更加低廉，这在无形之中对我国的部分劳动密集型产业会有很大的冲击。经济同构造成的贸易竞争必然成为合作发展的障碍。

（二）中国与东盟在吸引外资方面存在竞争问题

东盟成员国大都属于发展中国家，而中国更是全球最大的发展中国家，同为发展中国家意味着要想加快各自的发展，都需要更加注重吸引外资，从而对本国的发展起到加速推动的作用。但是由于中国和东盟成员国在经济结构上存在同构的现象，这些结构类似的产业相互已经存在不可避免的竞争，为了发展，吸引外资方面自然也会成为竞争的一个方面。据统计，仅2000年，中国就吸引了450亿美元的外资，而东盟10国一共只有80亿美元。到了2009年中国实际利用外资金额更是达到900.3亿美元，仅次于美国，位居世界第二。同时，中国和东盟的双边贸易额也在一直扩大，形势相当喜人。截至2009年11月底，中国与东盟的贸易额达到了1870亿美元，东盟成为中国的第四大贸易伙伴，中国是东盟的第三大贸易伙伴。预计2009年全年中国与东盟的贸易额有望达到2000亿美元。从相互投资看，截至目前，中国在东盟累计投资50亿美元，东盟在华累计投资550亿美元。东盟正成为中国企业对外投资的重要市场。随着中国—东盟自由贸易区的正式建成，相互之间的投资额一定会进一步提高。可以看出，无论是贸易区外还是贸易区内，我国吸引外资的能力都很强势，但是这样的不平衡自然让东盟心存疑虑，无形之中就会成为健康合作的障碍，只有平衡发展才能维持贸易区的和谐发展。

（三）中国—东盟自由贸易区域内的整合问题

自我国与东盟建立自贸区以来，我国各地掀起了与东盟对接的热潮，但各方都将目光仅仅局限于本地经济与东盟的对接，很少涉及共同协作。而且东盟成员国之间经济发展水平差距偏大，据2005年数据显示，成员国内人均国内生产总值的差距高达100多倍，这比欧盟内部的16倍和北美自由贸易区内的30倍都高很多。这么大的差距在短时间内很难有所改观。成员国之间经济发达程度的差距在同一个国家的不同地区，区域内各个国家之间，同样存在。如何整合各个省市、各个国家之间的经济资源考验着该区域经济一体化的进程。而且，为了快速实现中国—东盟区域经济一体化的进程，东盟致力于整合更多临近地区的经济体，比如日本和韩国。但是关于整合其他国家的问题上，中国和东盟的态度存在不利于发展的分歧。中国倾向于"10＋3"的模式，即将日本和韩国纳入体系内，但是东盟却倾向于"10＋6"的模式，即加入中日韩的同时，加入印度、澳大利亚和新西兰。但是究竟选择哪一种模式，双方还需要进一步的商讨。所以中国—东盟区域的整合是个大的工程，而且已经不仅仅只涉及经济问题了，其中也牵涉到政治问题。

三　影响中国—东盟区域经济健康发展的其他障碍

（一）政府作用及市场环境建设

首先，广西在与东盟经济合作的战略布局上缺乏文化交流与产业合作的计划文本。广西与东盟的文化交流与文化产业合作还缺乏具体的国际谋划文本。2007年11月，在新加坡召开的"10＋1领导人峰会"上，我国国家领导人在讲话中建议在中国—东盟文化论坛期间可商签《中国—东盟文化产业互动计划》，这一建议得到了东盟各国的积极响应，但至今未见正式文件公布。这对广西与东盟国家深化文化交流与产业合作带来了一定的不利影响。

其次，地方政府尚未制定文化产业进入东盟国家的总体规划和实施步骤。广西印发了"文化产业发展'十二五'规划",提到"积极开拓国内外文化市场""努力扩大对外贸易",但尚未对与此配套的广西文化产业进入东盟进行总体规划;尚未做到把开拓东盟市场作为广西文化产业新的增长点和战略新支点;没有明确哪些文化产业领域重点与东盟对接;尚未制定具体鼓励和支持文化企业进入东盟的政策;尚未看到如何加大产业面对东盟的资金投入;广西与东盟各国尚未签订关于文化产业的备忘录,尚未建立与东盟对接共谋发展文化产业的工作机制。这些必然会影响广西在政府层面上有意识地与东盟进行文化产业的对接。

（二）技术—信息平台不完整、数字技术欠缺

广西应完善互联网信息交易平台。现在,货源信息,车辆信息,招商、招聘、招租等互动平台,主要是通过互联网来满足企业与个人在信息方面的需求,每一个城市都有独立的信息平台,通过该平台,企业或个人可以在网站相应板块中找到自己所需信息,同时,互联网信息交易平台还为企业提供了招商、招聘、招租等需求功能。

为了双方更好的贸易往来,更加完善的银行结算体系是必需的。毕竟,完善、高效的银行结算体系对于国家间的对外交往和贸易往来是不可或缺的。但现在的事实是,边境地区的小额贸易一般都不通过银行的结算,而是双方面对面地自行解决。以广西为例,2009年作为广西与东盟主要贸易方式的边境小额贸易进出口额为31.2亿美元,增长54.8%,占同期广西与东盟贸易总额的63%。边贸结算主要有银行边贸结算、现钞与个人储蓄账户结算、"地摊银行"等方式,其中银行边贸结算占88%,其他方式占12%,且主要以人民币为结算货币。"地摊银行"结算结算速度快、手续简单、收费少、随到随办等优点得到边民的普遍认同。但是为了双方的长远发展,完善的银行结算体系必须尽快完善,从而更好地衡量双方贸易的真实状况。

（三）交通条件有待加强

东盟国家中的缅甸、越南、老挝与我国广西、云南紧邻,所以我

国与东盟国家进行贸易往来时，在陆运上必然经过这些国家，但是这些国家和我国的西南地区的交通建设还相当不完善。以云南为例，云南与东盟贸易主要是公路运输，但云南地处横断山脉，多山路，这样的特殊状况对于公路运输是很不利的。另外的运输方式就是江运，但是受澜沧江和湄公河航道运输条件比较差、可运输时间短的影响，江运成本比较高，所以大多都选择成本相对最低的海运。但是就中国—东盟贸易区的长期发展来看，中国和东盟交通条件还需要双方在以后尽快改善。

（四）广西文化产业基础差

中国—东盟自贸区建成后，东盟已成为我国第四大、广西第一大贸易伙伴。但作为经济发展新引擎的广西文化产业对贸易总量贡献率较小，这对于实施国家外交战略，推动中国—东盟文化交流合作，发展广西的特色产业都是不利的。

概括而言，广西面向东盟发展文化产业尚存在两大问题。

第一，产业主体自身束缚，缺少与东盟国家对接的文化产业大型项目和产业集群。2008 年以来广西大力宣传与东盟合作开展大型文化产业项目，其中有越南海上"印象·下龙湾"、柬埔寨吴哥窟"微笑的高棉"大型实景演出，但至今未见项目有实质性进展。

第二，人才匮乏制约广西文化产业与东盟对接。广西文化产业面向东盟发展受到人才瓶颈的制约。东盟各国国情不同，语言各异，广西文化产业要与之对接，亟须大量既懂东盟国家语言，又懂文化产业的国际性专门人才。而目前广西现有的教育体系中东盟小语种专业局限于语言教学，缺乏既懂外语又懂东盟文化和经营管理的专业人才的培养。

（五）广西北部湾经济区对 CAFTA 作用不明显

多区域合作格局下广西北部湾经济区各种优势叠加，已经取得了很多合作成果，但也存在一些优势冲突，需要进一步合理利用这些合作优势，才能实现跨越式发展，使广西北部湾经济区发展成为中国经济增长新一极。

第一，对接国际、国内两个层面的合作，全方位、多层次地加强开放与合作。在多区域合作格局中，要切实推进区域经济合作，实现各方的联动开放、互动发展。要把广西北部湾经济区放到CAF-TA建设、西部大开发和泛珠三角区域合作的大格局中去考虑，注意做好该区域发展与国家发展及国际合作的衔接。对外，紧紧抓住广西北部湾经济区作为CAFTA建设桥头堡的机遇，充分利用国际合作，强化与东盟各国的贸易往来，发展外向型经济，建设CAFTA国际性区域经济中心。对内，利用泛珠三角区域合作等国内区域合作的有利条件，承接东部发达省市产业转移，承接东部，服务西部，主动承接粤港澳产业转移，强化与西南腹地的互动，作西部大开发的领头羊。

第二，充分利用国际组织资助及国家政策优惠，大力完善交通运输网络，构建区域性物流中心和泛北部湾地区的国际航运次中心。广西境内高速公路和铁路线交织成网，已初步形成了北部湾港口群与后方腹地联系的主通道，还需要进一步完善以南宁为中心、以沿海三市的港口群为依托的背靠大西南、面向东盟的海陆空综合性交通运输网络。充分发挥海洋优势应是北部湾经济区发展的重点，要以港口为核心，整合港口资源，加快北海、钦州、防城港三港为主的港口群整合力度，共同建设海上通道。重点建设防城港、钦州港、北海港现代化大型组合港，使之成为中国—东盟海上交通枢纽和泛北部湾的重要航运中心，可争取UNDP资金，尽快建设通往越南的沿海铁路和高等级公路，完善水陆联运系统。

第三，充分利用资源、产业互补性，加强国际、国内产业分工与协作，优选重点领域，推进产业对接。广西北部湾经济区产业结构调整和升级面临要素短缺（主要是资金和技术的短缺）和市场约束两大难题，借助多区域合作优势，吸引国内外资本、技术、人才、品牌等关键要素流入，同时也可拓展国际、国内市场。紧跟CAFTA的建设进程，注意构建面向东盟市场的出口结构，由出口结构的升级带动产业结构的升级，加强与泛珠三角成员间产业协作，明确自身比较优势，强化产业链分工合作，主动承接发达地区产业梯度转移。

小结：如何使中国和东盟在贸易区建成之后实现双赢的局面还需要双方将上述障碍进行扫除或者妥善解决，从而更好、更快地实现东亚经济一体化，只有这样，双方的发展才能更加长远。

第七章　构建广西文化产业圈应遵循的原则

第一节　贯彻两个基本原则

文化的发展就是文化创新的过程。文化发展的实质，就在于文化创新。文化创新，是社会实践发展的必然要求，是文化自身发展的内在动力。文化创新可以推动社会实践的发展，文化创新能够促进民族文化的繁荣。广西文化产业的发展也必须做到创新，这就要求做到两点要求：继承传统，推陈出新；面向世界，博采众长。

一　继承传统，和而不同

（一）继承传统文化的必要性

传统文化是在长期历史发展中形成并保留在现实生活中的、具有相对稳定性的文化。传统文化具有相对稳定性。传统文化在世代相传中保留着基本特征，同时，它的具体内涵又能够因时而变，有些传统文化在当今社会被赋予新的内涵。传统文化还具有鲜明的民族性。传统文化是一个民族在长期的共同生活过程中创造的，具有鲜明的民族特色、民族风格和民族气派，传统文化是维系本民族生存和发展的精神纽带。为什么人们会"每逢佳节倍思亲"，正是因为在传统节日中，人们勾起了无限的乡愁，激起了无限的亲情。从传统习俗、传统思想等各个方面的延续中，我们还可以感受到传统文化的继承性。任何时代、任何地区文化的发展都离不开对传统文化的继承；任何形式的文化都不可能摒弃传统文化从头开始。一个地区在文化发展的过程中如果漠视对传统文化的继承，就会失去发展的根基。

建设优秀传统文化传承体系，是保护中华民族赖以生存发展的文化根基的需要。任何一个国家的文化，都有其既有的传统、固有的根本。抛弃传统、丢掉根本，就等于割断了自己的精神命脉，就会丧失文化的特质。中华文化历史悠久、底蕴丰厚——天下兴亡、匹夫有责的爱国传统，天地之间、莫贵于民的民本理念，以和为贵、和而不同的和合思想，革故鼎新、因势而变的创新精神，富贵不淫、威武不屈的高尚气节，扶正扬善、恪守信义的社会美德。这些优秀的传统文化精神，几千年始终延续发展，成为维系民族成员的心理纽带，成为振奋民族精神的力量源泉，成为中华民族延绵不绝的精神支柱，为中华民族生生不息、发展壮大提供了丰厚滋养，对中华民族自立于世界民族之林起到了巨大作用。

对于当今中国来说，深厚的民族传统文化是我们文化安身立命的重要根基，必须以对民族、对历史、对后人高度负责的精神，把传承优秀传统文化作为义不容辞的责任，更好地用优秀传统文化滋养民族生命力、激发民族创造力、铸造民族凝聚力，建设好中华民族共有的精神家园。

（二）广西民族传统文化与广西文化产业发展的联系

在我国传统文化中，少数民族传统文化是中华民族传统文化的重要组成部分。源于少数民族风俗习惯的传统文化，对本民族的生存与发展、对中华民族的生存与发展起着不可估量的巨大作用。在建设社会主义物质文明和精神文明，繁荣祖国文化，向小康目标奋进中，是一份潜力巨大的资源财富，更能发挥巨大的作用。民族传统文化产生于民间，传承于社会，是一种悠久的历史文化传统，是一种集体性的文化积淀，是人类物质文化和精神文化的一个重要组成部分。了解一个民族，必须了解她的文化；尊重一个民族，必须尊重她的文化；发展一个民族，必须发展她的文化。人类社会在漫长的历史演进中，始终面对着文化的差异和社会生活多样的客观现实。

广西文化产业的发展不能脱离广西的本土文化，更不能离开其民族传统文化。根据《中华人民共和国宪法》，1958 年 3 月 5 日成立了广西壮族自治区，实行区域自治。壮族是广西壮族自治区主体，此外还有瑶、苗、侗、仫佬、毛南、京、回、仡佬、彝等世居民族。各兄弟民族都有自己独特的风俗习惯和民族传统文化。继承、弘扬和发展民族传统优秀文化对落实民族文化政策，搞好民族团结，促进民族地区经济发展，稳定社会，推进广西文化走向亚洲、走向世界的宏伟目标具有重要意义。

另外，广西壮族地区的歌文化非常普及，历史也十分悠久。历代文献对壮族先民喜爱唱歌均有记载。凡有壮族人聚居的地方，"歌圩"文化十分盛行。壮族人的民歌大量是口头文学，善于即时即席即编即唱。壮族的歌文化表现了壮族以歌代言、以歌说情、以歌抗争、以歌道礼的民族情感，无处不闪耀着民族传统文化的辉煌。广西文化发展也需要重视这些传统文化。

（三）继承优秀传统文化，时不我待

随着现代社会经济的发展和现代文明的渗透，少数民族地区的生产、生活方式和人民群众的生活环境发生了很大的变化，一些少数民族地区的文化出现逐步模糊、属性不确定，一部分民族文化由于传承而面临断层等。随着异族异地文化的介入，地方独特的传统民族文化和风情有可能逐渐被冲淡、同化甚至消亡。因此，我们必须加强对优秀民族传统文化的保护。在这个过程中，必须做到统一思想、统一政策、统一计划，做到保护、弘扬、利用三结合。在实践中必须处理好几个关系。

第一，正确处理弘扬民族文化与民族团结的关系。广西少数民族众多，处理好这一对关系十分必要。

第二，正确理解先进文化与少数民族传统优秀文化的关系。处理不好，往往容易将少数民族优秀传统文化当"土货"不予重视甚至歧视。对少数民族传统文化中的优秀部分要给予发扬，尤其是本地特色的民族传统文化，如歌文化，以其教育人、鼓舞人。

第三，发展民族旅游服务，促进建设有民族文化特色的小康社会服务。这一点，目前广西做得还不错。

第四，国家立法保护民族传统文化。对少数民族传统文化，要系统调查了解，要立案立档立法。出于一种保护民族文化的急迫感和危机意识，近年来，我国制定和实施了一系列保护民族文化的法律法规和政策措施。2006年公布的国家"十一五"（2006—2010）文化发展的规划纲要中，出台了一系列保护发展少数民族文化的具体措施，如整理少数民族古籍目录提要、提高以民族文字为基础的新闻出版能力、保护和尊重人口较少民族的语言文字、风俗习惯等。

第五，充分发挥教育在传统文化继承中的作用。教育是人类特有的传承文化的能动性活动，具有选择、传递、创造文化的特定功能，在人的教化与培育上始终扮演着重要的角色。随着教育方式的不断变革，教育在人类文化的传承中将产生越来越大的影响。广西壮族自治区政府充分重视教育的作用，尤其是强调义务教育阶段优秀传统文化的传承教育。

二 鼓励创意，推动创新

（一）文化创新的必要性

党的十七大报告提出："提高自主创新能力，建设创新型国家"，并作为国家发展战略的核心和提高综合国力的关键。文化的发展是一个历史的、连续的过程，是在既有传统基础上进行的文化传承、变革和创新。马克思曾经指出，"人们自己创造自己的历史，但是他们并不是随心所欲地创造，并不是在他们自己选定的条件下创造，而是在直接碰到的、既定的、从过去承继下来的条件下创造"。文化发展的历史也是如此。优秀传统文化是我们文化发展的母体，是进行文化创造的深厚土壤，不仅铸就了历史的辉煌，而且在今天仍然闪耀着时代的光芒。优秀传统文化是实现中华民族伟大复兴取之不尽、用之不竭的思想源泉，我们要在广征博采的基础上廓清历史文化发展脉络，认真挖掘提炼传统文化的有益思想价值，进行深入系统的研究阐发，做出通俗易懂的当代表达，并赋予新的时代内涵，使其与当代社会相适应、与现代文明相协调，在新的历史条件下继续发扬光大。当然，继承民族优秀传统文化，不是回到过去、守旧复古，而是按照取其精华、去其糟粕，古为今用、推陈出新的要求，进行科学梳理、精心萃取，从传统文化与时代精神结合上进行新的文化创造，用新的思想、新的精神丰富文化宝库，不断创造符合当代精神和时代潮流的新文化。

推动广西文化大发展大繁荣，发展广西文化产业同样需要自主创新。文化创新，理念创新是核心，体制机制创新是关键，内容形式、传播载体创新是主体。要始终把文化创新、创业文化作为文化发展的战略基点和动力，充分调动广大文化工作者的积极性，激发全社会的文化创造活力，推进文化与经济、科技的融合创新发展，不断推出文化创新成果，着力提高广西文化软实力和竞争力。

（二）广西文化产业创新的必由之路

1. 根本途径

社会实践是文化创新的源泉。所以，立足于本地社会实践，是文化创作的基本要求，也是文化创新的根本途径。实践有诸多的含义，在马克思主义哲学中，实践是指人能动地改造客观世界的物质活动，是人所特有的对象性活动（即主观见之于客观活动）。在恩格斯的自然哲学中揭示人的思想产生于劳动即人的主观意识产生于人的实践行为，同时人的主观意识反作用于客观存在。在马克思那里，其主要强调人的社会实践，强调实践的社会性，强调人的社会意识具有的主观能动性和历史性。文化作为社会意识的一种表现，其来源必然是当前的社会存在，其创新发展必须来源于当前的社会实践。所以，中国文化产业的发展就脱离不了中国客观实际，广西文化产业的发展就离不开广西的客观实际情况。

2. 基本途径

文化创新的基本途径之一：继承传统，推陈出新。着眼于文化的继承，"取其精华，去其糟粕"，"推陈出新，革故鼎新"，这是文化创新必然要经历的过程。一方面，我们不能离开传统，空谈文化创新，任何时代的文化，都离不开传统文化的继承；另一方面，体现时代精神，是文化创新的重要追求。文化创新，表现在为传统文化注入时代精神的努力之中。

文化创新的途径之二：面向世界，博采众长。不同民族文化之间的交流、借鉴与融合，也是文化创新必然要经历的过程。实现文化创新，需要博采众长。博采众长就是文化的交流、借鉴与融合，是学习和吸收各民族优秀文化成果，以发展本民族文化的过程；是不同民族文化之间相互借鉴，"取长补短"的过程；是在文化交流与文化借鉴的基础上，推出融会多种文化特质的新文化的过程。建设优秀传统文化传承体系，同时也是吸纳融会外来优秀文化成果、在与世界文化对话交流中丰富发展中华文化的需要。任何一种文化都不可能与世隔绝，都需要从其他文化中汲取养分。在人类几千年的历史上，不同文化尽管有过摩擦、碰撞和冲突，但交流、借鉴和融合始终是发展的主流。一个民族要跟上时代，就必须善于同其他国家和民族进行广泛交流合作，学习和借鉴外来文明成果，取诸家之长，走自己的路。中华文化之所以生生不息、经久不衰，就在于它具有海纳百川、有容乃大的胸襟，具有博采众长、兼收并蓄的传统。虽然我们也有过封闭时期，有过闭关锁国、抱残守缺的教训，但在漫长的历史上，开放包容构成了中华文化发展的主体，中华文化在吸收借鉴中不断丰富壮大。

小结："继承传统，推陈出新，面向世界，博采众长"是文化创新和发展的重要途径。但是在继承传统的过程中，也应该学会甄别不同的传统文化，对于优秀的传统文化我们要将其发扬光大，对于传统文化中的糟粕，我们要将其剔除。在引进外来文化的过程中，我们也要注意学习借鉴，不是简单模仿、照抄照搬，不能生吞活剥、囫囵吞枣，要坚持以我为主、为我所用，始终保持自己民族文化的主体性和独立性。广西在进行文化交流创新的时候也务必遵循这一要求，既要利用好本地优秀传统文化资源，又要注入时代精神，同时还要博东盟之所长、世界之所长，以此推进广西文化产业的大发展大繁荣。

第二节　体现国家外交理念

"睦邻、安邻、富邻"的周边外交政策，是我国领导人对党的十六大确定的"与邻为善，以邻为伴"重要方针的第一次具体阐述，是对近年来我国周边外交实践新的概括和总结，进一步丰富了我国外交政策的内涵。这一政策主张丰富和发展了中国传统的睦邻友好外交政策，为推动我国开创外交新局面注入了新的活力，也为今后中国的现代化建设创造了更加良好和稳定的外部环境。广西文化产业的发展也要做到与周边国家互利共赢，共谋发展，充分体现这一理念。

一　实施"睦邻、安邻、富邻"的原因

（一）我国复杂的地缘环境。同世界其他大国相比，中国的周边地缘环境最为复杂。首先，我国是世界上拥有邻国最多的国家，陆地边界22000多公里，海岸线18000多公里，周边国家多达29个，其中直接接壤邻国就有15个。我国是历史悠久的文明古国，周边不少国家与我国交往很深，接触很广，历史上的一些恩怨现在仍有影响。其次，我国周边的多样性突出，各国社会制度不同，发展水平各异，各种文化、民族和宗教聚集在我国周围。最后，从地缘政治的角度看，我国周边环境再次出现了一些不稳定因素。全世界拥有核武器的7个国家中有4个是中国邻国，热点地区有不少在中国周边。中亚地区、阿富汗、南亚次大陆（印巴冲突）、台海地区、朝鲜半岛、俄罗斯（车臣地区）等，这些热点地区的部分争端与我国的主权和安全有直接的联系，因此，一旦热点问题爆发升级，将我国卷入的可能性很大。在这种背景下，建立睦邻友好的周边环境对我国发展的战略影响尤其重要。

（二）中国走和平发展道路的需要。我国周边是世界各主要大国利益交汇之地，许多国家对中国的崛起很是担忧和害怕。国际上流行的"中国威胁论"，是别有用心人的鼓吹，但同时也有不是别有用心

的人。因为，任何大国的崛起都必然引起世界经济、政治、军事格局的变化。在安全领域，我们努力加强与周边国家在环境、资源、人口、反恐怖、反海盗、反国际犯罪、预防外交等方面的合作关系；在经济领域，充分利用我们发展速度快、经济规模大且处于亚太中心的特殊条件，拓宽、拓深与周边国家的各种经济关系，积极参与亚太区域经济合作；在与周边有关国家的领土、领海争端问题上，要继续贯彻"和平解决、搁置争端、共同开发"的原则和"人不犯我，我不犯人"的信条，做到"衅不自我起"，做到了这几点，"中国威胁论"就不攻自破。没有了"中国威胁论"作祟，我国就有更多的机会与一些邻国在双边范围内解决各种麻烦。

自 2005 年 9 月中国领导人在联合国成立 60 周年首脑会议上发表《努力建设持久和平、共同繁荣的和谐世界》重要讲话以来，和谐世界已成为中国对外交往的名片。推动建设和谐世界，就是各国政治上应相互尊重，共同协商；经济上应相互促进，共同发展；文化上应相互借鉴，共同繁荣；安全上应相互信任，共同维护。这也为我们建设睦邻友好的周边环境提供了有力保障。十八大以来，习近平总书记指出，我国周边外交的战略目标，就是服从和服务于实现"两个一百年"奋斗目标、实现中华民族伟大复兴，全面发展同周边国家的关系，巩固睦邻友好，深化互利合作，维护和用好我国发展的重要战略机遇期，维护国家主权、安全、发展利益，努力使周边同我国政治关系更加友好、经济纽带更加牢固、安全合作更加深化、人文联系更加紧密。习近平强调，我国周边外交的基本方针，就是坚持与邻为善、以邻为伴，坚持睦邻、安邻、富邻，突出体现亲、诚、惠、容的理念。发展同周边国家睦邻友好关系是我国周边外交的一贯方针。要坚持睦邻友好，守望相助；讲平等、重感情；常见面，多走动；多做得人心、暖人心的事，使周边国家对我们更友善、更亲近、更认同、更支持，增强亲和力、感召力、影响力。要诚心诚意对待周边国家，争取更多的朋友和伙伴。

二 "睦邻、安邻、富邻"的基本内涵

(一) 睦邻

睦邻外交根植于中国悠久的文化传统。作为文明古国、礼仪之邦，中国自古以来就有亲仁善邻、崇信修睦的传统。发展同周边国家睦邻友好关系是中国同周边外交的一贯方针。在之前举行的周边外交工作座谈会上，中共中央总书记、国家主席、中央军委主席习近平首次提出中国周边外交的"亲、诚、惠、容"四字理念，受到外界关注。正是因为讲道义、重情义、有诚意，中国在周边国家广交朋友，广结善缘，得邻睦邻。

"睦邻"就是继承和发扬中华民族亲仁善邻、以和为贵的哲学思想，在与周边国家和睦相处的原则下，共筑本地区稳定、和谐的国家关系结构。经过半个世纪的努力，目前，我国和周边国家相互理解与信任不断增强，已同周边各国全面建交，并同绝大多数邻国确立了各种形式的伙伴关系。

历史上，中国与东南亚的关系大致经历了三个阶段。第一阶段是在西方殖民者进入东南亚地区以前，其特征是不带征服性质的"朝贡"关系，中国从来没有像后来的殖民者那样在政治和经济上控制周边的国家。第二阶段是冷战时期，总的特征是彼此关系严重受美、苏两个超级大国互动的制约。第三阶段是冷战结束之后，明显的特征是彼此力求合作，以合作谋发展，并不断摸索解决敏感问题的方式和途径。

从1994年起，中国和东盟从磋商伙伴到全面对话伙伴，再到建立睦邻互信的伙伴关系，再到此次峰会确定的战略伙伴关系，不到10年实现了三级跳。中国东盟自由贸易区、中国加入东南亚友好合作条约、中国与东盟战略伙伴关系的确立，奠定了中国和东盟关系深入发展的三大支柱。

冷战结束后，东盟从6国扩大到10国，包括整个东南亚，东盟大力发展与世界大国的关系。东盟推动了亚太经和组织的建设，倡导召开欧亚首脑会议，举办东盟地区论坛，举行东盟与中、日、韩三国非正式首脑会议，积极参与本地区的政治、经济和安全事务，正在成为亚太地区

一支不依附任何大国的独立力量，发挥着十分独特的作用，中国也把稳定周边作为外交战略重点，十分重视加强与东盟的友好睦邻关系，同时，与东盟的睦邻友好关系进入了新阶段，中国与东盟所有成员国都建立了正常的外交关系。中国与东盟不仅加强了政治和外交合作，而且经贸关系快速增长。双方建立了面向 21 世纪的睦邻互信伙伴关系，并为建立中国与东盟自由贸易区而积极努力。2002 年 11 月 4 日，中国与东盟在金边签署《南海各方行为宣言》。这是中国与东盟签署的有关南海问题的第一份政治文件。宣言规定：中国—东盟致力于加强睦邻互信伙伴关系，共同维护南海地区的和平与稳定，通过友好协商谈判，以和平的方式解决南海争端，并以建设性态度处理分歧，敦促国防和军事官员对话，自动通知对方任何即将举行的联合或混合的军事演习，自动交换有关信息。虽然，宣言是一种承诺，并不具有法律效力，但这样的承诺在历史上还是第一次，因此具有里程碑的意义。

（二）安邻

古语说："亲仁善邻，国之宝也。"与邻和善相处的思想贯穿中国传统文化。没有和平安定的周边环境，一国不可能实现振兴，也难有长远的发展。与邻为善、以邻为伴是中国周边外交一向秉持的原则。"安邻"就是积极维护本地区的和平与稳定，坚持通过对话合作增进互信，通过和平谈判解决分歧，为亚洲的发展营造和平安定的地区环境。

中国不仅是和平共处五项原则的积极倡导者，也是忠实实践者。五项原则早已载入《中华人民共和国宪法》，成为中国独立自主和平外交政策的基石。在五项原则的基础上，中国同 165 个国家建立和发展了外交关系，与 200 多个国家和地区开展了经贸、科技、文化交流与合作；同绝大多数邻国通过和平谈判解决了边界问题，维护了周边地区的和平与稳定；对亚非拉国家提供了不附加政治条件的经济技术援助，增进了同这些国家的友谊。

中国是一个热爱和平的国家，在我国历史上，几乎没有对外扩张的记录，一向主张"亲仁善邻"、"以和为贵"。明代的郑和七下西洋，五次驻留马六甲，给当地带去的是中国的文化、特产而不是战乱。在新的时期，中国积极推行和平外交，并积极充当地区安宁与稳定的建设性力量。在朝核危机、印巴冲突、阿富汗问题等地区热点问题上，我国均发挥了劝和促谈的重要作用，有关立场和主张赢得国际社会的尊重和好评。

近日，中央召开周边外交工作座谈会再次强调安邻之策，中共中央总书记、国家主席、中央军委主席习近平在会上强调，维护周边和平稳定是中国周边外交的重要目标，更是把安邻在外交政策中的地位提高到了前所未有的高度。近年来，中国大力推进周边外交，亮点频现：习近平主席和李克强总理密集出访十余个周边国家，与往访国增强互信，扩大共识，深化合作，提升双边关系。

中国正以实际的行动，与周边邻国一道，努力打造一荣俱荣的关系。近年来，中国积极倡导以互信、互利、平等、协作为核心的新安全观，即通过对话增进信任，通过合作促进安全。这在中国与东盟签署的《南海各方行为宣言》中得到深刻体现。该宣言强调应本着合作与谅解的精神，寻求建立相互信任的途径，加强海洋环保、搜寻与救助、打击跨国犯罪等合作，反映出各方以和平方式解决南海争端、开展南海合作的共同意愿。这一宣言是中国与东盟签署的第一份有关南海问题的政治文件，对维护我国主权权益，保持南海地区和平与稳定，增进中国与东盟互信有重要的积极意义。此外，中国与东盟还就非传统安全领域合作发表了联合声明，启动了反恐合作，签署了《东南亚友好合作条约》，成为加入该条约的第一个区外大国。该条约是东盟的支柱性文件之一，规范着东盟十国处理地区内外关系的准则，其宗旨是维护地区和平稳定，并以和平方式解决争端和纠纷。这就如同东盟的"家训"。对于区外大国来说，是否成为善意的客人，端赖于是否遵守东盟的这一"家训"。

良好的周边环境给中国和周边国家带来了实实在在的好处：双边关系进一步提升，经贸联系更加紧密，人文交流空前密切。中国领导人不久前又提出一系列旨在促进地区繁荣与发展的战略构想：

与东盟国家共同建设 21 世纪"海上丝绸之路",倡议筹建亚洲基础设施投资银行。着眼未来,中国提出了更为长远的规划和蓝图:中国呼吁同东盟国家商谈缔结睦邻友好合作条约,携手建设更为紧密的中国—东盟命运共同体。习近平关于命运共同体的说法引起东盟国家强烈共鸣。

(三)富邻

"富邻"就是加强与邻国的互利合作,深化区域和次区域合作,积极推进地区经济一体化,与亚洲各国实现共同发展。从建设丝绸之路经济带、孟中印缅经济走廊到打造 21 世纪海上丝绸之路,从倡议筹建亚洲基础设施投资银行到打造中国—东盟自贸区升级版,中国新一届政府宣示的一系列举措都秉承了一个理念:与周边国家携手打造互利共赢的利益共同体。

在近期举行的周边外交工作座谈会上,中共中央总书记、国家主席、中央军委主席习近平强调,要本着互惠互利的原则同周边国家开展合作,编织更加紧密的共同利益网络,把双方利益融合提升到更高水平,让周边国家得益于我国发展,使我国也从周边国家共同发展中获得裨益和助力。

90 年代以来,亚洲最大的变化就是中国的崛起。随着中国的实力越来越强大,关于"中国威胁论"的言论在国际上有了一定的市场,周边国家和地区对中国也抱有担忧。对此,中国必须以实际行动来证明,中国经济的发展对东亚经济和世界经济的发展是有利的。其实,在 1997 年金融危机爆发之时,中国就曾坚定地采取了"人民币不贬值"的战略,向东亚各国、各地区证明了自己是个负责任的大国。今天,中国将再次以实际行动证明,随着中国经济的发展,中国的市场必将更加开放,为周边国家和地区的经济增长及稳定做出自己的贡献。这就是中国主动提出与东盟建立自由贸易区的战略背景。

2002 年,中国与东盟达成框架协议,启动建立中国东盟自由贸易区的进程,迄今为止,中国已为东盟农产品大幅减税。这是自由贸易区建成前的"热身舞"将大大激活双方的经济合作。

2010 年，中国—东盟自由贸易区已正式建成。一个由发展中国家组成、涵盖 20 亿人口、GDP 超过 3 万亿美元的自由贸易区出现在亚洲，这不仅有利于中国和东盟的经济发展，也将对整个东亚经济一体化产生深远影响。现在，越来越多的中国企业参与跨国经营，亚洲是他们"走出去"的首选地区。中国还向周边国家提供力所能及的援助。中国已向柬、缅、孟等国推出"亚洲减债计划"，向老、柬、缅三国提供特殊优惠关税待遇，并即将开工承建昆明——曼谷公路老挝段。在发展自身的同时，中国也给本地区带来了和平、安全与繁荣：中国对东盟的贸易额多年来一直是逆差；中国提出的发展地区合作的倡议有 80% 已经落实或正在落实。

中国已经与许多周边国家和地区确定了新的贸易发展目标，比如，到 2020 年力争使中国—东盟双方贸易额达到 1 万亿美元。

中国也已成为许多周边国家最大或重要的外资来源地。经济融合的深化为中国企业"走出去"提供了更多机遇，而中国企业的投资不仅扩大了周边国家的生产和就业，也带去了中国的先进适用技术和管理经验。

总的来说，中国在东盟经济发展中将发挥不可替代的作用。首先，中国自身的发展将带动亚洲经济的发展。中国东盟自由贸易区建成后，东盟对中国的出口将增加 48%。这正是"中国的发展"和"亚洲的振兴"之间的逻辑关联。其次，在中国的带动下，又形成以东盟为出发点的中国东盟自由贸易区、东盟日本自由贸易区和酝酿中的东盟韩国自由贸易区的发展，扩大了东盟与其他大国进行经济合作的范围和广度。正是在这种背景下，前些年在东南亚流行一时的"中国经济威胁论"声调正逐渐降低。

三　加强区域合作是实现"睦邻、安邻、富邻"的有效机制

加强区域合作是我国和邻国为实现共同发展而选择的一条有效的道路。通过加强区域经济合作，深化睦邻友好关系；通过参与地区安全对话，维护周边安全稳定。我国与周边国家区域合作的典范是与东

南亚国家的合作，加强与这些区域合作是我国实现"睦邻、安邻、富邻"的有效机制。与东南亚国家合作的主要渠道是东盟与中国的合作，即"10＋1"。东盟各国都是中国的友好近邻，是中国南部周边环境的重要组成部分。1997年年底，江泽民与东盟领导人会晤并发表了《联合声明》，确立了中国—东盟面向21世纪的睦邻互信伙伴关系，构筑了"10＋1"框架。在中国领导人的多次努力之后，"10＋1"已有五个并行的对话框架，即中国—东盟高官政治磋商、中国—东盟经贸联委会、中国—东盟科技联委会、中国—东盟联合合作委员会和东盟北京委员会，形成了全方位、多层次的合作机制。近几年，中国和东盟的合作发展很快，随着中国—东盟自由贸易区的建成，中国和东盟国家的合作将更上一个台阶。

中国坚持与邻为善，以邻为伴，在推进睦邻、安邻、富邻的政策的过程中，将继续加强与广大发展中国家的团结与合作，积极探索新形势下开展南南合作的有效途径。中国将积极参与多边外交活动，在联合国及其他国际和区域组织中发挥建设性作用。

东盟十国都是发展中国家，无论历史遭遇、现实国情和发展目标都与中国相似。解决中国与东盟有关国家的历史问题，消除东盟各国对中国的疑虑，发展与东盟的互利合作，符合中国的利益，有利于亚洲的整体振兴。为此，我国为这两个机制的发展作出了重要的贡献。

小结：在这种大环境背景下，广西文化产业如果想走出国门，走向东盟，其发展过程就必须遵循国家的外交理念，在发展过程中做到与周边国家处理好竞争与合作的关系，和谐发展，共同进步。

第三节　构建广西文化产业圈的基本策略

一　尊重文化差异，实现文化共赢

（一）内部多元化：探索具有自身特色、区域特点的文化发展道路和发展模式

各民族之间的人文差异是各民族在不同的环境中认识自然、认识

自我产生的创造。每一个民族不论族群规模的大小、社会发展进程快慢，他们的创造都是属于人类的创造。正是这种多样化的创造才使每一个民族都向人类社会展示了各自的优长之处，才使人类文明历史展现出多姿多彩的交相辉映的图景。因此，需要尊重文化的差异性和多样性，实现各种文化之间的对话。这对于我们这个民族来说，其基点是平等对待各民族文化。各民族无论族群规模大小、社会发展程度如何、文化差异多大，都具有平等的地位。

文化多样性体现了人类的差异性，而正是这些多样性的差异共同构成了人类社会的文化生态。文化的隔离、排斥、毁灭不仅是对文化生态的破坏，而且也是对发展、创新的遏制。对不同文化和习俗要保持客观、平等、尊重的态度，所以，广西在发展自身文化产业，将自身文化传播到其他国家或民族的同时，也要学会从欣赏的角度看其他民族文化，要多找共同的地方，要掌握交流的方法。例如，入乡随俗，尊重当地的风俗习惯；探索有效的沟通技巧；提高对其他文化的鉴赏能力。

成功典例

目前，我国区域文化产业开始呈现出不同的发展格局。北京、上海、深圳等沿海中心城市把文化创意产业作为发展重点，取得了突破性的进展。以湖南为代表的中部则是通过制度创新、内容创新实现娱乐文化产业快速发展，形成了"文化湘军"异军突起，"文化影响力大于经济影响力"的耐人寻味的现象。云南、广西、四川等西部地区依托丰富的民族文化资源，促使文化与旅游产业融合发展，既保护了资源环境，同时也推动了经济社会的全面和可持续发展。这说明，文化产业与经济发展是一种相互作用的辩证关系，二者并非同步发展。因此，我国的区域文化产业发展战略的起点应该更高，无须像经济发展一样，走"率先发展东部，然后通过要素转移发展中西部"的梯度路线。

综合来说，在新形势下广西发展文化产业应该解放思想，开拓创新，发挥比较优势，根据区域的资源条件和区情特点采取不同的发展策略，探索具有区域特点的多元发展道路，避免"同质化"发展模式。

（二）外部多样性：热情地欢迎世界各国优秀文化在中国的传播，吸收各国优秀文明成果

世界上每个民族、每个国家都有自己独特的文化，民族文化是民族身份的重要标志。世界文化是由不同民族、不同国家的文化构成的，不同地域、不同民族、不同国家文化的内容和形式各具特色。文化多样性是人类社会的基本特征，也是人类文明进步的重要动力。从民族节日和文化遗产中，我们能够深切感受到世界文化多姿多彩的魅力。

不同的地域，有地域文化的差异。就世界范围而言，有东方文化、西方文化之分，就某一区域而言，有亚洲文化、欧洲文化、美洲文化之分。即使在一个国家范围内，如中国也存在着中原文化、齐鲁文化、荆楚文化和巴蜀文化等各具地方特色的文化。

2005年10月，在第33届联合国教科文组织大会上通过的《保护和促进文化表现形式多样性公约》中，文化多样性被定义为各群体和社会借以表现其文化的多种不同形式。这些表现形式在他们内部得以传承。文化多样性不仅体现在人类文化遗产通过丰富多彩的文化表现形式来表达、弘扬和传承的多种方式，也体现在借助各种方式和技术进行的艺术创造、生产、传播、销售和消费的多种方式。

如今，亚洲在全球经济社会中的地位和作用与日俱增，亚洲文化为世界文化多样性发展作出了重要贡献。保护亚洲文化艺术的多样性，也就是保护各个国家和民族的文化价值观。亚洲文化与艺术多样性与和谐发展必须遵循以下五个原则，其中包括促进文化发展的"多元共生、和谐共进"原则、"百花齐放、百家争鸣"原则、"加大保护、抓好传承"原则、"推陈出新、保持活力"原则和"引导社会、服务人民"原则。

广西在发展文化产业时必须深入贯彻这五个原则，并以此为契机，深化与亚洲各国和各地区的交流合作，既要热情地欢迎世界各国优秀文化在广西的传播，吸收各国优秀文明成果，又要更加主动地推动广

西文化走向世界，增强广西文化国际影响力，以此推动广西乃至整个亚洲文化艺术大发展大繁荣。

二 平等互利

平等互利原则作为和平共处五项原则之一，是国家对外交往的重要原则，也是文化交流应该遵循的重要原则。1953年时任中央人民政府政务院总理周恩来在会见与中国存在领土纠纷的印度政府代表团时，第一次正式向国际社会提出，具体内容为，"互相尊重主权和领土完整、互不侵犯、互不干涉内政、平等互利、和平共处"。平等，即国与国之间的交往必须建立在国际人格平等的基础上；互利，即注意实质平等，只有这样，才可能更好地鼓励发展，实现合作。

平等互利，就是国家不分大小，不分贫富与强弱，无论社会制度及意识形态有何差异，都应在国际交往中平等对待，互相尊重对方的主权和选择自己发展道路的意愿，使双方都能获得各自的利益。它是国与国之间处理对外关系时必须遵守的共同原则。这也是我们对外经济交往的重要战略。在广西与东盟十国的文化交往中也要遵循这一原则，做到"我为他国，他国利我"，由此实现发展共赢。

三 文化交流的双向性

人们在讨论中西文化融合时较多地看到一方文化对另一方文化的影响，然而世界文化史的许多实例表明，文化交流往往是双向的。文化交流是指处于不同文化背景中的人们之间的交流活动，是一种双向性的交流。在文化的双向交流活动中，语言作为人们进行交流的工具，与文化存在着不可分割的关系，语言是文化的载体，语言表述、承载、象征着文化。因此，文化交流也意味着交际双方文化的吸纳与传播。然而，在文化领域，我国目前出现了较严重的文化逆差现象，对西方文化引入较多，中国文化输出少。长久以来，人们对西方文化的一味盲从，是造成跨文化交际失衡的主要原因之一。因此，只有在思想上改变错误的认识才能彻底解决目前的文化单向输入问题。这就要求从宏观上进行政策引导，将中国文化提升到与西方文化同等重要的地位。

广西在发展文化产业的时候就要积极发扬本民族文化，树立民族自信心，提升民族自豪感，避免外域文化的单向传入；要在文化交际中树立平等的交际意识，培养和加强"广西文化输出"意识，保证文化传输的双向性。

小结：我国人口众多，幅员辽阔，区域发展很不平衡的国情，决定了我们要着力探索具有中国特色和区域特点的多元文化产业发展模式。广西自身的情况也决定了其必须探索属于自己的发展模式，但不论走什么样的发展模式，都必须做到尊重文化多样性，不能抹杀其他民族的优秀文化，在文化交流的时候要做到平等互利，双向交流。

第八章 构建广西文化产业圈的路径分析

第一节 深化文化体制改革,增强文化创新活力

现在,我国已经把发展文化产业纳入全面建设小康社会的主要奋斗目标之一,并明确要求未来几年,"文化产业占国民经济比重明显提高、国际竞争力显著增强,适应人民需要的文化产品更加丰富"。要破解生产关系难题,增强文化创新活力,使文化生产关系适应文化生产力,就必须进行文化体制改革。近年来,我国认真探索文化产业的自身规律,利用政策、法律、经济和行政等多种杠杆努力协调文化产业又好又快地发展。广西也应进一步落实和完善国家文化产业政策,重点培育和发展一批实力雄厚、具有较强竞争力和影响力的大型骨干文化企业与文化产业战略投资者,做大做强文化产业。

一 顺应文化发展产业化和社会化要求, 更大规模引入社会资本

(一)推动国有经营性文化事业单位转企改制,实现文化发展产业化

新技术革命和现代传媒为文化功能的扩展提供了新的手段和市场空间,使得文化产品和服务的经济属性日益凸显,从而文化的产业化发展成为市场经济条件下的必然趋势。发展文化产业,首先必须改革计划经济体制下形成的国有文化事业单位的体制弊端,促使经营性文化事业单位转企改制,形成以股份制为主要形态的具有生机和活力的

市场微观主体。

目前改革面临的主要问题，一是如何解决人员身份转换和历史债务，使转制单位甩掉包袱，焕发活力，轻装上阵；二是如何吸收社会资本进行股份制改革，建立和完善法人治理结构；三是如何对具有"事业体制，企业化经营"这样过渡色彩的国有文化产业集团进行公司制改造，使之既符合《公司法》的规定，同时又能够激发活力。要按照2008年"中央114号文件"的精神，完善和落实配套政策，总结和推广试点单位的改革经验，以有利于文化生产力发展为原则，因地制宜，继续进行积极的探索。对于面临的问题，广西文化产业的改革可以采取下列措施：按照中央确定的文化体制改革的方案，进一步加大力度、加快进度，完成经营性文化单位的转企改制，建立现代企业制度，大力推动行政管理体制改革和政府职能转变。

通过转企改制，目前广西文化产业发展也取得了显著的成效：组建了广西日报传媒集团、广西出版传媒集团、广西师范大学出版社集团、广西电影集团、广西演艺集团，成立了广西新华书店集团、广西文化产业投资集团；扎实完成了广西国有文艺院团的体制改革；积极推进了北部湾文化产业圈以及中国—东盟文化产业发展聚集区的建设。

（二）引入社会资本，实现文化产业发展的社会化

文化的社会化发展是文化产业化的必然延伸，也就是说，要把人民群众作为文化建设的主体，在加强市场监管的前提下，进一步降低市场准入门槛，改革审批制度，更加广泛地吸引各种社会力量参与文化建设，更大规模地引进社会资本进入文化产业领域，打破国有资本垄断文化领域的局面。

成功典例

在引入社会资本方面，重庆市走在了改革的前沿，重庆市规定简化工商登记程序。民营资本投资兴办文化企业，除法律法规禁止或需前置许可审批的项目外，实行不限制经营范围、由企业自行申报的登记制。创办民营科技型文化企业、创意文化企业和由国有文化企事业单位分流人员创办的文化企业，其经营范围涉及前置许可审批项目的，

可试行主体资格与经营资格分离的登记管理制度，由工商部门先行颁发营业执照，确认其主体资格，企业在一年内取得相关批准文件或许可证后，工商部门再核准变更其经营范围，确认其经营资格。

对此，广西文化产业的发展可以降低准入门槛，落实国家关于非公有资本、外资进入文化产业的有关规定，根据文化产业不同类别，通过独资、合资、合作等多种途径，积极吸收社会资本和外资进入政策允许的文化产业领域，参与国有文化企业的股份制改造，形成以公有制为主体、多种所有制共同发展的文化产业格局。另外，鉴于社会资本实际上已经广泛进入出版、报刊等国有垄断性文化行业，广西新闻出版单位要按照中央关于新闻出版体制改革的精神，在这一领域进行吸收社会资本，整合"工作室"等社会资源，推进股份制改革的试点。同时配套进行书号审批制度改革，以有利于调动社会力量参与文化内容创新的积极性，规范文化市场管理和行政执法，杜绝长期以来存在的"买卖书号"等扰乱市场秩序的问题。

二 顺应文化发展市场化要求，构建统一开放、竞争有序的现代文化市场体系

市场是文化产业发展的外部环境，也是文化资源和要素配置的公共平台。我们要更大程度地发挥市场在文化资源和要素配置中的基础性作用，就必须改革传统体制下形成的"条块分割"问题，打破行业和区域之间的市场壁垒，促进文化资源和要素的合理流动和优化组合。重塑市场主体，培育市场要素，拓展市场传播渠道，创新文化产品和文化服务，构建统一开放、竞争有序、健康繁荣的现代文化市场体系。

（一）建立健全门类齐全的文化产品市场和文化要素市场，促进文化产品和生产要素的合理流动。对此，广西应该重点建设传输快捷、覆盖广泛的文化传播渠道；积极发展文艺演出院线，推动主要城市演出场所、网吧连锁经营；支持全区文化票务网络建设，并与全国文化票务网络联网；继续推进广电有线电视网络整合，积极探索广西广电网络跨省区经营，推进电影院线、数字电影院线的跨地区整合以及数字影院的建设和改造；支持国有出版发行企业以资本为纽带实行跨地区兼并重组；积极开发以互联网为载体的新兴文化市场。支持优先选用拥有自主知识产权、产品质量水平高的文化设备及产品。

（二）进一步扩大文化消费市场。对此，广西应该不断调研，研究当前城乡居民消费结构的新变化和审美的新需求，并据此创新文化产品和服务，培育新的消费热点。同时，应该出台相应政策，促进文化生产经营企业努力降低成本，提供价格合理、丰富多样的精神文化产品和服务。同时，还应该合理引导大众消费习惯和趋向，提高文化消费在城乡居民日常消费结构中的比重，增加文化有效需求，积极开发与文化结合的教育培训、健身、旅游、休闲等服务性消费，带动相关产业发展。

（三）努力扩大对外文化贸易。对此，广西应该积极落实国家鼓励和支持文化产品和服务出口的优惠政策，在市场开拓、技术创新、海关通关等方面给予支持；鼓励文化企业通过独资、合资、控股、参股等多种形式，在国外兴办文化实体，建立文化营销网点，实现落地经营；支持境外舞台艺术精品演出、非物质文化遗产展示等；支持文化企业参加境外艺术节、图书展、影视展等国际文化活动和展会；鼓励广西实景演艺团队开拓国内外市场，推动广西的文化产品和服务出口；努力构建广西广播电视以面向东盟为主的覆盖面广泛、技术先进的现代传播体系，扩大广播电视节目在国（境）外的有效覆盖，提高广西广播电视国际传播能力。

（四）建立健全文化市场中介机构和行业组织。对此，广西应该积极培育和完善经纪、代理、评估、鉴定、推介、咨询、拍卖等文化中介机构，重点发展版权代理、知识产权评估、演艺经纪、信息服务、法律咨询、工艺美术品拍卖等文化中介服务，加强对文化中介机构的管理，推动文化中介机构依法依规向规范化、品牌化、规模化方向健康发展。要规范发展文化行业组织，完善自律、协调、监督、服务和维权职能，充分发挥文化行业组织在规划行业发展、维护行业利益、制订行业规范、专业资质认证、组织行业交流、开展招商引资等方面的作用。

三 顺应文化资本化发展的要求，加大文化产业资本投资力度

文化产业是可以创造庞大社会财富的朝阳产业。我国历史悠久，文化资源极为丰富，文化产业发展前景广阔，文化资本增值潜力巨大。因此，把文化产业发展置于金融体系和资本市场的平台上，使广西极为丰富的文化资源转变为巨大的国民财富，是顺应文化资本化发展的必然要求。

（一）加强政府支持，增强资金投入

经济理论告诉我们，拉动国民经济发展的三大要素是投资、消费和出口。改革开放近30年来我国经济高速增长的实践证明了这一点，而且显示出在大多数年份里投资是第一位的要素。广西文化产业要获得大发展，必须积极开拓投资渠道，加大文化产业投入。

1. 政府设立文化产业扶持资金，加大重点文化产业启动资金的投入。重点项目的带动作用是巨大的。如桂林广维文华旅游产业有限公司投资3亿元的项目"漓江刘三姐歌圩"，该项目的重点工程——大型山水实景演出《印象·刘三姐》，自2003年10月首演至今，观众人数逐年增加，由2004年的年均30万人次增加到2005年的49万人次，2006年1—6月，达到了31万人次，累计获得1200万元门票收入，并带动了阳朔县的房地产、餐饮、旅游、交通等产业的发展。

"漓江刘三姐歌圩"项目的成功无疑给广西文化产业发展以启示：开发和经营重点项目带动区域文化产业发展，如打造桂北民族风情（文化）黄金旅游带，将桂林山水—龙脊梯田·龙胜温泉（壮族文化、瑶族文化）—程阳风雨桥·侗乡鼓楼（侗族文化·六甲人文化）—苗族年节坡会·元宝山·贝江（苗族文化·瑶族文化）—柳州人类文化遗址·工业文化串联，将带动桂林、柳州2市3县的文化旅游发展。

2. 政府在重大文化基础设施和重大文化产业项目上要加大投入。长期以来，由于经济实力较弱，广西壮族自治区政府在文化建设包括文化产业方面的投入不多。"十五"时期，广西逐年加大了文化建设

投入，但投资总量仍然偏小，占 GDP 的比重过小。2006 年，广西全社会城镇固定资产投资 1995.13 亿元，用于城镇固定资产投资，"文化、体育和娱乐业"的仅为 16.5 亿元，占全社会固定资产投资额的比重为 0.83%，占当年广西 GDP 的 0.34%，比较相邻的广东和云南，广西占 GDP 的比重最低，广西对文化事业和文化产业的投资还偏低，不仅与代表发达地区的广东省差距很大，与同为西部民族省区的云南省相比，不仅仅在 2005 年时绝对数要少，在 2006 年时投资额占 GDP 的比重仍低。广西必须尽快纠正不重视文化投资的政策方向，在投资方面进一步加大力度，如此才能发挥以投资拉动文化产业快速发展的效果。

3. 对文化企业投融资予以特别扶持，积极引导民营和外资文化企业资金投入。银行应当放宽对文化企业的信贷限制，促使更多的信贷资金投入文化产业项目的生产、服务和销售领域。

成功典例

杭州市规定扶持和引导担保机构为中小文化创意企业的融资提供担保。对年日均担保额达到一定规模以上的，每年按其年日均担保额的 1% 给予补助，对单家担保机构的最高年补助金额不超过该担保机构实收资本的 10%，最高金额可达 300 万元。鼓励金融机构开展企业知识产权权利质押业务试点。重庆市规定鼓励金融机构加大对创意企业的信贷支持。对创意企业为发展创意产业向银行借贷资金的，按照贷款利息给予 100% 的贷款贴息补贴。同时对下岗失业人员、征地农转非人员、退役士兵、应届高校毕业生、归国留学生创办创意小企业，自工商部门核准经营之日起，3 年内免收注册登记费、验照费、经济合同鉴证费、合同示范文本工本费、税务登记工本费等费用。对留学归国人员和大中专毕业生以技术入股或投资形式，独资、合资、合作创办的创意企业，在场地、资金等方面予以政策支持。

我国改革开放近 30 年来，民营经济得到迅速发展，积累了雄厚的资金实力和企业管理与市场营销经验。广西壮族自治区政府应该充分发挥民营经济办文化的积极性，组建民营文化企业，这是加快广西文化产业发展的重要工作。桂林的"刘三姐歌圩"和柳州市蓝海科技有限公司是最有代表性的例子。前者已被国家文化部确定为国家文化产业示范基地，后者被中国软件行业协会游戏软件分会授予"中国动漫游戏研发基地"和"中国动漫游戏人才培训基地"。这两个企业在经济效益和社会效益两方面均取得了优异的成绩。民营文化企业在广西的发展中获得了创业的成功，对广西文化产业的发展发挥了重要作用。

随着文化建设高潮的到来和广西泛北部湾区域经济合作发展的风生水起，越来越多的民营和外资文化企业的文化战略投资者来到广西寻找文化产业商机。仅柳州市蓝海科技有限公司就预计在 2010 年左右年生产能力达到 10 亿元。这类资金将是未来几年广西文化产业投资总量的主要资金。做好这方面的工作，应该又可以拉动文化产业占 GDP 的比重增长一个百分点。

4. 其他资金。一些重大文化产业项目，特别是历史文化遗产保护开发、民族文化开发项目，像花山崖壁画保护、布洛陀文化等非物质文化遗产保护与开发等，可以申请联合国教科文组织专项保护资金和其他国际文化发展基金的资助。

（二）推动资产重组，实现文化产业资本的融合

长期以来，我国文化体制是一个封闭性的体制，存在严重的条块分割和管办不分的问题，结构很不合理，产业链基本处于断裂状态，资源呈现碎片化状态，严重影响文化生产力的发展。随着国家《文化产业振兴规划》的实施，文化体制改革将进一步深化，预计今后几年将会出现一个文化资源整合和跨地区、跨行业兼并重组的高潮，一批文化市场上的战略投资者和上下游一体化经营的大型文化产业集团将脱颖而出。在这个过程中间，广西政府要发挥规划指导、政策支持的作用，要发挥金融杠杆在兼并重组和结构调整中的重要作用，打破行政壁垒和条块分割，促使文化产业结构和企业组织结构不断优化。

延伸阅读

金融业助阵文化产业大发展

近年来，我国银行业一直将文化作为一个前景广阔的新兴领域，并给予较高的关注。各商业银行通过"版权质押"、"版权＋票房收益

担保"等方式为文化创意公司提供贷款,支持文化产业的发展。从2008年起,工商银行就将包括文化创意产业在内的现代服务业作为信贷支持的重点领域,不断通过产品创新和流程创新,推出适应行业客户特点的金融服务模式和产品。针对影视剧制作产业基本上是中小企业、规模小、财务实力不强等问题,根据有关企业的经营运作模式、融资需求和风险特点,摆脱在传统产业中常用的固定资产抵押业务模式,通过将影视剧播放权视作交易商品,以影视剧制作企业对下游电视台销售影视剧播放权的应收款为融资切入点,创造性地将供应链贸易融资产品运用到文化创意产业中,较好地破解了这一类型中小企业的融资难题。近年来,国家开发银行的文化产业贷款余额突破千亿元。此外,江苏银行、民生银行、华夏银行、招商银行等均通过无形资产抵押等创新金融产品,支持了大量动漫、影视及文艺演出的拍摄制作。截至2010年年末,文化产业中长期贷款余额达715亿元,同比增长61.6%。党的十七届六中全会提出了推进文化体制改革,促进社会主义文化大发展大繁荣,努力建设社会主义文化强国的重要任务。2012年3月文化部下发了《文化部"十二五"时期文化产业倍增计划》,提出"十二五"期间,文化部门管理的文化产业增加值年平均现价增长速度高于20%,2015年比2010年至少翻一番,实现倍增。可以想见,一个文化产业高速发展的新时期即将到来。对于金融业而言,大力支持文化产业发展与繁荣,既是摆在面前的新任务,也是新机遇。

1. 加强金融政策、财政政策和产业政策的有效结合,促进银、政、企合作,建立多部门的信息沟通机制

全国文化系统加强与宣传部门、人民银行、财政、银监会、保监会等部门的合作,同时与各地的银行机构、担保公司、投资机构、产权交易机构进行沟通,结合实际、因地制宜地制定相关政策和办法。制定和定期完善《文化产业投资指导目录》,发布更新文化产业发展的项目信息,加大对符合产业政策导向的文化企业的信贷支持。充分发挥财政资金的杠杆作用、引导和示范作用,有效撬动金融资源,带动社会资本的投入。由财政部门发起设立文化产业基金。推动财政部

门探索设立文化企业贷款风险补偿基金；专项资金采取贴息、保险等手段，合理分散承贷银行的信贷风险。探索建立金融支持文化产业的多层次贷款风险分担和补偿机制；探索设立文化产业专项担保资金，组建文化产业专业担保公司。积极倡导鼓励担保和再担保机构大力开发支持文化产业发展、文化企业"走出去"的贷款担保业务品种，加强对中小型文化企业融资担保体系建设。

2. 推动金融机构管理体制机制创新，发展适合文化产业需求特点的金融产品和服务

金融机构要提升服务意识，设立专家团队和专门的服务部门，综合推出信贷、债券、信托、基金、保险等多种工具相融合的一揽子金融服务，主动向文化企业提供优质的金融服务。鼓励和引导金融机构根据文化企业特点和风险防范的要求，积极开展形式多样的信贷业务创新。对于处于成熟期、经营模式稳定、经济效益较好的文化创意企业，要优先给予支持，并以这些企业为龙头，积极开展对上下游企业的供应链融资，支持企业开展并购融资，促进产业链整合。延伸金融支持链条，积极开展文化创意培训贷款试点，促进相关人才的培养。对于具有稳定物流和现金流的企业，可发放应收账款质押、仓单质押贷款；对于租赁演艺、展览、动漫等相关设备的企业可发放融资租赁贷款；对于拥有优质商标权、专利权、著作权的企业，可发放权利质押贷款。积极开发文化消费信贷产品，为文化消费提供便利的支付结算服务。探索和完善银团贷款的风险分担机制，鼓励商业银行探索联保联贷等方式。完善相关产品利率定价机制，合理确定贷款期限和利率，建立科学的信用评级制度和业务考核体系。进一步完善文化企业的外汇管理，便利文化企业的跨境投资，满足文化企业对外贸易、跨境融资和投资等合理用汇需求，提高外汇管理效率，促进文化企业提升核心竞争力。

3. 进一步拓宽多元化融资渠道，扩大文化企业直接融资规模

在国家许可范围内，引导社会资本以多种形式投资文化产业，参与国有经营性文化单位转企改制，参与重大文化产业项目实施和文化

产业园区建设。鼓励文化企业利用债券、短期融资券、中期票据、中小企业集合票据等多种工具拓宽融资手段。充分发挥资本市场的融资功能，支持有条件的文化企业进入主板、中小板、创业板上市融资。支持发展前景较佳的文化企业通过上市公司收购、兼并、托管或股权置换等资本运作方式进行融资。推动知识产权的资产证券化，著作权持有人可以把著作权交给信托机构，由信托机构设定作品的信托受益权，投资者通过购入这些信托受益权以期获得分红收益，著作权持有人借助证券化获得所需的现金流。鼓励风险投资基金、私募股权基金、民间资本和外资积极进入文化产业。引导文化企业科学利用期权、期货等多形式金融衍生品，探索文化企业代办股份转让系统试点工作。逐步建立以政府投入为导向、企业投入为主体、金融机构投入为支撑、外资和民间投入为补充的多元化文化产业融资机制。

4. 发挥保险职能作用，积极培育和发展文化产业保险市场

鼓励和引导保险机构根据文化企业的特点，推动保险产品和服务方式创新，积极开发适合文化企业需要的保险产品。对于需要重点扶持的文化企业和文化产业项目，应建立和完善承保与理赔的便捷通道，对于信誉好、风险低的项目，可适当降低费率。鼓励保险公司探索开展信用保险业务，进一步加强和完善针对文化出口企业的保险服务，积极提供出口信用保险服务。

5. 加快配套制度和服务体系建设，推动文化企业改革创新

出台扶持中小文化企业发展的税收优惠政策。对金融机构支持文化产业发展实施相应的税收优惠。加强与文化产业相关的产权保护、信用评级、价值评估、法律咨询、融资担保等服务的管理，统一业务标准，公开服务程序，提高服务质量。加快行业信用建设和信息共享，相关部门将所掌握的文化企业信息纳入企业征信管理系统，为银行信贷提供良好的征信环境。建立完善文化产业统计制度，提高统计的科学性和准确性。加快文化团体转企改制，培育一批有竞争力的骨干文化企业，建设一批优势突出的文化产业基地，充分实现文化产业规模效应。加快文化产业自身转型和结构调整，从产品结构、组织结构、

所有制结构、技术结构及区域结构五个方面制定有针对性的调整政策，从转变发展方式中获得新的推动力和增长空间。

四 顺应文化发展法制化的要求，规范市场秩序，完善相应的法律法规

为了促进文化产业发展的规划，广西要进一步贯彻落实好国家的相关法规，依法加强对文化产业发展的规范管理。加强对知识产权的保护，严厉打击各类盗版侵权行为，促进广西文化创新能力建设。在条件成熟的情况下，研究制定《广西壮族自治区文化产业促进条例》等地方性法规。

在广西传统文化继承和发展的过程中，《中华人民共和国民族区域自治法》（以下简称《民族区域自治法》）的实施在其发展过程中发挥着不可替代的作用。

继承和发展优秀民族传统文化在《民族区域自治法》中有明确的规定，包括民族自治地方的自治机关可以自主地发展具有民族形式和民族特点的文学、艺术、新闻、出版、广播、电影、电视等民族文化事业，加大对文化事业的投入，加强文化设施建设，加快各项文化事业的发展；有权组织、支持有关单位和部门收集、整理、翻译和出版民族历史文化遗产，继承和发展优秀的民族传统文化等。这些规定体现了各民族的共同意志和根本利益，有利于调动各少数民族的积极性，促进各民族文化的健康发展。

《民族区域自治法》实施以来，民族地区的文化建设取得了长足进步，各项民族文化事业获得较大发展。就广西而言，少数民族地区的文化建设事业受到前所未有的重视，培养了一批批少数民族作家，创作了许多具有民族形式和文化特点的文学艺术作品，其中不少作品获得了国家级的奖励，甚至在世界舞台上占据了一席之地。新闻出版、广播影视等方面也有了较快的发展，反映少数民族优秀文化的好图书、好的影视作品纷纷获得好评。在文化设施方面，加大了对民族地区文化馆（站）、图书馆、博物馆及影剧院等公共文化设施的建设投入，少数民族地区的文化场所逐步建立和完善。同时，各级人民政府还极为重视优秀民族传统文化的挽救和保护工作，深入挖掘、收集、整理、翻译和出版少数民族优秀传统文化的艺术精华，并采取了一系列措施，使一些具有独特价值而又濒临消亡的民族文化遗存获得了有效的保护。在纪念《民族区域自治法》颁布实施 30 周年的时候，我们应该认真整理这些成果和经验，把工作做得更好。

改革开放 30 年来，《民族区域自治法》发挥了积极重要的作用，这是显而易见的，随着形势的发展，充实加强些条款是必要的。诸如在继承和发展优秀民族文化方面，还应加入对民族传统文化中的优秀成分进行有效保护的内容。随着市场化、全球化大潮的来临，民族传统文化受到越来越强烈的冲击，许多原生态民族文化在全球化及强势文化的裹挟下存在着濒临消亡的危险。这些文化原形和文化生态原貌是民族文化生存的根基，也是全人类赖以生存的共同财富，这就意味着对民族文化的保护和挽救已成为全人类共同的责任。

这就要求抓紧进行《民族区域自治法》的配套法规建设。《民族区域自治法》是一部基本法律，它的许多原则规定需要具体化，增强可操作性，以便于贯彻执行。例如，可以用法规条例的形式规定，必须对民族传统文化进行系统的普查，摸清民族文化资源的家底。要规定保护文化遗迹、历史文物、古民居建筑、服饰、饮食、乐器、歌舞道具、工艺产品、交际礼品、生产工具、生活用品等有形的文化资源和神话传说、史诗故事、音乐舞蹈、宗教祭典、节庆活动、民间风俗、人生礼仪、禁忌形式、村规民约等无形的文化资源，并进行分门别类的研究，以科学发展观客观地判断其价值。只有使优秀的民族传统文化得到保护，才有可能真正地继承和发展优秀的民族传统文化。

五　顺应文化发展规范化要求，完善相应政策

（一）在财政政策方面，建议自治区政府在中央财政文化产业发展专项资金之外，单列文化产业发展引导资金，增强文化产业主管部门对产业发展的引导和扶持职能，支持具有示范带动作用的重大文化产业项目建设，加大对公共技术、投资融资、人才培养、展示交易、信息咨询等公共服务平台建设的支持力度。同时，进一步扩大现有文化产业发展专项资金规模，健全项目评审机制和标准，规范资金使用，加强绩效考核。通过政府购买服务、项目补贴、以奖代补等方式，鼓励和引导社会力量提供公共文化产品和服务，促进文化产业发展。

（二）在税收政策方面，建议自治区政府对文化产业领域税收政策进行专题研究，对工艺美术、娱乐业、互联网上网服务等税负过重的行业予以税收减免，对鼓励发展的文化产业门类实施税收优惠，以文化内容创意生产、文化与科技融合、非物质文化遗产项目经营为主业的企业，出台单独的企业认定办法，经认定后享受高新技术企业同等的税收优惠政策。考虑到小微文化企业自身特性以及其对激发整个经济社会发展活力方面的重要作用，建议研究出台单独针对小微文化企业的税收优惠政策，确定合理的税收优惠标准。

（三）在金融政策方面，建议自治区政府将金融改革与文化创新发展有效结合，探索适合文化产业特点的新型金融产品、服务及配套的政策办法。支持商业银行创新信贷服务，加大文化产业信贷投放。鼓励无形资产质押为主要担保方式的组合贷款、信用贷款以及其他非抵押类创新模式贷款，开展融资租赁、应收账款质押、知识产权质押、股权质押等产品创新。支持保险机构开发有特点和有需要的保险业务。鼓励符合条件的文化企业通过上市、发行企业债券、公司债券、短期融资券和中期票据等方式融资。鼓励商业银行向基层延伸小微文化企业金融服务。

（四）在土地政策方面，建议自治区政府在城市建设用地分类内新增文化及相关产业规划用地类别，编制文化及相关产业用地规划，定向用于文化及相关产业发展，并明确后续土地、规划等管理实施办法。地方各级政府应当结合实际情况，将文化产业用地纳入城乡发展规划、土地利用总体规划，在国家土地政策许可范围内，优先保证重要文化产业设施和项目用地。对文化产业等符合国家发展导向的产业，给予地价优惠支持，鼓励和引导社会资本投入文化产业，增加文化产业总量。支持以划拨方式取得土地的单位利用存量房产、原有土地发展文化产业，在符合城乡规划前提下土地用途和使用权人可暂不变更，连续经营一年以上，符合划拨用地目录的，可按划拨土地办理用地手续；不符合划拨用地目录的，可采取协议出让方式办理用地手续。鼓励各地将城市转型中退出的工业用地优先用于发展文化产业，在新农村建设和新型城镇化建设中适当考虑文化产业发展用地。探索农村集体土地的流转经营，在确保土地所有权不变的情况下，允许其办理各种审批手续，发展文化产业。

延伸阅读

以改革促发展，促进广西文化产业大发展大繁荣

（一）做强传统文化产业

从 2012 年的情况看，文化产业增加值超过 5 亿元的行业主要有广告、造纸、工程勘察设计、电信增值服务、网吧、印刷（书报刊印刷和包装装潢印刷）、有线广播电视传输、焰火鞭炮制造、文化商务活动、游览景区管理、天然植物纤维编织工艺品制造、音响设备制造、软件开发、报纸出版、文化专业性社团等 18 个行业。这些行业除了广告和工程勘察设计外，基本都属于传统文化产业。对我区影响较大的传统行业主要有印刷行业（奥群彩印、真龙彩印、广西日报印务集团、南宁高新区的印刷企业等）、造纸行业（指文化用纸）、天然植物纤维编织工艺品制造行业（博白、浦北、都安的工艺品制造）。这些传统行业都具备一定的基础，形成了一定的产业规模，也拥有一定的市场份额，做强这些传统产业，对推动广西文化产业发展将起到积极的作用。

1. 政府加大支持力度。各级政府要在政策和资金层面加大对这些行业的支持力度，引导企业完善自身产业链，提升企业产业化水平；要通过文化体制改革，推进这些行业的集团化发展，同时采取政府推动、市场运作、企业实施的方式，加快资源重组；要引导企业围绕专

业分工，形成品牌，打造一批兼具专业性和市场性的基地，实现产品和品牌的增值。

2. 企业要创新经营理念。按照"微笑曲线"理论的要求加大研发力度，不断创新经营理念，适应多变的市场形势，全力提高企业的竞争力。加大数字出版科技研发投入，整合协调高等院校、科研机构等有关方面力量，加强关键技术攻关，形成一批拥有自主知识产权的核心技术；研究制定加快创新成果转化的扶持政策；加大对行业重点项目的投入，鼓励企业和社会参与重点项目建设。

（二）做大新兴文化产业

文化与科技的融合发展，已经成为社会经济发展的新趋势、新动力和新增长点。科学技术的每一次重大进步，都会给文化的表现形式、传播方式和发展模式带来革命性的变化，也为文化产品的生产、加工、复制、传输提供了更有效的技术支撑。党的十八大报告提出，要"促进文化和科技融合，发展新型文化业态"。我们要按照十八大报告的要求，通过科技的手段，促进文化新兴业态的发展，做强新兴文化产业。

1. 大力发展文化创意产业。高附加值是文化创意产业的重要特征之一，这种高附加值为文化创意产业带来了强劲的经济势能，成为推动一个地区产业结构升级换代的重要力量。文化产业创意是源头，内容是核心，为促进广西文化创意产业的发展，各级政府及有关部门要加大对创意以及数字内容为主的企业的支持力度。

一是加快文化产业园区建设。桂林文化产业园区的动漫产业已经具备一定的发展条件，自治区政府文化主管部门以及桂林市要加大投入力度，积极扶持动漫企业发展。此外，还要加大文化产业园区建设力度，加快建设南宁动漫城、柳州动漫游戏产业基地、桂林动漫研发制作基地，充分发挥基地孵化、提升、集聚、创新四大功能，培育新兴企业，吸引国内外优秀企业，推动本地资源与外来企业、资金、项目相结合，带动广西文化产业发展。

二是加快发展数字内容。加强数字技术、数字内容、网络技术等核心技术的研发，依托广西广电网络公司、广西电视台、广西人民广播电台的优势，加快发展数字内容服务。

三是建立"产学研"基地。支持文化创意企业与大专院校、科研单位密切合作，提升其研发能力、创意水平和队伍素质，鼓励原创产品的研发制作，形成动漫游戏产品生产、输出和转化的产业链，推动动漫图书、报刊、电影、电视、音像制品、电子出版物、舞台剧和动漫新产品的开发与生产。

2. 调整产业结构，加快数字出版产业发展。当今时代，是一个全球化、数字化的时代，个人电脑的普及，使互联网成为继报纸、广播、电视之后的第四种新的媒介形式，随着电子阅读器、智能手机和平板电脑等移动阅读终端产品的快速推广，加快传统出版产业结构调整和发展方式转变，大力发展新兴数字出版产业，已成为出版业的共识。为加快广西数字出版产业发展，各级政府及有关部门要大力支持出版企业转型升级，发展壮大数字出版业。

一是推动企业转型升级。广西出版业是文化产业的主要支柱之一，要加快广西出版集团、广西师范大学出版社等重量级的出版集团向数字出版转型步伐，完成存量出版资源数字化整理加工工作，对内容资源进行全方位、深层次的开发利用；改造传统出版流程，建立适应数字出版产业发展的内容生产方式和传播渠道；大力发展数字报刊，建设学术期刊网络发布平台；引导和鼓励传统印刷企业开展数字印刷业务。

二是建立海量数字内容转换和加工中心。引导和鼓励广西日报传媒集团、广西出版传媒集团、广西新华书店集团和广西师范大学出版社集团等，将存量资源进行数字化转换，形成覆盖网络出版、手机出版、电子书以及各种新兴用户终端的数字出版产品体系，为公众提供类型丰富、品质过硬、价格合理、使用方便的海量数字出版产品。引导建立海量数字内容转换和加工中心，提高资源使用率和数字内容转换、加工的集约化水平。

（三） 加速推进文化产业集聚发展

文化产业的一个显著特点是范围广、规模小、单位多，属于技术密集型产业，要使众多的文化产业企业走上快速发展的道路，必须要转变发展方式，加快产业集聚，使企业在集聚中获得规模效益，降低企业成本，提高企业创新能力，有效地促进技术升级，进而带动产业升级，推动产业结构调整。

1. 转变文化产业发展方式，加快产业集聚。自治区文化产业主管部门，要建立健全科学合理的文化产业分工协作体系，打破"小而全"的文化小生产格局，逐步形成配套协作的产业组织网络，加快产业集聚，切实提高文化产业规模化、集约化、专业化水平。

2. 打造各具特色的文化产业基地。广西民族文化资源丰厚，各地要根据本地方文化特色，打造各具特色的文化产业基地。围绕漓江画派，建设一批书画创作、生产、销售基地；围绕珠宝、奇石等艺术加工产业，建立北海合浦"南珠"加工基地、梧州宝石加工基地、钦州坭兴陶瓷业和东兴红木艺术品加工基地；围绕靖西绣球、阳朔画扇、临桂五通农民三皮画等乡村传统手工艺品生产基地，进一步推动绣球、壮锦、刺绣、服饰、芒编、竹编、藤编、铜鼓、石琴等民族特色手工艺发展，不断提高工艺美术业的档次和品位、规模和效益。

（四） 争取建立国家级文化产业示范基地

为培育市场主体，增强企业活力，发挥骨干企业的示范、窗口和辐射作用，文化部从 2004 年开始，先后命名四批国家级文化产业示范（试验）园区和五批国家文化产业示范基地，全国共有国家级文化产业示范（试验）园区 15 家，其中国家级文化产业示范园区 8 家和国家级文化产业试验园区 7 家，国家文化产业示范基地 269 家，涵盖演艺、艺术品、工艺美术、文化旅游、动漫游戏等文化产业各个门类。国家级文化产业园区、基地已发展成为文化产业发展的重要载体，催生出一批有较强实力和竞争力、影响力和自主创新能力的大型文化企业和企业集团，为全国文化产业的发展树立了标杆，做出了示范，已经成为我国文化产业领航者、先行者和探索者。

由于广西是欠发达后发展地区，在全国 15 家国家级文化产业示范（试验）园区中，没有广西的一席之地，全国文化产业示范基地广西也只有 5 家，仅占全国的 1.8%，应引起各级政府及有关部门的高度重视。为此，一是要选准主攻方向，着力培养 1—2 家文化产业园区成为国家级文化产业园区；二是瞄准突破口，在现有的自治区级文化产业示范基地上，力争用 1—2 年的时间，培育 5—10 家国家级文化产业示范基地。通过国家级文化产业园区和示范基地的带动作用，促进广西文化产业发展。

小结：文化建设是中国特色社会主义五位一体总体布局的重要内容，文化体制改革是我国全方位改革事业的重要组成部分。广西从资本、市场、政策、法规等各个方面进行文化体制改革，使之适应自治区的实际情况，有利于进一步增加广西的文化产业创新活力，从而推动其文化生产力的发展。

第二节　开发自治区资源，提升文化生产力

文化生产关系究竟能不能发挥作用，最终取决于文化生产力的和谐发展，因为生产力决定生产关系。要提高文化生产力就离不开生产力的三要素：劳动者、劳动对象和劳动工具，具体到文化产业指的就是文化人才、文化劳动资料和文化资源。所以，要构建广西文化产业圈就必须从以下几个方面出发，提升广西文化生产力。

一　开发人力资源，建设高素质文化产业人才队伍

文化人才是文化生产力中的劳动者要素，只有把文化符号转化为文化生产力，创造经济价值，文化资源的价值才能得以凸显。文化产业说到底是以人力资源创造高附加值的现代服务业，是先进生产力的表征。人才是发展文化产业的决定性因素。无论是物质文化遗产，还是非物质文化遗产的保护和传承及其商业开发，从根本上讲，都离不

开人的创意和创新，离不开文化的产业化能力、专业化水平和创新意识。纵观世界文化和国内文化产业发达城市，皆因有丰富的人才甚至创意阶层的存在。因此，广西必须积极培养文化人才，培育文化产业竞争新优势。

（一）提供良好培养环境，完善激励制度。人才的培养离不开教育，特别是基础性的教育。在文化产业热的背景下，讲产业发展多，讲完善教育支撑体系少。众所周知，美国是世界文化产业第一强国，殊不知支撑美国文化影响力的是激发人们创造热情的教育体制、层出不穷的创造性人才、有吸引力的文化产品。目前，全球排位前100的大学中美国占了一半；全球获诺贝尔奖的人数美国占70%；国际文化市场中美国提供的产品和服务占43%。广西在制度上应当创造培育文化企业家的大环境，更新开发研究文化管理人才观念，树立市场意识，建立合理的用人制度；着眼于激发人才内在潜能和创造性，健全绩效管理，建立灵活多样的市场化收入分配方式，建立物质激励和精神激励相结合的激励机制，强化对优秀人才的薪酬激励，使人才价值得到体现，以更好地吸引、聚集和稳定人才。

（二）内部挖掘，长线培养。克服重选拔使用、轻教育培养的人才开发倾向，增强主动培养和继续教育的意识。实际上当前广西文化企事业单位有大量经营管理能力较强的人才，要善于发现他们，培养他们，根据文化产业发展和对外文化交流的需要，进行文化产业管理、现代企业制度、法律、市场营销、公关、现代媒体经济等相关知识的培训，增强他们策划经营管理的文化理念、战略思维和创新能力。自2004年以来，广西每年派出人员赴越南、泰国、柬埔寨、缅甸、老挝、印度尼西亚进行非通用语高级翻译强化培训，派出若干培训团组到新加坡等东盟国家进行现代物流、反恐、法律、招商招展、人力资源管理等专题培训。2007年10月广西人事厅与新加坡公共服务学院合作，利用远程教育系统为广西公务员进行公务员能力建设和行政效能建设培训，培训结束后，广西将派团前往新加坡进行面授和实地考察交流。计划进一步加强与新加坡的合作，采用远程教育与实地考察相结合的方式进行培训。为了充分发挥广西在中国—东盟人才交流与合作中的地缘优势，为中国—东盟人才开发与合作服务，为广西的发展服务，国家人事部于 2007 年 8 月 6 日批准成立了中国—东盟人才资源开发与合作广西基地，并于 2007 年 11 月在中国—东盟人才资源开发合作论坛上举行揭牌仪式。

（三）行业企业嫁接，针对培养。要缓解文化产业经营管理人才短缺问题，可以通过引进区内外企业现有的经营管理人才，再对他们进行文化产业知识培训，及时获取新信息。把握宏观理论以及增强专业素质，使他们既有纵贯古今的文化视野，又有策划经营的文化理念、现代产业意识和经营管理思路。

（四）引进外企，洋为中用。从海外成功的文化企业中吸引和聘用高级文化产业经营管理人才到我国的文化企业中参与管理，或者是与海外成功的文化企业合作，利用其经营管理经验提高我国文化产业的经营能力，也是解决我国文化产业经营管理人才短缺的重要手段。对此，可以建立"中国（广西）—东盟文化产业人才库"，大力引进文化产业专门人才，鼓励境外文化企业聘用所在国专业人才，促进人才交流提升。

（五）完善人才培养体系，建立阶梯式培养模式。建立一个从底层到高层的多方位、多层次的阶梯式培训模式，发挥有资质的专业培训机构和有条件的高校的作用，建立文化产业人才培训基地，加强对各级相关部门人员的政策、业务培训，提高面向东盟"走出去、引进来"的战略认识水平和科学管理能力。

（六）盘活国有文化部门中的人力资源，切实加强高素质文化产业人才队伍建设。各地文化行政部门要根据文化产业发展的需要，制定文化产业人才资源开发规划，安排专项资金，落实保障措施。努力发掘广西相对丰富的文化产业人才资源，充分发挥现有文化产业人才作用，营造优秀青年文化产业人才脱颖而出的机制和环境。要加强广西面向东盟国家应用型语言人才和跨国经营管理人才的培训，培养一支具有全球视野和国际化战略思维、熟悉国际规则和法律法规、精通市场开拓和跨国经营管理、外语熟练的复合型人才队伍。

延伸阅读

各地市重视文化人才培养

湖南提出"科学发展，以人为本；人才发展，以用为本"的崭新理念，提出要培育 100 名文化湘军代表人物、10 名文化湘军领军人物。深圳提出建设文化人才高地，设立文化人才市长奖。天津滨海新区提出创建"人才特区"，到 2020 年，引进培养 200 名左右文化产业复合型经营管理人才，500 名左右文化产业高端专门人才。上海在"十二五"期间，也有意吸引 100 个文化领军人物和创业团队。最近，上海周边城市如宁波、昆山等地举行文化产业发展月活动，纷纷来上海招兵买马，昆山更是开出了"3 个 100"诱人条件（即对领军人物提供 100 万元住房补贴、100 平方米办公用房免 3 年租金、100 万元创业基金），市委市府主要领导还亲自与文化领军人物会面，洽谈引进事宜，让原本已在浦东的文化人才动心并萌发去意。

西安曲江新区对引进高端文化人才参照其当年度工资性收入个人所得税缴纳金额的 40% 予以奖励，最高可达 50 万元。

杭州市规定对动漫游戏方面急需引进的特殊人才，凡符合购买专项经济适用住房政策条件的，可优先购买经济适用住房，并在子女教育等方面给予优先照顾。此政策优于浦东新区现行政策。

深圳市规定凡在动漫游戏企业任职 2 年以上、具有本科以上学历的专业技术人员，给予入户指标。设立卡通动画、影视后期制作、电脑美工等职业技能鉴定，通过中级以上职业技能鉴定并符合市外招调员工条件的，可凭市劳动和社会保障局颁发的职业资格证书申请入户，而目前浦东没有相关现行政策。如何培养高层次文化人才？积极实施人才兴文战略，打造一支有文化、懂经济、会管理的文化产业复合型人才队伍，是促进广西文化产业发展的一项重点工作。

二 开发自治区文化资源，建设"文化广西"

文化资源也就是文化生产力中的劳动对象，是指"人们从事文化生产、文化活动所必需的可资利用的各种文化生产要素，包括物质文化资源、精神文化资源和文化人才资源三类"。本书指前两类。

（一）开发城市文化资源，提高城市竞争力

城市竞争力是指一个城市在经济全球化和区域一体化背景下，与其他城市比较，在资源要素流动过程中所具有的抗衡甚至超越现实的或潜在的竞争对手，以获得持久的竞争优势，最终实现城市价值的系统合力。一个具有竞争力的城市，一定是一个充满魅力的城市，而一个城市的魅力，又来源于城市文化和城市精神。在城市的演变过程中，民族传统文化以物质的痕迹记录下来，形成城市的文化"骨架"，并在塑造、彰显和维系城市精神的过程中起着不可替代的作用。不同的城市有着不同的城市文化，进而表现出各自的精神特质，这种特质就是城市发展的灵魂，是城市竞争力的重要组成部分。广西地理位置独特，自古多民族文化融合，成为特色文化区域，然而在城镇化进程中，广西传统民族文化也被现代化的强势逻辑裹挟。原生态的民族聚落形制和城镇人文景观遭受了不同程度的破坏，城镇形态风貌日渐趋同，个性逐步淡化，一定程度上影响了广西的文化产业发展的竞争力。因此，广西的文化产业发展的进程中必须继承和发扬广西优秀传统文化，并以此彰显广西文化的内在魅力。

1. 加快首府城市南宁的文化资源开发

文化资源在南宁城市发展中具有特别重要的意义，鉴于南宁独特的发展历史、人文地理、气候特点、生产生活方式，形成了骆越文化、贝丘文化、稻作文化、红色革命文化、大石铲文化、龙母文化、民歌文化、美食文化、民族医药文化等特色文化。通过建立旅游区、文化园、博物馆等形式来集中展示、保护开发，无疑是整合区域文化资源、打造文化品牌、发展文化旅游的一种行之有效的思路和途径。

具体思路

※建立以洋关码头为中心的红色文化旅游区域

我们认为应在充分考虑邕江行洪的基础上，利用现代工程措施重建洋关码头。因为洋关码头是南宁对外开放的门户和形象，是 20 世纪 20—50 年代孙中山、邓小平、毛泽东等伟人先后留下足迹的少有的城市码头。1921 年 10 月，孙中山先生出巡广西准备督师北伐，24 日抵达洋关码头，受到南宁各界人士的热烈欢迎。他在欢迎会上做了"关于广西善后方针"的演讲，极大地鼓舞了南宁各界群众。而洋关码头亦见证了土地革命的壮烈，以邓小平、张云逸为首的广西党组织于 1929 年 10 月发动的"南宁兵变"，是中国共产党人领导武装斗争的一大壮举，是党领导兵运工作走向成熟的重要标志，在中国革命史上有着重要的地位。南宁兵变是邓小平军事思想实践的光辉起点，为百色起义、龙州起义和建立左右江革命根据地奠定了思想、物质和干部基础。应依旧如旧重修中山路 96 号光昌汽灯店，这里是 1929 年中共广西省委机关所在地，也是邓小平在南宁开展革命活动的场所之一。此外，还有津头雷家大院的中共广西省委"一大"会址，邓颖超出生纪念馆，1958 年 1 月中共中央南宁会议会址明园饭店红楼，邕江一桥的毛泽东冬泳纪念亭，南湖公园的李明瑞、韦拔群烈士纪念园等地址、会址等，共同构成南宁独特又丰富的红色文化旅游资源。

※在邕江三江口附近策划建设中国稻作文化园

考古证实和研究表明，中国是最早发明水稻人工种植的国家，迄今已经有 1 万年至 2 万年的历史。中国人（具体说是当今江南汉族和壮侗语族诸族的共同祖先越人）发明了水稻人工栽培。他们经过漫长岁月的不断摸索、积累和创新，创造了丰富的稻作文化，留下了很多珍贵的文化遗产，这些遗产主要是：以水稻种植为中心的生产结构，包括水田的开辟和整治，依赖于水稻耕作的副业生产，为水稻提供水源的森林，相应的生产工具和生产技术；由稻作农耕而形成的文物古迹，如新石器时代的大石铲、古老的灌溉系统、铜鼓、花山崖壁画；与水稻种植密切相关的民风民俗，如饮食、节日、宗教祭祀、人生礼仪等；口头传承文化，如相应的民族语言和文学艺术；等等。据我国著名学者梁庭望先生统计过的传统的成套耕作、灌溉、运输、加工、储藏、辅助生产工具六个系列加起来近 300 种，虽然绝大多数已经退出生产生活，但它们是稻作历史的动力和见证，我们认为应当建设一个中国稻作文化园来展示它们。

在文化园中建设骆越文化博物馆。骆越文化是国际性的文化资源，是我国与东盟国家交流与合作的重要历史文化因缘。骆越文化是百越文化的核心。骆越文化的起源和主体，始终在广西境内。骆越先民创造的文化蔚为大观，异常丰富，范围广泛，让历史说话，让实物说话，通过博物馆来还原历史场景，就能够更加客观、形象、生动、有力地再现骆越文化的起源、发展、传播、影响，让人们感受到骆越（壮侗语族）先民在中华民族文明"多元一体"格局中的历史地位和重要作用，也为我国文化和领土安全提供历史证据。

※在邕宁区建设顶蛳山贝丘文化遗址博物馆，策划建设"岭南第一村"

分布于邕宁境内邕江河段两岸的贝丘文化遗址共有 20 多处，在5000 年至 1 万年前，这里相隔 5—10 公里便是一个古人聚落，这里汇聚了这么多的古人类居住，繁衍生息，创造了赖以生存的顶蛳山文明。顶蛳山遗址发掘出土的陶器、蚌刀、石斧、鱼钩、骨铲、石镞等一大批史前人类使用过的生产工具和生活用具，非常具有历史意义，所发现的居所柱洞遗迹使人们第一次通过考古确认了居住于岭南地区河旁台地的古人类的居住形式，即干栏式建筑形式。所发现的肢解葬填补了世界史前文化研究文献中的一段空白。1997 年，顶蛳山遗址的发掘成果被评为该年度中国十大考古新发现之一，新中国成立 50 多年来广西首次获此殊荣；1998 年，经过试掘论证，有关考古专家提出了将分布于南宁邕江流域一带的、以贝丘遗址为特征的一类文化遗存命名为顶蛳山文化，这是广西第一个以当地地名命名的考古学文化；2001 年，国务院将顶蛳山遗址列为我国第五批国家级文物保护单位之一，这是南宁市获命名的第一个国家级文物保护单位。

※在邕江边策划建设世界民歌艺术文化园

壮乡素有"歌海"的美誉，被诗人称为"铺满琴键的土地"。历史上还涌现出不少像刘三姐、黄三弟这样被称为"歌仙""歌王"的著名歌手。每年农历三月初三，是壮族人民的传统歌节，俗称"歌圩"。从1999年起，南宁举办南宁国际民歌艺术节，如今民歌艺术节已成为南宁市每年一度的重大节庆活动。建设世界民歌艺术文化园，可以让市民和游客真切地感受到南宁——天下民歌眷恋的地方，打造永不落幕的国际民歌艺术节。

※邕江两岸适当地点策划建设南宁历史文化碑林园

南宁古属骆越地，骆越先民创造了丰富而灿烂的文化，其中的稻作文化、棉纺织文化、铜鼓文化、花山崖壁画文化等对中华文明与世界文化都产生过深远的影响，是中华民族"多元一体"文化中弥足珍贵的遗产。建议指定专门研究小组从浩瀚的史书中查找有关南宁历史、地理、风土人情等方面的记载，将之刻在石碑上，建成历史文化碑林园，让市民和广大游客更多地了解南宁的历史和文化，也可以作为南宁乡土教育的基地。与此同时，还可以将"三月三，龙拜山"、五象岭等广为市民接受的神话传说民俗故事化、形象化、实物化，供人们观赏。

※以邕宁蒲庙五圣宫为中心区域建设南宁福禄寿文化园

邕江母亲河在流经邕宁蒲庙时形成了一个大湾，这里是藏水的地方。邕宁有南宁市首个国家级文物保护单位顶蛳山贝丘文化遗址，有远近闻名的鸳鸯泉，有目前南宁市区保存最好的古建筑五圣宫，有原汁原味的岭南骑楼群建筑蒲庙老街，有一批古老的寺庙和市内最完整的清代古民居建筑群，还有雷婆岭石刻、英雄水库等，是一个旅游资源十分丰富的城区。以邕宁蒲庙五圣宫为中心区域建设南宁福禄寿文化园，整合周边的文化资源，是一个便捷的路径。同时，必须做好做活非物质文化遗产，如邕宁民间的八音已经在区内外有了相当的名气，抢花炮号称"东方的橄榄球"，壮民族特色浓厚的文化、艺术、舞蹈、工艺、风俗等都应该组织人员进行挖掘、整理、提炼和宣传。可定期举办专门的节庆活动如邕宁壮族民间艺术节或邕宁壮族八音文化艺术节、抢花炮节、庙会等，让这些本土原生态的文化展示出来。对濒临失传的民族民间文化进行抢救性保护，对年事已高的传承人进行抢救性保护，加快培育新一代艺术传人。

※完善"美丽南方"休闲旅游景区，建设南宁农村土地改革博物馆，发展农家乐旅游

著名壮族作家陆地创作的《美丽的南方》是壮族文学史上第一部长篇小说，对广西文化事业的发展作出了突出贡献，具有深远的意义。而西乡塘区的石埠是陆地创作《美丽的南方》时深入生活收集素材构思小说的地方，堪称"美丽的南方"发源地。

忠良景区是石埠"美丽南方"乡村旅游区的核心景区，通过引导农民群众调整农业产业结构，发展种植百合花、甜瓜、百香果等特色现代农业，发展"农家乐"和乡村游。石埠"美丽南方"乡村旅游示范区成为集农业观光、休闲旅游、健身娱乐、科普教育等于一体的新农村建设示范点，已经成为南宁市十大乡村旅游景点之一。

要把"美丽南方"这张名片打造得更好，必须要有规划地进行建设，把石埠的一湖（金沙湖）、一江（邕江）、一岛（太阳岛）有机地联系起来，要进一步挖掘石埠的历史文化底蕴，在此基础上建设南宁农村土地改革博物馆。

※尽可能恢复南宁历史上的重要地名、水名、山名、桥名、溪名

地名是古代遗存下来的各种信息的载体，往往成为生息于斯的人们共同体的鲜明标志和历史印记。它具有相当的稳固性，通过地名的分析可以破解许多历史的不解之谜，这是我国民族学泰斗徐松石先生所采用和推崇的研究方法。我们可以通过分析大量的原生地名和派生地名，去努力构建失载或少载的民族变迁的历史图解。比如，邕溪水、马退山、四厦岭等就非常有历史文化内涵，建议新建的路、桥尽可能以具有深厚历史文化底蕴的地名、水名、山名、桥名、溪名来命名。

2. 整合城镇资源，塑造城镇特色

城镇特色是一种自然特色、环境特色、形态特色、建筑特色、产业特色、文化特色、景观特色等的总和，是城镇之间相互区别的城镇个性差异，尤其是城镇物质形态和"势位"的差异。在广西城镇建设过程中，只有进一步强调地方城镇特色的塑造，才能有利于广西各种城镇资源的整合，才能发挥广西的后发优势，进而产生城市发展的动力、活力和核心竞争力，促进城市的持续发展。目前这种因果效应已在广西几个城镇中初显端倪。

（1）风情西街：以特色促旅游发展

阳朔西街是一条典型的桂北传统街道，有着较完善的历史风貌。但20世纪90年代，随着旅游业的发展，阳朔西街内部及周边的街区出现了不少新建筑，没有很好地与传统建筑风格、山水环境相结合。街区环境质量也不断下降，破坏了街区的整体风貌。为了保存地方风貌特色，促进旅游经济的可持续发展，当地政府从1999年开始，对西街进行了《阳朔西街历史地段保护详细规划及西街保护性整治设计》。规划在继承历史文脉的基础上，注重人、建筑与自然环境的结合，将"旅游地形象策划与规划"的方法引入城市规划的编制中，结合城市设计的方法，对西街这一传统街区进行整体规划与风貌设计。经过保护性整治后的阳朔西街，成功地将地域文化与旅游经济有机结合起来，成为当前国内一个重要的旅游目的地。

（2）魅力兴安：以特色促文脉继承

桂林兴安县，地处"湘桂走廊"要冲，古为"粤楚咽喉"之地，境内的灵渠作为"中国古代三大水利工程"之一闻名遐迩。从旅游方面来说，在历史资源的支撑下，兴安的旅游业已经初具规模，在2000年"乐满地"游乐项目推出后，其旅游业更是得到了空前发展。在这种形势下，如何彰显兴安自身的资源优势、更好地发挥兴安在区域经济区中的作用，这就需要城市的特色创新。在《兴安城市战略规划（2003年）》中，兴安将城市特色塑造放在了重要的战略位置上，凸显了兴安的地方风格和特色，为兴安的发展规划了蓝图。经过有效的城市规划设计，兴安的城市形象进一步改观，城市特色更加突出。2005年，兴安被列入"中国十佳最具魅力名镇"之列。其中"水街"就是在"灵渠复兴"和塑造城市特色理念的指导下设计的，它充分挖掘了桂北民族文化资源，继承了民族传统文化，展示了千年灵渠的魅力。

（3）山水工业柳州：以特色促产业调整

柳州是具有 2100 多年历史的文明古城，也是我国中南和西南地区交通枢纽城市，综合经济实力位居广西前列。20 世纪 90 年代，柳州的工业发展曾经造成了城市环境的严重污染，给柳州工业发展的后劲和城市竞争力造成了严重的威胁。为此，柳州市提出了"再造一个最美丽的山水工业城市"的战略构想，力图扭转过去柳州工业"一条腿走路"的状况，发扬柳州历史文化，改善和保护柳州人居环境，用"工业重镇"和"历史文化名城""两条腿"走路，在促进柳州工业长足发展的同时，人居环境也得到较大改善。近几年来，柳州着力整治城市环境，创造生态和谐的城市形象，营造城市人文环境，城市面貌和特色大为改观，"山水生态城市"的框架已基本确立，为柳州成为"工业城市中最美的山水城市，山水城市中最发达的工业城市"奠定了良好的基础。

（二）以歌文化为载体，打造"魅力广西"

一曲民歌，发展出一系列节日，为一个地方带来发展的机缘。近年来，"民歌效应"带动着广西，为文化产业发展找到新的契机，基于丰厚的民族民间传统文化和丰富的山歌，广西舞台艺术佳作频出。不只是《刘三姐》重新走上舞台，《妈勒访天边》、《八桂大歌》等精品舞台剧以及大型山水实景演出《印象·刘三姐》，在八桂大地上如闪烁的星辰，吸引了来自四面八方的旅游者，他们在欣赏到美好歌声的同时，也把广西民歌向世界传唱。借民歌盛行的东风，广西旅游业有了新的卖点。广西旅游有了新的选择——"文化旅游"道路，广西旅游不仅是以"甲天下"的桂林山水获得游客青睐，听山歌、唱山歌也是不可多得的美的体验。

广西是个爱歌、善歌民族聚集的地区，被誉为"民歌的海洋"，是"歌仙"刘三姐的故乡，在这里人们表现出崇智、重情、向往自由的价值观。这些特质常常明显地反映在民歌之中。在广西各族的民歌中，主要的是山歌，此外劳动号子、水歌、渔歌、瑶歌、儿歌、酒歌、风俗歌等也非常丰富。广西的民歌又以壮、瑶、侗三个少数民族民歌为主体。

为把民歌发扬光大，1985 年，自治区人民政府把"三月三"歌节定为文化艺术节，后演化为广西国际民歌节，从 1993 年起广西开始举办民歌节。人们在民歌节上以歌传情，以歌会友，共同抒发对美好生活的向往和热爱。民歌成了飞架于广西各民族与全国各兄弟民族及世界民族之间的彩虹。为了把民歌节办得更具特色，从 1999年起广西壮族自治区人民政府决定把"广西国际民歌节"更名为"广西南宁国际民歌艺术节"，并定于每年的 11 月在广西南宁举行，由广西南宁市人民政府邀请国家文化部文化图书馆司、国家民委文化宣传司联合举办。

广西南宁国际民歌艺术节的宗旨是继承和弘扬壮族人民的文化艺术，加强与世界各民族文化的交流和发展。艺术节期间，国内著名艺术家、歌手以及国外民间艺术家为观众带来精彩纷呈的民族文化节目演出。与民歌节同时举办的还有时装大赛、壮族节日联欢、全国少数民族孔雀奖声乐大赛、旅游美食节、广西山歌擂台赛以及经贸洽谈会等活动。从 1999 年 11 月到 2004 年 11 月民歌节成功举办，广西南宁国际民歌艺术节以浓郁的民族风情、开阔的国际视野和强劲的现代气息一路走来，在国内外受到了广泛赞誉，影响力不断扩大。赢得了社会各界人士的赞誉。已经连续举办多届的"南宁国际民歌艺术节"为广西民歌品牌的塑造功不可没。自 2004 年以来，民歌节与中国—东盟博览会同期举办。民歌不仅完全可以独立自主地经营，更可以为地方财政做出贡献。

如果说南宁国际民歌艺术节是这场大型文化节庆活动上向世人奉献的一条精美的珍珠项链，那么开幕式晚会、风情东南亚晚会、南宁·东南亚国际旅游美食节等一系列主题活动，则可以称得上是这串精美项链上的一颗颗晶莹珍珠。那一颗颗晶莹的珍珠，吸引世界各国丰富多彩的艺术精华汇聚绿城，中国、东盟各国以及世界民族舞蹈、民族音乐、民族风情等得到交流，共同展示多领域、多元性的文化。

三 发挥企业的主体作用，整合文化资源

广西可以通过组建大型文化企业集团，建立一批龙头企业，以此来发展文化产业，而文化企业的经营又需做到如下几点。

（一）树立品牌意识。对文化产业的经营要树立品牌意识，重视对产品的包装、营销和市场开拓。例如民族音画八桂大歌，是一部集广西各民族音乐、舞蹈、服饰等艺术融为一体的大型原创歌舞的舞台艺术作品，用现代化的舞台制作进行精致的包装，对这种重点的品牌产品要大力扶持。通过品牌的拉动效应，提升文化产业发展的速度和规模，实现广西文化系统文化产业发展新突破。

（二）积极推动文化产业的科技进步，提高文化产业科技含量。文化产业发展需要不断地吸收高科技领域的成果，依靠高科技是文化产业发展的必由之路，尤其是与文化产业密切相关的计算机、网络、通信行业的技术产品，为文化产业的发展提供了有力的技术保障，进一步推动文化产业跨越式发展。加强文化产业科技创新，要坚持技术引进和自主开发相结合，加快各类文化载体的信息化、数字化、网络化建设，大力开发高清晰影像数字技术，提高演出场馆、舞台技术、博物文物设施、技术装备的现代化水平，推进广西数字图书馆网络建设，引入科技含量高的艺术运营和管理系统。

（三）通过联合、兼并和重组，壮大优势文化企业。广西可以循序渐进地推进文化企业集团化建设，成立一些大型的竞争力强的报业集团，出版集团和影视城等。既要扶持重点产业，又要兼顾一般产业，通过调整一些分布零散，重复建设的文化布局，解决资源开发的闲置浪费和使用效率低等问题。

小结：进行文化资源的大整合有利于文化产业的大发展和资源配置的大跨越，在文化资源的整合过程中，企业作为市场经济的微观主体起到了至关重要的作用。通过对文化人才、城市文化资源以广西自身歌文化资源的开发有利于进一步增强广西文化生产力，促进广西文化产业的发展繁荣。

第三节　坚持走出去战略,扩大文化影响力

构建广西文化产业圈,在实践路径上,我们需要继续坚持走出去战略,充分发挥 CAFTA 的作用,同时亦需完善公共文化服务体系建设,更需要不断提高文化对外开放水平,来增强广西文化的国际影响力,推动中华文化走向世界。

一　充分利用中国 (广西) —东盟博览会给广西带来的机遇

把握中国—东盟自由贸易区建立和中国—东盟博览会的举办给广西带来的机遇,已经成为广西乃至关心、支持广西发展的所有人的共识。但广西各地的民间风俗和文化与东盟各国有很多相似甚至相同之处,因此在加强合作的同时也面临诸多挑战,广西应依靠自身比较优势,发展具有国际竞争力的产业,避免区域产业融合与趋同导致恶性竞争产品。对此,开掘广西非物质文化遗产,促进广西文化产业大型项目在东盟国家落地,对于广西文化产业的发展具有重大的作用。在这个过程中,我们在发展自身的同时也应充分考虑面向东盟的需要,实现双方的互利共赢。广西—东盟博览会为双方的合作提供了良好契机。

博览会同时向全球开放,将进一步扩大降税产品的成交额。这对设在广西的中国—东盟自由贸区经济园区、物流园区以及加工贸易中心园投资办厂,完全可以享受降税优惠政策,这大大促进了双方的成交额。在积极利用中国—东盟博览会平台作用上,作为协办方的广西应积极向中国—东盟自由区寻求更多的支持。为使博览会有利于各方发展,广西应做好几个方面工作:首先,中国—东盟博览会应依托中国—东盟自由贸易区所取得的进展,利用有利的条件,通过展示中国—东盟自由贸易区所带来的成果与共同的收益,让中国和东盟的人民从中获益,以便加强人们对博览会的关切度和博览会在中国—东盟关系中的影响力;第二,在中国—东盟自由贸易区大背景下,利用博览

会作为信息平台,定期宣传自由贸易区的好处,在这方面有必要建立一个实施自由贸易的信息中心,目的是准确地进行信息的传递,此外,要互派记者报道自由贸易区的政策,或者是进行其他形式的交流也是必要的;第三,通过博览会展示各方合作意愿,加强互惠条件,缩短有关各方直接利益的差距;第四,以博览会为平台,建立文化、科技交流的平台,为中国—东盟的文化互动、科技交流合作搭起框架;第五,在博览会期间建立一个交流观点的论坛,为双方建立协调机制提供平台,以便进一步促进双边发展和互利。

伴随中国—东盟自由贸易区建设的热潮,广西积极构建对外文化交流合作新格局,努力促成政府、民间、企业齐头并进,交流、合作、贸易多种方式并举,多渠道,多领域的打通对外市场和对外交流,广西"文化之舟"以崭新的姿态驶向大洋。中国—东盟博览会成为广西文化向东盟展现自身魅力的广阔舞台。来自东盟各国的艺术家在南宁国际民歌艺术节惊艳亮相,演绎友谊华章。民族音画《八桂大歌》中壮美的音乐、壮族舞剧《妈勒访天边》中动人的情节、歌舞剧《刘三姐》中悠扬的歌声……进入东盟各国人民的视野。随着《广西与东盟文化合作行动计划》的制定,"中国—东盟文化交流培训中心"、"中国—东盟青少年培养基地文化艺术交流中心"应运而生。自2006年以来,广西成功举办了5届中国—东盟文化产业论坛。建立"中国广西—东盟文博交流合作基地",定期举办中国—东盟文化遗产保护交流合作论坛,轮办东盟国家文物展等。

二 发挥地缘和资源优势加强广西与东盟文化合作

加强广西与东盟的文化交流合作,能够在更大程度上发挥广西的地缘优势和文化资源优势,加快推进民族文化强区建设。近年来,随着中国—东盟自由贸易区的建成以及中国—东盟博览会、中国—东盟商务与投资峰会和南宁国际民歌艺术节的成功举办,广西与东盟的经济贸易和文化交流取得明显成效,也积累了一定的经验,但尚存在一些不足。就文化交流合作而言,主要表现在区域文化特色不够鲜明,文化产业的建设力度不足，与东盟各国的文化交流不够广泛和深入。为更好地推进民族文化强区建设，加强与东盟各国的文化交流，发展广西的文化产业，提升广西文化软实力，广西加快发展文化产业，应具有国际眼光，克服障碍，加入东盟元素，发挥自身优势"走出去"，着重打好"东盟牌"。

（一）推进对外特别是对东盟文化交流。广西应积极推进文化"走出去"工程，实施好广西与东盟文化合作行动计划，加快推进中国—东盟文化交流培训中心建设；提高"北部湾之声"广播在东盟国家的覆盖率，扩大广西卫视、广西电视台国际频道在东南亚及欧美的覆盖；积极参与文化部"欢乐春节"品牌和国际文化艺术节等活动。广西应继续举办好中国—东盟书展、中国—东盟文化产业论坛、中国—东盟电视论坛、中国—东盟艺术教育成果展演和境外广西广播影视展播周，构建中国—东盟"10＋1"博物馆合作联盟，打造中越边境文化艺术节，筹办中国—东盟文化产业展览、中国—东盟电影展映，同时积极开拓与欧美等其他国家和地区文化交流贸易合作途径，推动广西文化"走出去"。

（二）培育对外文化交流品牌。加强国际文化市场信息服务和对外文化交流的研究，大力培育文化产品和文化企业走出去品牌。把中国—东盟图书展销暨版权贸易洽谈会打造成具有区域国际影响的出版会展品牌；做大做强以广西文化舟为代表的文化外宣品牌；把"寻找金花"栏目打造成外向型电视品牌，培育"彩虹之光"华文艺术教育品牌；培育广西山水实景演出的领军人物和企业品牌，策划生产海外山水实景项目。按国际文化交流规则和各国需求进行改编，形成有一定规模的艺术演出、广播影视、出版发行、印刷复制等品牌，推出一批文化产品和文化服务参加国际大型活动和赛事。

广西是我国至今唯一尚未有一项自然与文化遗产和非物质文化遗产代表作进入世界遗产和非物质文化遗产名录的自治区，也是全国极个别没有文化遗产项目"入世"的省（区、市）。要采用政府扶持的方式，出台相关文化建设政策，大力推动文化研究及文化产业的发展，增进广西与东盟各国的交流。建议以代表广西文化形象的"刘三姐"或"布罗陀"命名,成立广西文化产业集团,下设系列文化研究机构以及文化企业,研究广西的民俗与文化,打造广西文化品牌,寻求中国与东盟各国的文化共通点及经济增长点。以"刘三姐"作为广西文化产业的品牌,包括服装、饮食、文化商品到建筑设计、研究机构等,构成一个文化品牌产业链。不断提升区域文化研究的品位,用文化研究的学术积累来丰富和更新文化品牌的内涵,扩大广西文化形象的普及率及影响力。成立广西申报与保护世界遗产办公室,适应广西与东盟国家文化交流与产业合作和大旅游圈的需求。

(三)开展各种文化交流活动,把广西建设成一个东南亚文化交流的中心。立足广西,面向东南亚,定期或不定期地与东盟各国举办各种文化交流活动,使广西这片热土成为中国连接东盟各国的文化桥梁和艺术展台,将南宁建设成为东盟各国文化艺术创作、展示和经验交流的中心。可以南宁国际民歌艺术节为基础,相继举办中国—东盟国际电影节、绘画节、曲艺节、音乐节等,扩宽文化交流面,加大文化交流与经济合作的力度。广西电影集团曾推出《黄土地》、《我的父亲母亲》等在国际上知名的影片,漓江画派在国内外画坛也产生了一定的影响。另外,桂剧、壮剧、师公戏以及广西的民间音乐,不仅是广西艺术史上不可多得的文化遗产,而且由于与东南亚地区同类艺术的相似和相通,更使它们具有一种与东盟各国进行文化交流的桥梁性质。可以通过举办国际电影节、绘画节、曲艺节及音乐节等方式,将广西的优秀文化推介到东南亚国家及地区。

(四)扩大对外文化贸易。围绕服务于中国—东盟自由贸易区和中国—东盟博览会的举办,努力打造与之相适应的文化交流与贸易平台。注重培育和发展外向型优势文化企业,组建具有国际竞争力的对外文化企业集团,通过国际合作、委托代理、兴建出口基地和在境外国外直接投资方式,积极参与国际文化市场竞争。建立对外文化交流信息库,力争设立广西对外文化交流重大项目专业咨询委员会,做好对外文化贸易的统计、定量分析等工作。扩大对外文化产品和文化服务贸易，鼓励文化企业在境外国外兴办文化实体，支持文化企业参与境外国外商业演出、图书展、影视展、文化遗产展等，扩大广西文化产品和文化服务出口。

（五）以旅游为纽带促进广西文化圈与东盟国家文化的对接

中国—东盟自由贸易区于2010年1月1日如期建成，广西是边境民族地区，作为中国—东盟的连接地带，要在自由贸易区中争到更多贸易份额，需要发展民族文化旅游资源丰富的优势，发展与周边国家的民族文化旅游。要把广西建成旅游大区、强区，建成中国连接东盟的旅游大通道，同时开发广西与东南亚的海洋文化之旅，使广西成为与周边国家连成一片的国际旅游目的地。

延伸阅读

做大做强广西旅游业——以八桂山水文化为依托

当今世界，已经进入文化时代。文化名称一般是以山、水命名的为多，既然有山文化、水文化，也就会有山水文化。山水文化并非是山文化与水文化的简单组合，而是奇山秀水和人们有意识劳动的完美结合，是一种更高形态的文化。人们看到，八桂大地千百年来形成的山水环境，最终孕育出以山水融和为特色的八桂山水文化。把八桂山水文化作为意向，对广西进一步做大做强旅游产业来说无疑是如虎添翼，提供了极大的发展机遇。

自从南宋人王正功有诗云："桂林山水甲天下，玉碧罗青意可参。"发出"甲天下"的千古绝唱以来，"甲天下"便成为了桂林山水、广西山水的代名词，广西以其山清、水秀、洞奇、石美、人杰、地灵而名扬天下。从山水美景到山水艺术，再到山水文化，标志着人们对客观世界认识的两次飞跃。

关于八桂山水文化的丰富内涵有下面几点。

1. 八桂山文化。一是红土地文化，包括百色、河池、崇左等市县地区；二是名山溶洞文化，包括花山、象鼻山、独秀峰、西山、八角寨山、七星岩、伊岭岩、勾漏洞、青秀山等；三是天坑峡谷文化，包括全国最大的乐业县天坑群、靖西县通灵大峡谷和武宣县百崖大峡谷等；四是石刻文化，尤其以桂海碑林最为著名；五是奇石文化，包括柳州石、合山石、天峨石等。

2. 八桂水文化。一是江河文化，包括漓江、浔江、邕江、红水河、柳江、资江以及灵渠等；二是北部湾文化，包括北海银滩、防城港金滩、钦州七十二泾等；三是湖泊文化，包括榕湖、杉湖、桂湖、木龙湖、南湖等；四是瀑布文化，包括大新县德天跨国大瀑布、资源县宝鼎瀑布等；五是温泉文化，包括龙胜温泉、陆川温泉、象州温泉、贺州温泉等。其中突出的文化现象：灵渠文化，即秦始皇为了统一中国，在兴安县修建灵渠，把湘江和漓江贯通起来，开始中原文化和岭南文化神圣结合的文化现象；合浦海上丝绸之路文化，即汉武帝建立合浦郡，并开辟海上丝绸之路，加强对外经济文化交流的文化现象等。

3. 八桂名人文化。如历史上最早传授儒家经典思想的学者陈钦，建立"南天国"的首领侬智高，壮族抗击倭寇女英雄瓦氏夫人，大山水画家石涛，太平天国首领石达开、李秀成、韦昌辉、杨秀清，黑旗军领袖刘永福，反法英雄冯子才等，国民党革命委员会缔造者李济深，桂系军阀李宗仁、白崇禧、黄旭初，红八军领袖韦拔群、李明瑞，教育家马君武、原全国人大常委会副委员长韦国清，语言学家王力，哲学家教育家梁漱溟，文学家秦似等。旅桂名人有柳州刺史柳宗元、大文豪苏东坡、地理学家徐霞客，以及洪秀全、孙中山、邓小平、徐悲鸿、欧阳予倩等。

4. 八桂史前文化，包括柳州"柳江人"遗址、"白莲洞"遗址、桂林"甑皮岩"遗址、来宾"麒麟山人"遗址、邕宁顶狮山贝丘遗址、百色"革新桥新石器"遗址等。其中突出的文化现象："柳江人"遗址文化，即关于广西人类史前"柳江人"遗址的文化现象。

5. 八桂民间神话传说。一是布洛陀山神，2002 年，在田阳县百育镇敢壮山，布洛陀古居遗址被发现；二是西江龙母水神，梧州龙母太庙为宋代建筑，每逢农历五月初八龙母诞辰日，这里人山人海，其中不乏有从中国香港等境外来的观光游客，十分热闹；三是盘古文化，如今来宾还保存有许多盘古文化遗迹，如庙、地名、山歌、唱本、戏剧等。

6. 八桂民歌文化。广西素有"歌海"之称，特别是壮族等少数民族，都有唱民歌的传统。上山有唱山歌，下河有唱渔歌，还有请客歌、送客歌、哭嫁歌、嘹歌、排歌等。农村群众有赶歌圩的习俗，以壮族"三月三"歌圩最著名。其中突出的文化现象：刘三姐文化，即关于壮族歌仙刘三姐传歌的文化现象。

7. 八桂民俗服饰文化。广西世代居住有汉、瑶、苗、京等12个民族，多姿多彩的民族服装构成了五彩斑斓的八桂民族服饰文化，其中以壮族的绣球、壮锦，瑶族的头饰，苗族的银饰和京族的长袖最具有代表性。突出的文化现象：绣球文化，即关于壮族象征友谊、诚信的吉祥物绣球的文化现象；铜鼓文化，即关于象征壮族统治权力的铜鼓文化现象。

8. 八桂戏剧文化。广西是多民族的省区，民族戏剧异常活跃，呈现出山水对应特色。其突出的有下面几种：一是用桂林官话演出的桂剧和以壮话、桂林官话演出的壮剧；二是用粤语演出的粤剧；三是彩调和歌舞。

9. 八桂绘画文化。石涛、徐悲鸿、帅础坚、阳太阳、黄独峰等大师相继对发展八桂绘画文化做出了贡献。今天，代表广西画家群体现象的"漓江画派"开始形成，他们提倡"回归自然及精神家园"的艺术观念，以自己独特的风格和流派在全国美术界引起了广泛关注。

10. 八桂建筑文化。尤其以居民（黄姚、杨美、旧州、大圩等）、古炮台（南宁望仙坡炮台、靖西十二道门炮台嶝）、古阁（容县经略真武阁和兴安县南陡阁等）、鼓楼（八江马胖鼓楼）、风雨桥（三江县程阳风雨桥、桂林花桥等）和骑楼（梧州）最为典型，堪称八桂建筑"六绝"。广西建筑十分讲究山与水的自然和谐，蕴含山水映带的情趣。

11. 八桂美食文化。桂菜具有"绿色、保健、长寿"的理念和独特文化色彩，主要的名菜有梧州纸包鸡、荔浦芋扣肉、菠萝盅、桂林腐竹盅、北海海鲜、博白空心菜等。地方风味小吃有打油茶、冰泉豆浆、桂林米粉、竹筒饭、黄姚豆豉、"麒麟"月饼和云片糕等。

12. 八桂语言文化即关于广西多民族、多方言的文化现象。八桂大地少数民族多，方言也多。桂西北地区山多，少数民族多，语言以少数民族语言、桂柳官话为主；桂东南地区江河多，靠海，语言以粤语、客家话为主。

八桂山水文化把山水和文化结合在一起，给山水赋予了文化的内涵，人文的内涵，激活了山水的生命意义，可以极大地满足现代人寻找山水美地精神家园的需求，满足海内外华人寻根祭祖的需求，因而广西的旅游资源十分丰富、得天独厚。八桂山水文化作为八桂儿女的精神家园，满足人们的精神需求是无限的，产品附加值高，回报率高，有着广泛的市场前景。八桂山水文化品牌的提出，对广西进一步做大做强旅游产业来说无疑是如虎添翼，提供了极大的发展机遇。我们要努力做好文化资源的优化配置和整合，大力发展山水旅游、人文旅游、风情旅游、边关旅游、生态旅游、寻根旅游等特色旅游，包括对八桂山水文化遗址的抢救保护工作。同时可带动相关产业链如城建、交通、服务、饮食、会展、投资、文化、论坛等行业的发展。此外，笔者认为，可在南宁或广西的其他城市建设各类东南亚文化介绍，把东盟各国文化引进广西，让游客可以领略到东南亚各国的优秀文化，这将对广西旅游业和其他文化产业的发展起到很大的推动作用，成为广西文化产业及旅游业的一个亮点。这对于建设广西文化大省区，构建广西文化产业圈，都将产生深远而积极的影响。

三 加强平台建设，加强广西与东盟的贸易合作

实施文化"走出去"和"引进来"相结合战略，需要加强载体和平台建设。广西社会科学院东南亚经济研究所副所长刘建文指出，自贸区的不断深化发展，对广西基础设施、金融服务、信息共享等多方面提出了更高的要求。广西应利用自身的区位优势，通过以服务贸易带动货物贸易和投资合作，打造中国与东盟合作的专业平台，如中国—东盟经贸信息合作平台、以地区人民币结算中心为主的金融服务平台、文教体卫等交流互动服务平台等多项专业平台，促进

中国与东盟的经贸合作。

（一）为中国与东盟合作提供良好的数字平台。目前科技飞速发展，信息是决定一个地区竞争力的关键要素，所以，中国和东盟区域经济合作的重要保障战略的实施就需要加强信息化建设。宏观层面，政府信息都属于信息化建设，同时也包括区域开放政府信息，信息交换平台建设。企业在电话通讯、网站、电子商务、客户资源管理、质量管理体系的构建则属于微观层面。广西应加强信息化建设，加快信息平台建设对区域经济合作，提高获取信息的能力；加强区域信息交换平台建设，加快信息网络传播的进程，为国内及国外贸易，结算和融资提供信息技术支持；建立快速的和方便的信息传输、处理系统，以及配套的中介服务体系，更新信息，完善信息网络，以保证公平、及时和透明。

（二）为中国与东盟合作提供良好的服务平台，包括经贸信息的合作，专业会展服务等。每年一度的中国—东盟博览会就是一个会展服务平台，可以多层次宽领域地开展类似的论坛和会议，促进中国与东盟的了解和互动。广西国际博览事务局副局长农融介绍，中国—东盟博览会自 2004 年首次举办以来，一直把"投资合作"作为重要的专题，通过设立国际经济合作展区，组织各类投资政策推介会，发布项目招商信息，对接洽谈项目，务实地推动了中国和东盟的相互投资。

（三）为中国与东盟合作提供便捷的商贸物流平台。广西的东兴、水口、靖西等陆地一类口岸均可以打造成为跨境经济合作区，以点带线，以线带面形成一条边境经贸合作带。广西壮族自治区人民政府提供的数据显示，未来 3 年内，广西计划投资 1654 亿元重点建设 130 个物流项目，其中南宁保税物流中心与钦州保税港区、凭祥综合保税区、北海出口加工区一起，将构建起完善的广西北部湾经济区保税物流体系，与中越陆地边境和泛北部湾地区各国的港口形成无缝对接网络。

（四）为中国与东盟合作提供金融服务平台。东盟各国的金融市场监管水平参差不齐，各国监管之宽严程度不一，适用的会计准则亦不尽一致。这需要完善中国与东盟之间的金融合作与对话平台，在中央银行之外的其他金融机构也建立对话与合作的机制。广西和云南是对东盟贸易人民币结算试点。广西可以把南宁打造成为地区人民币结算中心，以此为特点形成金融服务平台，推进中国—东盟自贸区的合作和人民币的区域化。

四　加强基础设施建设，完善交流通道

众所周知，经济安全的重要条件是基础设施及经济方面的建设，基础设施建设同时也是一个国家或地区社会建设是否优秀的表现。基础设施的完善可推进经济建设，促进国民经济增长。中国与各国加强区域经济合作，提升基础设施建设是区域战略实施的基本保证。在基础设施建设方面，目前，南宁至友谊关高速公路已经建成，并与越南达成共识共同推动修建友谊关—河内、东兴—河内两条高速公路，推动改造新建南宁—河内、胡志明—金边两条铁路。而且，正在运行中的北海至越南下龙湾客运航线，将进一步向东盟主要滨海旅游城市延伸，广西通往东盟各国的大密度通道正在加快形成。

此外，出海出省出边高速公路大通道、内河枢纽航道、沿海港口和航线开通方面亦在加快建设。广西正以综合交通网络为依托，通过打造连接东盟的国际交通枢纽，助推国内国际两个市场、两种资源在广西集聚和交换，使广西成为中国—东盟区域性现代商贸物流基地和信息交流中心。同时，中国可采取一定的方式来帮助国家接壤缅甸，越南及中国积极准备进行基础设施建设，促进建立贸易基地、确保物流运输。

小结：中国—东盟自由贸易区建设给广西文化产业"走出去"提供了最大机缘，自贸区成为广西与东盟合作发展的助推器。国家"十二五"规划纲要明确提出，"要把广西建成中国与东盟合作的新高地"。适应全方位对外开放的新形势，广西必须抓住这一良好机遇，扩大广西文化在国内外的影响力。

第四节　加强文化交流碰撞，增强文化传播力

文化交流是发生于两个或者多个具有文化源差异显著的关系之间，在不同的文化圈层中，也能产生很好的文化交流。文化交流促进人们互通有无，增进文化发展与丰富。近年来，广西与东盟国家文化交流不断升温，广西文化以自己特有的魅力"闯"东盟，并依靠质量和品牌逐步形成自己的风格和特色，创新了一条具有鲜明区域特色的文化交流传播模式。

一　借助大众传媒，提升广西对东盟信息传播力

（一）提高传播的信息量，满足受众需求

目前广西媒体对东盟的报道数量已经比较充足，但是实际传递的信息量却远未能满足受众的需求。广西媒体一方面应该加强对外报道的针对性，如通过调研了解受众需要的信息，有的放矢地进行报道；另一方面可以运用专题报道、连续报道等深度报道形式，加强对东盟信息的深度发掘和解读。

成功典例

《广西日报》"携手合作互惠共赢

——"迎接中国—东盟自贸区即将建成"为题的特别报道专栏

在中国—东盟自贸区成立前夕，自 2009 年 8 月《广西日报》就在要闻版逐步推出了该报道专栏，围绕中国—东盟自贸区建设进程，刊发了相关的系列动态要闻、综述、评论等。文章内容侧重报道中国—东盟自贸区建设进程中发生的重大事件；评述自贸区建成给广西带来的机遇和挑战；反映广西采取有效的应对措施和具体办法，积极参与和推动自贸区的建设取得的新进展和新成就。通过一系列的深度报道，受众对于自贸区的建成与广西发展前景的关系等问题有了进一步的理解和认识。

（二）增强有效传播，提高传播效率

近年来，广西媒体已经与东盟一些国家和地区的媒体建立了友好

的合作关系，双方媒体的交流与互访逐年增多，广西媒体也可借此契机与东盟媒体对对外传播效果进行研究探讨，并根据调研结果，在以后文化传播的过程中充分考虑东盟国家和地区的地缘、民族、文化等差异，秉承尊重对方的原则进行文化传播，提高传播效果。

（三）改进新闻叙述方式，淡化"宣传"痕迹

淡化政治色彩，改变东盟相关国家对我国的政治偏见。由于历史和文化的原因，在西方新闻界看来，新闻宣传往往"是为特定政治利益服务的，是通过各种传播媒介将特定阶级、集团或个人的政治主张、意图、观点"加以扩散，宣传并不是传播事实，而是某一政治主体进行意识扩散、意识控制的手段。因此，国际新闻界更习惯用"传播"一词，"传播"体现信息的交流和分享，强调传播者与受众的双向互动，能够收到较好的效果。2010 年 10 月 24 日，时任中宣部部长的刘云山同志视察广西人民广播电台的"北部湾之声"频道时指出："我们建设对外传播体系，主要是传播我们的声音，扩大我们的影响，塑造我们国家的形象。我们不推广、不推销、不输出自己的价值观，而是促友好、搞合作、增友谊。"刘云山同志一席话既指出了对外传播的职能，又提出了对外报道中应淡化"宣传"味道。广西媒体工作者在对东盟信息传播过程中也应该重视对此问题的处理。这就要求在对外的传播过程中要做到两点要求，一是尊重事实，用事实说话；二是改变刻板教条的叙述方式，尽可能地开拓灵活多样的叙述方法。

成功典例

广西卫视"连线东盟"栏目

该栏目以影像记录东盟各国的人文历史、经济建设、民俗风情和秀丽风光。自 2003 年开播以来，该栏目好评如潮。以该专栏的一个系列节目《乡村东盟》为例，该系列片于 2009 年推出，选取了东盟十国中的十个特色乡村，从农村经济的角度，以轻松有趣的叙述，展现了东盟各地乡村的人文地理、民俗风情、本土经济，以及原汁原味的东盟乡土情趣和生存状态，节目内容丰富翔实、鲜活风趣，叙事风格生动、活泼，让观众轻松了解东盟各地乡村特色和民间野趣。

（四）重视新兴传播形式，与现代媒体传播趋势接轨

新兴传播形式主要指的是新媒体传播：以网络、手机为代表的新媒体以及微博、微信等形式进行的传播。新媒体的拥有和运用人群主要为中青年，这一群体受过中等及高等文化教育，对新事物、新信息反应敏锐，因此广西对东盟信息传播的主流载体应考虑由传统媒体逐渐转向新媒体，以适应受众信息接收的需求，这也是与现代媒体传播趋势接轨的需要。

二　创新文化交流方式，促进广西文化传播

（一）努力打造外向型特色文化产业集群。近年来，广西文化单位积极推进外向型、特色化发展战略，打造出以中国—东盟博览会为代表的会展品牌、以南宁国际民歌艺术节为代表的节庆文化品牌、以《印象·刘三姐》为代表的刘三姐文化品牌、以《八桂大歌》为代表的广西民族歌舞品牌，并采取"走出去"与"请进来"相结合的办法，有效拓展东南亚市场，在东盟国家社会各阶层产生广泛影响。以节庆演出业为例，南宁国际民歌艺术节着力打造的重头戏《风情东南亚·相聚南宁》，熔中华文化的厚重与东南亚风情的绚丽于一炉，充分表现了中国与东盟各国之间源远流长的文化交往，成为继《大地飞歌》之后的又一品牌。按照《印象·刘三姐》模式"复制"的越南广宁省下龙湾大型海上实景演出项目，成为中国—东盟文化交流合作的新亮点。

（二）举办文化产业论坛，高起点搭建中国—东盟文化交流合作平台。从 2006 年起，广西连续举办两届"中国—东盟文化产业论坛"，赢得东盟各国的热烈响应和积极参与。论坛通过大会主题发言、战略互动对话、项目洽谈等活动，有效搭建起中国与东盟各国文化产业交流合作平台。论坛发表《中国—东盟文化产业论坛宣言》，使得广西与东盟各国在文化交流合作方面有了理论和学术的支撑。

（三）探索中国—东盟文化教育合作新模式。"中国—东盟教育文化交流一条街"项目在南宁市江南区正式启动，力求建设一批具

有中国—东盟教育文化交融的特色学校，将东盟各国风土人情、人文景观等知识列入教学内容。同时与广西民族大学外国语学院合作建立"中国—东盟教育文化交流"实习基地。广西艺术学校和广西杂技团为越南培训杂技演员，广西民族艺术研究院赴泰国、马来西亚开展民俗民间文化研讨讲学等，体现了与东盟文化交流合作领域之宽阔。

（四）广播影视外宣强打"东盟牌"，努力构建面向东盟的对外转播体系。广西电视台开设了固定外宣栏目，并与东盟国家广播电视媒体联合制作节目，实现了广西卫视整频道在越南、老挝、柬埔寨、菲律宾、印尼等东盟国家的有线电视网络落地入网播出；广西广电技术部门在越南二十几个省建立能够收看中文台节目的有线电视网络。广西人民广播电台目前已相继与越南胡志明市人民之声电台、越南广宁广播电视台、柬埔寨国家广播电台、泰国国家广播电台等四家东盟国家的媒体签订了业务合作协议，短波信号覆盖越南全境及柬埔寨、老挝、泰国和马来西亚部分地区，广播节目覆盖东盟国家的 6000 多万人口。

（五）以国有文化企业为主体，调动社会力量共同开展文化"走出去"。在图书出版方面，2007 年，广西师范大学出版社派团赴河内市，就合作开发面向越南中小学的越汉双语教材项目，与越南教育与培训部（教育部）战略与课程研究所、越南教育出版社、河内大学中文系等进行了充分有效的沟通，正式启动了这一重大出版项目。同年，广西师范大学出版社和马来西亚智慧城有限公司共同出版的《儒学四书精选漫画》，首发仪式后短短半年时间里，在马来西亚的发行量即达 10 万册。在期刊出口方面，接力出版社的《小聪仔》，畅销新加坡、马来西亚，拥有众多的小读者。演艺方面，在自治区文化厅的推动下，大型山水实景演出《印象·刘三姐》运作模式成功输往东盟国家，目前，有关民营公司已分别与越南、柬埔寨的文化旅游机构达成建设"下龙湾旅游演艺项目"和"吴哥旅游景点实景演出项目"的协议，其中，下龙湾项目已进入研发和实施阶段。

小结：文化传播是指文化从一个社会传到另一个社会，从一个区域传到另一个区域，以及从一个群体到另一个群体的互动现象。广西文化产业圈的构建，离不开对自身文化的有效传播。通过不断创新文化交流内容与形式，坚持对外文化交流与贸易并重，注重传统文化与现代传播方式相结合，研究和把握受众特点，遵循文化交流规律，有利于更好地将广西文化推向世界。

结　　语

　　进入 21 世纪，全球经济发展以更快的速度前进，区域经济一体化的趋势也更加明显，CAFTA（中国—东盟自由贸易区）便诞生于这种历史大潮中。CAFTA 的建立推动了区域内部经济的进一步合作。自贸区内各个国家、地区之间的联系愈加紧密，其中文化产业作为当今世界各国战略主导产业和支柱产业之一，成为区域合作的重点内容之一。区域一体化背景下加强广西与东盟各国的文化产业合作是提升区域整体竞争力的有效途径。

　　中国—东盟合作框架，为广西文化产业的发展提供了良好机遇。广西与东盟山水相连、文化相近，文化背景上的亲缘性、经济结构上的互补性、政治体制上的多元性以及社会发展上的同质性，为广西文化产业的发展提供了有利环境。广西文化产业在总体规模、内部结构、特色品牌、会展平台以及"走出去"战略上取得明显成效，并推动了广西文化产业的发展创新。近年来广西发挥优势，大力推行与东盟的文化产业合作，收效巨大。但是 CAFTA 给广西文化产业带来机遇的同时，也带来了前所未有的挑战。广西应该积极抓住机遇，迎接挑战。本书在把握广西文化产业发展成效的基础上，深入研究广西文化产业发展的各种优势，并针对东盟关系制约因素，有效进行广西文化产业的战略选择，探讨广西文化产业的发展策略和对策建议，从更高层面上推进广西文化产业的发展，使之更好地服务于中国—东盟深化合作的需要。

参考文献

一　图书文献

1. 孙安民：《文化产业理论与实践》，北京出版社 2005 年版。

2. 广西社会科学院编，李建平主编：《广西文化发展报告》，广西人民出版社 2006 年版。

3. 布迪厄：《再生产》，商务印书馆 2000 年版。

4. 布迪厄：《继承人》，商务印书馆 2000 年版。

5. 胡宝清主编：《广西地理》，北京师范大学出版集团 2011 年版。

6. 戴钰：《文化产业空间集聚研究——以中国湖南地区为例》，经济科学出版社 2014 年版。

7. 刘绍坚：《文化产业：国际经验与中国路径》，中国社会科学出版社 2014 年版。

8. 李俊：《东北地区文化产业研究》，经济科学出版社 2014 年版。

9. 韩俊伟、姜东旭：《区域文化产业》，中山大学出版社 2014 年版。

10. 张胜冰：《文化产业与城市发展》，北京大学出版社 2012 年版。

11. 李炎、王佳主编：《区域文化产业研究 1》，云南大学出版社 2014 年版。

12. 宋秀梅、徐宗碧：《东盟国家概况》，云南大学出版社 2009 年版。

13. 蒋满元：《中国—东盟自由贸易区概论》，中南大学出版社 2011 年版。

14. 广西壮族自治区文化厅：《广西文化产业发展报告》，广西师范大学出版社 2015 年版。

二 期刊文献

1. 李建平：《面向东盟国家的广西文化产业国际合作优势与途径》，《沿海企业与科技》2009 年第 3 期。

2. 李建平：《文化认同理念与中国—东盟文化产业合作发展》，《沿海企业与科技》2007 年第 2 期。

3. 蒋玉莲：《影响中国—东盟文化交流与合作的因素及对策分析》，《广西大学学报》（哲学社会科学版）2006 年第 10 期。

4. 杨吉华：《未来十年我国文化产业发展的六大趋势》，《中共中央党校学报》2007 年第 2 期。

5. 郑昭：《文化创意产业人才培养战略研究》，《产业经济》2009 年第 4 期。

6. 包虹明：《打造广西文化产业管理人才促进广西文化产业发展》，《东南亚纵横》2008 年第 8 期。

7. 孙剑锋：《全球化时代文化产业的内涵与本质特征》，《中共浙江省委党校学报》2006 年第 2 期。

8. 李怀亮、方英、王锦慧：《文化产业与经济增长关系的理论研究》，《经济问题》2009 年第 2 期。

9. 李兰：《文化产业园区建设：一个文献综述》，《公共管理》2010 年第 9 期。

10. 王家庭、张容：《我国文化产业发展影响因素及提升路径的区域分析》，《统计观察》2010 年第 2 期。

11. 张佼、王双进、郭军瑞：《我国文化产业研究综述》，《产业经济》2010 年第 1 期。

12. 赵德兴、李惠芬、谭志云、付启元：《国内主要城市文化产业模式比较研究》，《青海社会科学》2009 年第 5 期。

13. 马海霞、吕倜然：《文化经济论与文化产业研究综述》，《思想战线》2007 年第 5 期。

14. 吴正彪:《中国文化产业进入东盟市场的可行性》,《郑州航空工业管理学院学报》2010 年第 2 期。

15. 杨然:《越南文化产业现状及与广西合作建议》,《东南亚纵横》2006 年第 11 期。

16. 李建平、覃振锋、过竹、王绍辉、李燕宁:《发展文化产业成为广西经济新增长点和支柱产业研究①》,《沿海企业与科技》2008 年第 2 期。

17. 范玉刚:《广西发展文化产业的路径与制约"瓶颈"探析》,《广西社会科学》2007 年第 5 期。

18. 韦文武:《中国—东盟自由贸易区中的文化认同及思考》,《中共南宁市委党校学报》2010 年第 3 期。

19. 高文香:《浅论区域文化对区域经济发展的影响》,《职业圈》2007 年第 14 期。

20. 刘平:《广西区域文化与区域经济发展的关联性探析》,《大众科技》2007 年第 7 期。

21. 王海霞:《区域经济与区域文化关系刍议》,《湖北经济学院学报》2006 年第 3 期。

附1 近年来广西文化发展大事记

2006 年 6 月，"2006 北京·广西文化舟"在首都北京圆满谢幕。

2007 年 1 月，自治区党委、政府出台《关于建设文化广西的决定》、《广西"十一五"时期文化发展规划纲要》。

2008 年 2 月，桂林广维文华旅游文化产业有限公司、广西广播电视信息网络股份有限公司分别入选"首届全国文化企业 30 强"推荐名单。

2008 年 9 月，自治区党委九届六次全会作出《关于实施科学发展三年计划的决定》，提出积极发展文化事业和文化产业，在全区范围内掀起文化建设新高潮。

2008 年 12 月，自治区文化厅组织召开全区农村文化建设项目工作会，总共投入近 2 亿元，用于广西农村文化建设项目，投入力度前所未有。

2009 年 8 月，广西出品的电影《冰雪同行》、科教片《月球探秘》分别入选"庆祝新中国成立 60 周年重点国产影片"。

2009 年 10 月，国家广播电影电视总局、自治区人民政府在南宁举办"中国—东盟电视论坛"，"北部湾之声"广播正式开播。

2010 年 1 月，自治区人民政府提出把文化产业作为重要的千亿元产业和新的经济增长点来培育，加快建设具有广西气派、壮乡风格、现代特征、开放包容的文化先进省区。

2010 年 6 月，广西文化艺术创作人才小高地在南宁挂牌。

2010 年 11 月，广西桂学研究会成立，这标志着广西人自觉研究广西地域文化迈出开创性的一步。

2010 年 12 月，自治区党委常委原则通过《广西电影集团有限公司组建方案》。

2011 年 5 月、8 月，《广西壮族自治区文化产业发展"十二五"规划》、《广西壮族自治区文化发展"十二五"规划》先后印发。

附2 据中国政府网消息，国务院日前发布发展少数民族文化事业的若干意见

以下为全文：

各省、自治区、直辖市人民政府，国务院各部委、各直属机构：

为全面贯彻党的十七大精神，深入贯彻落实科学发展观，进一步繁荣发展少数民族文化事业，推动社会主义文化大发展大繁荣，促进各民族共同团结奋斗、共同繁荣发展，现提出如下意见。

一　繁荣发展少数民族文化事业具有重要意义

（一）文化是民族的重要特征，是民族生命力、凝聚力和创造力的重要源泉。少数民族文化是中华文化的重要组成部分，是中华民族的共有精神财富。在长期的历史发展过程中，我国各民族创造了各具特色、丰富多彩的民族文化。各民族文化相互影响、相互交融，增强了中华文化的生命力和创造力，不断丰富和发展着中华文化的内涵，提高了中华民族的文化认同感和向心力。各民族都为中华文化的发展进步做出了自己的贡献。

（二）党和国家历来高度重视和关心少数民族文化事业。新中国成立以来特别是改革开放以来，少数民族文化事业取得了历史性的重大成就。少数民族文化工作体系不断完善，少数民族语言文字得到保护和发展，少数民族优秀传统文化得到传承和弘扬，少数民族文学艺

术日益繁荣，少数民族和民族地区文化产业初具规模，文化体制改革不断深化，对外交流不断加强。少数民族文化事业的发展在提高各族群众文明素质，促进民族地区经济社会发展，推动民族团结进步事业，繁荣社会主义先进文化方面，发挥了重要作用。

（三）繁荣发展少数民族文化事业，是一项长期而重大的战略任务。在少数民族文化事业取得巨大进步的同时，也必须充分认识存在的一些亟待解决的突出困难和特殊问题。文化基础设施条件相对落后，公共文化服务体系比较薄弱，文化机构不够健全，人才相对缺乏，文化产品和服务供给能力不强，文化遗产损毁、流失、失传等现象比较突出，境外敌对势力加紧进行文化渗透等。因此，必须从贯彻落实科学发展观、巩固民族团结、兴起社会主义文化建设新高潮、推动社会主义文化大发展大繁荣的高度，深刻认识繁荣发展少数民族文化事业的特殊重要性和紧迫性，把繁荣发展少数民族文化事业作为一项重大的战略任务，采取更加切实、更加有效的政策措施，着力加以推进。

二　繁荣发展少数民族文化事业的指导思想、基本原则和目标任务

（四）指导思想。全面贯彻党的十七大精神，高举中国特色社会主义伟大旗帜，以邓小平理论和"三个代表"重要思想为指导，深入贯彻落实科学发展观，牢牢把握社会主义先进文化的前进方向，紧紧围绕共同团结奋斗、共同繁荣发展的民族工作主题，以建设社会主义核心价值体系为主线，以完善公共文化服务体系为重点，以加强基础设施建设为手段，以推动文化创新为动力，以改革体制机制为保障，以满足各族群众日益增长的精神文化需求为出发点和落脚点，促进少数民族文化建设与全国文化建设、与民族地区经济社会建设、与民族地区教育事业协调发展，促进民族团结、实现共同进步，更加自觉、更加主动地为推动社会主义文化大发展大繁荣做贡献。

（五）基本原则。坚持为人民服务、为社会主义服务的方向和百花齐放、百家争鸣的方针，尊重差异、包容多样，既要继承、保护、弘扬少数民族文化，又要推动各民族文化相互借鉴、加强交流、和谐

发展。坚持面向现代化、面向世界、面向未来，把握规律性，保持民族性，体现时代性，推动少数民族文化的改革创新，不断解放和发展少数民族文化生产力。坚持贴近实际、贴近生活、贴近群众，生产更多各族群众喜闻乐见的优秀精神文化产品。坚持社会效益和经济效益相统一，把社会效益放在首位，充分发挥政府和市场的作用，促进少数民族文化事业和文化产业协调发展。坚持基本公共服务均等化，优先发展少数民族和民族地区文化事业，保障少数民族和民族地区各族群众的基本文化权益。坚持因地制宜、分类指导，不断完善扶持少数民族文化事业发展的政策措施。

（六）目标任务。到 2020 年，民族地区文化基础设施相对完备，覆盖少数民族和民族地区的公共文化服务体系基本建立，主要指标接近或达到全国平均水平，少数民族群众读书看报难、收听收看广播影视难、开展文化活动难等问题得到较好解决，少数民族优秀传统文化得到有效保护、传承和弘扬。实施一批重大文化项目和工程，推出一批体现民族特色、反映时代精神、具有很高艺术水准的文化艺术精品，创作生产更多更好适应各族群众需求的优秀文化产品。文化工作体制机制创新取得重大突破，科学有效的宏观管理体制和微观服务运行机制基本形成，政策法规更臻完备，政府文化管理和服务职能显著增强。文化市场体系更加健全，以公有制为主体、多种所有制共同发展的少数民族文化产业格局更加合理。少数民族文化对外交流迈出重大步伐，国际影响力和竞争力进一步提高。

三　繁荣发展少数民族文化事业的政策措施

（七）加快少数民族和民族地区公共文化基础设施建设。大力推进民族地区县级图书馆文化馆、乡镇综合文化站和村文化室、广播电视村村通工程、农村电影放映工程、农家书屋工程、文化信息资源共享工程等建设，保障民族地区基层文化设施有效运转。地广人稀的民族地区配备流动文化服务车和相关设备，建设和完善流动服务网络。大力推进数字和网络技术等现代科技手段的应用和普及，形成实用、便捷、高效的公共文化服务体系。国家实施各项重大文化工程时，切实加大对少数民族和民族地区的倾斜力度。

（八）繁荣发展少数民族新闻出版事业。加大对民族类新闻媒体的扶持力度，加快设备和技术的更新改造，提高信息化水平和传播能力，扩大覆盖面和受益面。对涉及少数民族事务的重大宣传报道活动、少数民族文字重大出版项目，给予重点扶持。逐步实现向少数民族群众和民族地区基层单位免费赠阅宣传党和国家大政方针、传播社会主义核心价值体系、普及科学文化技术知识的图书、报刊和音像制品等出版物。加强少数民族语文翻译出版工作，逐步提高优秀汉文、外文出版物和优秀少数民族文字出版物双向翻译出版的数量和质量。扶持民族类重点新闻网站建设，支持少数民族文字网站和新兴传播载体有序发展，加强管理和引导。少数民族出版事业属公益性文化事业，中央和地方财政要加大对纳入公益性出版单位的少数民族出版社的资金投入力度，逐步增加对少数民族文字出版的财政补贴。

（九）大力发展少数民族广播影视事业。巩固广播电视村村通工程、农村电影放映工程建设成果，扩大民族地区广播影视覆盖面，对设施维护进行适当补助，确保长期通、安全通。提高少数民族语言广播影视节目制作能力，加强优秀广播影视作品少数民族语言译制工作。提高民族地区电台、电视台少数民族语言节目自办率，改善民族地区尤其是边远农牧区电影放映条件，增加播放内容和时间。推出内容更加新颖、形式更加多样、数量更加丰富的少数民族广播影视作品，更好地满足各族群众多层次、多方面、多样化精神文化需求。

（十）加大对少数民族文艺院团和博物馆建设扶持力度。重点扶持体现民族特色和国家水准的少数民族文艺院团建设，积极鼓励少数民族文艺院团发展。扶持民族自治地方重点民族博物馆或民俗博物馆建设，鼓励社会力量兴办各类民族博物馆。民族自治地方的综合博物馆要突出少数民族特色，适当设立少数民族文物展览室、陈列室。加强少数民族文物征集工作，改善馆藏少数民族文物保存条件，做好少数民族文物鉴定、定级工作，提升管理、研究和展示服务水平。

（十一）大力开展群众性少数民族文化活动。鼓励举办具有民族特色的文化展演和体育活动，支持基层开展丰富多彩的群众性少数民族传统节庆、文化活动，加强指导和管理。尊重群众首创精神，发挥各族群众在文化建设中的主体作用，努力探索保护和传承少数民族优秀传统文化的有效途径。进一步办好全国少数民族文艺会演和全国少数民族传统体育运动会。

（十二）加强对少数民族文化遗产的挖掘和保护。结合第三次全国文物普查和非物质文化遗产普查，开展少数民族文化遗产调查登记工作，对濒危少数民族重要文化遗产进行抢救性保护。加大现代科技手段运用力度，加快少数民族文化资源数字化建设进程。进一步加强人口较少民族文化遗产保护。扶持少数民族古籍抢救、搜集、保管、整理、翻译、出版和研究工作，逐步实现少数民族古籍的科学管理和有效保护。加强少数民族非物质文化遗产发掘和保护工作，对少数民族和民族地区非物质文化遗产保护予以重点倾斜，推进少数民族非物质文化遗产申报联合国教科文组织"人类非物质文化遗产代表作名录"和国家级非物质文化遗产名录，加大对列入名录的非物质文化遗产项目保护力度。积极开展少数民族文化生态保护工作，有计划地进行整体性动态保护。加强保护具有浓郁传统文化特色的少数民族建筑、村寨。

（十三）尊重、继承和弘扬少数民族优秀传统文化。加强宣传引导，营造尊重和弘扬少数民族优秀传统文化的社会氛围。国家保障各民族使用和发展本民族语言文字的自由，鼓励各民族公民互相尊重、互相学习语言文字。尊重语言文字发展规律，推进少数民族语言文字的规范化、标准化和信息处理工作。在有利于社会发展和民族进步前提下，使各民族饮食习惯、衣着服饰、建筑风格、生产方式、技术技艺、文学艺术、宗教信仰、节日风俗等，得到切实尊重、保护和传承。加强对工业化、信息化、城镇化、市场化、国际化深入发展形势下少数民族文化发展特点和规律研究，不断开辟传承和弘扬少数民族优秀传统文化的有效途径，推进和谐文化和中华民族共有精神家园建设。

（十四）大力推动少数民族文化创新。促进现代技术和手段在少数民族文化发展中的应用，鼓励具有民族特色和时代气息的优秀文化作品创作，提高少数民族文化产品数量和质量。加大对少数民族艺术精品创作扶持力度，打造一批有影响的少数民族文学、戏曲、影视、音乐等文化艺术品牌。国家舞台艺术精品工程要进一步向少数民族和民族地区倾斜。国家各级各类文化奖项，少数民族文化作品获奖应占合理比重，对优秀少数民族文化作品及有突出贡献的文化工作者给予奖励和表彰，进一步激发少数民族文化创作的积极性、主动性和创造性。

（十五）积极促进少数民族文化产业发展。把握少数民族文化发展特点和规律，建设统一、开放、竞争、有序的文化市场体系，培育文化产品市场和要素市场，形成富有效率的文化生产和服务运行机制。充分发挥少数民族文化资源优势，鼓励少数民族文化产业多样化发展，促进文化产业与教育、科技、信息、体育、旅游、休闲等领域联动发展。确定重点发展的文化产业门类，推出一批具有战略性、引导性和带动性的重大文化产业项目，建设一批少数民族文化产业园区和基地，在重点领域取得跨越式发展。

（十六）加强边疆民族地区文化建设。支持边疆地区少数民族语言文字新闻出版业发展，增加公共文化产品特别是少数民族语言文字文化产品有效供给。进一步提高边疆民族地区广播电视覆盖率和影响力。发挥边疆少数民族人文优势，加强与周边国家文化交流，促进和谐周边环境建设。加强边疆民族地区文化产品进出口市场监管，清除各类非法印刷品，加强卫星接收设施监督管理工作，防止非法盗版、接收、传播境外广播电视节目，有效防范境外敌对势力文化渗透活动，维护边疆地区文化安全。

（十七）努力推进少数民族文化对外交流。切实增加少数民族文化在国家对外文化交流中的比重。每年安排一定数量的少数民族文化活动参与中外互办文化年和在国外举办的中国文化节、文化周、艺术周、电影周、电视周、文物展、博览会以及各类演出、展览等，促进形成全方位、多层次、宽领域的对外文化交流格局。打造一批少数民族文化对外交流精品，巩固少数民族文化对外交流已有品牌，进一步提升少数民族文化国际影响力。大力推动少数民族文化与海外华人华侨、台湾同胞、港澳同胞的交流，增强中华文化的认同感，为促进国家和平统一服务。

四　完善少数民族文化事业发展的体制机制

（十八）完善少数民族文化事业发展政策法规。加强少数民族文化立法工作，适时研究制订有关少数民族文化保护和发展的法律法规和政策措施。加快制定和完善从事少数民族文化工作的专业（技术）人员职称评定政策和资质认证、机构和团体建设等方面的相关标准和办法。研究、制定或修订有关文化事业和文化产业政策法规时，要充分考虑少数民族文化的特殊性，增加专条专款加以明确。推动国家扶持与市场运作相结合，从制度上更好发挥市场在少数民族文化资源配置中的基础性作用，引导社会力量参与少数民族文化建设，形成有利于科学发展的宏观调控体系。

（十九）深化少数民族和民族地区文化事业单位体制机制改革。实行公益性事业与经营性业务分类管理，对公益性事业单位实行聘用制度、岗位管理制度和岗位绩效工资制度。引入竞争机制，采取政府招标、项目补贴、定向资助等形式，对重要少数民族文化产品、重大公共文化项目和公益性文化活动给予扶持。支持少数民族文化单位按照有关规定转企改制，在一定期限内给予财政、税收等方面的优惠政策，做好劳动人事、社会保障的政策衔接，按照新人新办法、老人老办法的原则制定相关政策。

（二十）加强少数民族文化事业发展经费保障，加大政府对少数民族文化事业的投入。中央和省级财政在安排促进民族地区发展和宣传文化发展相关经费时，逐步加大对少数民族文化事业的支持力度。继续实行相关税收优惠政策，鼓励和扶持少数民族和民族地区文化事业和文化产业发展。

（二十一）加大少数民族文化人才队伍建设力度。努力造就一支数量充足、素质较高的少数民族文化工作者队伍，营造有利于优秀人才脱颖而出的体制机制和社会环境，着力培养一大批艺术拔尖人才、经营管理人才、专业技术人才。积极保护和扶持少数民族优秀民间艺人和濒危文化项目传承人，对为传承非物质文化遗产做出突出贡献的传承人，按照国家有关规定给予表彰。支持高等院校和科研机构参与抢救濒危文化，推动相关学科建设，培养濒危文化传承人。

五　加强对少数民族文化工作的领导

（二十二）切实把少数民族文化工作摆上更加重要的位置。各地区、各部门要进一步提高对少数民族文化工作重要性的认识，增强责任感和紧迫感，切实把少数民族文化工作纳入重要议事日程，纳入当地经济社会发展总体规划，纳入科学发展考评体系。加强对少数民族文化工作的调查研究，定期听取工作汇报，做出部署，狠抓落实。关心支持少数民族和民族地区文化工作部门和单位的建设，及时研究解决存在的突出困难和特殊问题，充分调动和有效保护少数民族文化工作者的积极性、主动性、创造性。

（二十三）推动形成分工协作、齐抓共管的良好局面。在党委统一领导下，建立健全政府统筹协调、业务部门主管、有关部门密切配合、社会各界广泛参与的少数民族文化工作格局。各有关部门编制规划、部署工作，要把少数民族文化工作作为重要内容，加大支持力度，确保目标任务完成。加强舆论宣传，营造有利于少数民族文化事业发展的社会氛围。充分发挥各方面的积极作用，不断开创少数民族文化工作的新局面。

各地区、各部门要按照本意见的精神，结合实际，制定贯彻实施的具体措施和办法。有关部门要加强对本意见贯彻执行情况的督促检查。

国务院

二〇〇九年七月五日